学科、知识与近代中国研究书系

一名之立 旬月踟蹰

严复译词研究

沈国威 —— 著

社会科学文献出版社
SOCIAL SCIENCES ACADEMIC PRESS(CHINA)

编辑说明

　　复旦大学中外现代化进程研究中心成立于 2000 年，是涵盖文、史、政、经等学科的综合性研究机构。2004 年，获批为教育部人文社会科学重点研究基地。中心成立后，致力于推动中外文化交流的研究，尤其重视结合近代学科知识的成长，重新认识近代中国的历史。为此先后组织了基地重大项目"'普世性'与'各别性'：现代化进程中文化结构的转型"、国家社科基金重大项目"中外文化交流与近代中国的知识转型"等。因此机缘，中心也与多家研究机构开展了富于成效的合作，邀请到具有不同背景的学者参加课题的研究。同时，中心研究人员也受邀参与到多家机构所组织的课题中。主要包括德国埃尔兰根－纽伦堡大学朗宓榭（Michael Lacker）教授主持的项目"中西学术交流：历史与哲学的维度"、日本关西大学承担的文部省 COE 项目"文化交涉学教育研究基地"，以及张寿安教授主持的中研院主题研究计划"近代中国知识转型与知识传播，1600～1949"等。

　　"学科、知识与近代中国研究书系"的出版，正是上述合作研究的产物。汇集的研究成果包括：沈国威《一名之立　旬月踟蹰：严复译词研究》、陈力卫《东往东来：近代中日之间的语词概念》、阿梅龙《真实与建构：中国近代史及科技史新探》、孙江《重审中国的"近代"》、潘光哲《创造近代中国的"世界知识"》、章清《会通中西：近代中国知识转型的基调及其变奏》。各位学者有不同的专业背景，皆关注到近代学科知识成长的一些面向，展示出各具特色的研究。

近代学科知识的成长之所以值得关注，乃是因为此与近代世界的诞生密切相关，或者说是同步成长的。包括物理学、社会学、哲学等一系列今日统称为自然科学、社会科学及人文学科的近代学科知识，之所以奠定了近代世界的基础，在于其提供了有关现实世界新的解释，还支撑起对于社会理念的合法性论证。换言之，对于"现代性"（modernity）的认知，理解也好，质疑也罢，或都有必要结合各分科知识进行检讨。对此的关注曾构成马克斯·韦伯学说的核心——以"世界的祛魅"作为问题的肇端。哈贝马斯则勾画出不同时期社会理念合法性论证的不同基础，指明自现代科学产生以来所产生的重要影响。查尔斯·泰勒还具体阐明"西方现代性的主要特征之一"，"是具有魔法力量和神灵的世界的消失"。凡此，皆道出现代社会的建立可视作"理性化"的过程，而以"科学"为标志的各分科知识，对于理解近代世界的诞生、理解"现代性"的成长，具有重大意义。

学科知识的"援西入中"，对于理解近代以来的中国历史，自有其重要性。最基本的，中国社会有关现实世界及社会理念合法性论证的基础，也渐次脱离传统的"学术资源"，转而采纳近代学科知识所提供的"知识资源"。而且，这一过程不仅决定了中国当代学术的理论和实践，从 20 世纪初开始，更通过以分科知识为"专史"的书写样式，重新塑造了"中国之过去"。毫不夸张地说，中国近代思想史上所有重要问题的展开，都受到自 16 世纪至 20 世纪之间所接受的分科知识及学科术语的影响。1923 年发生的"科学与人生观"的论战，即是其中之显例。或许可以说，近代学科知识在中国的成长，是值得进一步发掘的课题。

当然，必须看到的是，近代学科知识的成长是涉及全球范围的文化迁移现象，相应的，各个国家在"知识转型"与"知识传播"上也有着自身的成长脉络。传统因素的重要作用，也意味着并不存在"单一的进程"，所呈现的是"多种多样的现代性"。不仅历史进程经常会发生偏离，其过程也尚未"终结"。故此，基于中国背景检讨近代学科知识的形成，也需要考虑两类相互联系的问题。其一是西方以分科为标志的近代知识是如何传入的，需分析与西学传入相关的论作（包括译作及独立文本），各学科专门术语的翻译和标准术语词汇的出现，以及新术语在中国思想新的发展阶段的应用。其二是中国本土接纳分科知识的制度和社会背景，当重点检讨各层次教育中新课程的输入和介绍、相关研究机构的建立和发展、公众对新学科的反响及对这段历史的重构。

"学科、知识与近代中国研究书系"旨在基于近代学科知识成长的视野审视近代中国的历史，并把这一过程视为近代中国接受西学的一个特殊结果来分析；旨在促进对近代学科知识形成的复杂过程的理解，同时致力于解决与此相关的方法论和概念上的难题。各书针对近代学科知识的研究，尽管已涉及不同层面，但显然还不足以涵盖此一课题所涉及的广泛领域。接下来中心还将致力于"东西知识环流与近代中国"课题的研究，希望能继续推进相关研究成果的出版。

上述各位学者作为中心的专职或兼职研究人员，对于推进中心课题的研究，倾力颇多；能将他们这些年完成的研究成果列入"学科、知识与近代中国研究书系"出版，更是对中心工作莫大的支持。社会科学文献出版社首席编辑徐思彦、近代史编辑室主任宋荣欣及其所领导的编辑团队，对于书系的出版尽心尽责，在此也要表达真挚的感谢。

复旦大学中外现代化进程研究中心

目 录
CONTENTS

序章　翻译的时代与严复

　　不同语言的接触促生了"翻译"这一语言行为。翻译是操不同语言的人进行沟通的媒介，也是触发语言变异的激素。现代汉语中的"翻译"一词，没有口译、笔译之别，但毫无疑问，翻译的初始形式是口口相移，异民族杂居地区、越境贸易集市是最原始的翻译实践场所。文字的产生和使用使口头的移译摆脱了时间和空间的束缚，也将不同语言碰撞的痕迹长久地保存了下来。在中国，历史上曾有四次对中国的文化、思想乃至汉语产生过重要影响的大规模翻译活动。第一次是由东汉延续到宋代的佛经翻译，有名的或无名的译者将产生于印度或西域的佛教典籍译成中土信众可读可诵的经卷。译经无论是规模上还是时间跨度上都是空前绝后的。佛经翻译尽管以书面语的形式呈现，但是，如《翻译名义集·自序》所云，"夫翻译者，谓翻梵天之语转成汉地之言。音虽似别，义则大同"。[①] 语言的"音"仍是被强烈意识着的因素。这是因为贯穿佛经翻译千余年全过程的翻译法，主要是由懂外语的人口述，再由不懂外语，但精通汉语的人笔录下来并加以润色。这种翻译法给经文中留下了大量的口语因素。译经活动的另一个特点是译场，即大规模翻译组织的存在。汉译佛经的辉煌成就使其成为后世翻译家想象中的楷模。

---

　　① 《翻译名义集》（上），江苏广陵古籍刻印社，1990 年影印本，第 13 页。

　　第二次大规模翻译活动的主角是 16 世纪末来华的耶稣会士。航海术和谷腾堡印刷术的发明及应用，开启了史称"西学东渐"的知识大移动的时代。利玛窦（Matteo Ricci，1552 - 1610）、邓玉函（Johann Schreck，1576 - 1630）、艾儒略（Giulio Aleni，1582 - 1649）、汤若望（Johann Adam Schall von Bell，1592 - 1666）等名震一时的耶稣会士，既是虔诚的宗教人士，又是当时世界上一流的学者。他们秉奉"文化适应政策"，除了宗教书籍以外，所译内容还涉及其他广阔的世俗领域。西方的天文学、地理学、数学、医学、逻辑学等新知识就是经他们之手首次介绍给中国士子的。而他们的合作者，如徐光启（1562 ~ 1633）、李之藻（1565 ~ 1630）、王徵（1571 ~ 1644）等也属于中国最优秀的士大夫群体。耶稣会士的译著很多被收入《四库全书》，获得了正统的学术地位。

图 0 - 1　马礼逊与翻译助手

资料来源：架藏铜版照片，购自网络旧书店。

18 世纪上半叶，雍正朝的禁教政策使耶稣会士主导的西书翻译事业沉寂了近百年。1807 年，新教传教士马礼逊（Robert Morrison，1782 – 1834）悄然登陆澳门，并假借东印度公司翻译身份进入广州。新教传教士的东来引发了第三轮外域书籍的翻译潮。19 世纪新教传教士主导的翻译，按照时期和地域可以大致分为几个部分，分别简述如下。

南洋时期　鸦片战争前，中国本土的一切传教活动都在清政府严禁之列。宗教性书籍的刻印自不待言，甚至连外国人学习汉语都被视为重罪，违反者有丢掉性命之虞。在这种情况下，马礼逊等采取了"文书传教"的方式。即在清政府鞭长莫及的南洋翻译印制宗教宣传品及介绍西方知识的小册子，运回中国沿海地区，秘密分发，宣扬教理。设于马六甲的英华书院（Anglo-Chinese College）在文书传教方面发挥了巨大的作用。《察世俗每月统记传》（1815～1822）、《东西洋考每月统记传》（1833～1838）等定期出版物的刊行更是导入了"杂志"这一中国此前不存在的出版形式。[1] 英华书院的普通教育又催生了教科书的大量出版。

广州时期　鸦片战争之后，中国割让香港岛，五口通商，门户洞开，传教、译书刻书都不再受任何限制。随着传教士大举来华，英华书院由南洋迁至香港，裨治文（Elijah Coleman Bridgman，1801 – 1861）在新加坡刊刻的《美理哥合省国志略》（1838）在香港重刻，是为《亚墨理格合众国志略》（1844）；合信（Benjamin Hobson，1816 – 1873）的《全体新论》（1851）、《博物新编》（1855），理雅各（James Legge，1815 – 1897）的《智环启蒙塾课初步》（1857）[2]

---

① 传教士早期译书印书的情况，可参考苏精《马礼逊与中文印刷出版》，台湾学生书局，2000；《中国，开门》，基督教中国宗教文化研究社，2005；《铸以代刻》台湾大学出版中心，2014；等等。

② 沈国威·内田慶市編著『近代啓蒙の足跡——東西文化交流と言語接触：「智環啓蒙塾課初歩」の研究』関西大学出版部、2002。

以及杂志《遐迩贯珍》（1853～1855）[1] 等，也都是广州时期代表性
的译著，对东亚影响极大。广州时期译词的特点是通俗，如"银
行"、"保险"、"陪审"、"养气"（今为氧气，下同）、"轻气"（氢
气）、"淡气"（氮气）等。这是预设读者层引起的问题。

　　上海时期　1843 年上海开港，开启了翻译活动的"上海时期"。
麦都思（Walter Henry Medhurst，1796－1857）创建墨海书馆
（1843），最初以印行圣经等宗教书籍为主，圣经印刷告一段落后，
介绍西方新知识的印品逐渐增多。进入 1850 年代后，上海逐渐取代
广州，成为基督教中国传教的中心。但 1856 年麦都思因病回国，
1860 年以后墨海书馆的主要人物，如艾约瑟（Joseph Edkins，1823－
1905）、伟烈亚力（Alexander Wylie，1815－1887）等，或北上，或回
国，墨海书馆日渐式微。与广州时期不同，在上海墨海书馆中，中国
的优秀文人，如王韬（1828～1897）、李善兰（1811～1882）等也参
与翻译，《六合丛谈》上有很多译文，可读性增强，译书也有数学、
天文学、植物学等多种。1865 年江南机器制造总局成立，1868 年附
设翻译馆，是为清朝官办的翻译出版机构，翻译出版西方实学书籍，
成为持续时间最长、译品最多的翻译机关。这一时期中国翻译的主要
成就是由江南制造局翻译馆做出的，只是翻译内容以机器制造为主，
书目的选择也由政府官方指定。[2]

　　北京时期　1862 年京师同文馆成立，设立的宗旨是为对外交涉
培养外语口译人才，沟通中西；书籍的翻译也是教学内容的一部分。
供职于同文馆的丁韪良（William Alexander Parsons Martin，1827－
1916）率先推出《万国公法》（1864），其后又有《格致入门》

---

[1] 松浦章·内田慶市·沈国威合编著『「遐邇貫珍」の研究』関西大学出版部、
2004（中文版参见《遐迩贯珍（附解题·索引）》，上海辞书出版社，2005）。

[2] 关于墨海书馆、江南制造局等处的译书可参见熊月之《西学东渐与晚清社会》，
上海人民出版社，1994；王扬宗《傅兰雅与近代中国的科学启蒙》，科学出版社，
2000；沈国威编著『「六合叢談」（1857～58）の学際的研究』白帝社、1999（中
文版参见《六合丛谈（附解题·索引）》，上海辞书出版社，2006）。

图 0 - 2　麦都思与翻译助手

资料来源：麦氏 *China：Its State and Prospects*（《中国的现状与展望》）Boston：Crocker & Brewster，1938 卷首插图。

（1868）、《中西闻见录》（1872～1875）、《公法便览》（1877）、《富国策》（1880）、《公法会通》（1880）等。同文馆译书偏重法律、经济方面，数量不多，但影响深刻广泛。如《万国公法》被日本刊刻、翻译，为日本提供了国际法的基础知识和词语。

　　进入 1850 年代以后，西教、西艺、西学都开始涌入中国。"翻译"成为时代的关键词。① 19 世纪早期的翻译尝试还只能算是"翻

———————————

①　1870～1900 年间"翻译"一词的使用，在谷歌的 Ngram Viewer 及《申报》上都显示了较高的使用频率。

案"。如马礼逊、郭实猎（Karl Friedlich Gützlaff，1803－1851）、米怜（William Milne，1785－1822）、麦都思、合信等人的书籍大都是根据西书的内容加以删节、敷衍，还不能说是严格意义上的翻译。英华书院、墨海书馆集翻译印刷为一处，上海江南制造局翻译馆、京师同文馆、广州广方言馆的成立、运作可以看作政府导入西学的努力。翻译组织和内容都有了一定的革新，但是西人口述、中士笔录的翻译方式还是旧态依然。19世纪中叶以后，香港、上海等口岸城市的英语教育极其活跃，[①] 英语人才的培养也有了长足进步。但是翻译活动的规模却并不与外语人才的增长成正比，无论是翻译方法、内容等都亟待改进。

西学东渐是19世纪最值得关注的历史进程之一。19世纪中叶以后，除了传教士引介的启蒙知识以外，清政府的官方翻译机构开始翻译西方工业方面的书籍，洋务运动大大推动了西方自然科学知识的传入，但是这些引介工作并没有给中国社会带来根本性的变革。

1894年爆发的中日甲午战争，以中国的惨败而告终。此后，一方面国人开始重新审视西方新知识的引介问题；另一方面，传教士逐渐退出世俗内容的翻译活动，本土的翻译家开始成为主角，开启了翻译的新时期。在第四次翻译活动中，翻译内容更加广泛、细化、深入，传播渠道的多元化也是这一时期的显著特征。引介内容由西艺向西政、西学延伸；引介渠道由传教士主持的报刊书籍向国人创办的媒体扩展；中国人开始尝试独自引入新知识，本土的译者承担起了更大的社会责任。尤其是进入20世纪以后，翻译活动深入所有社会领域，假道日本翻译西方书籍也成为一种新的选择，[②] 甚至可以说20世纪的第一个十年主要是日本书的翻译或者重译。将西文书直接译为中文

---

① 《循环日报》《申报》上的英语教科书的广告均反映了这一点。

② 参见沈国威《近代中日词汇交流研究：汉字新词的创制、容受与共享》，中华书局，2010，"语言接触编"，第2章"近代新知识的容受与日本途径——西学从东方来"。

还有待于翻译人才的培养，西译取代日译则是 1920 年代以后的事。即便在此之后，文艺理论、现代戏剧，以及社会主义、马克思主义论著的翻译仍主要取径日本。

翻译史上的第三、第四次翻译活动，即传教士推进的翻译和本土译者的翻译，可以说是一个既呈连续状态，又有着质的不同的事件。在这一过渡交替的时期，无论是在翻译形式，还是翻译内容方面，严复（1854~1921）都是一名伟大的实践者。严复以后，以其为代表的本土译者逐渐成为翻译的主力军，并最终改变了"西人口述、中土笔录"的传统翻译模式。严复是最早尝试翻译西方人文社科书籍、母语为汉语的译者之一，对后来的中国翻译事业影响巨大。他的学术背景如何呢？

出生于福建侯官乡间中医家庭的严复，14 岁考取福州马尾船厂附属的船政学堂——马江学堂，时为 1867 年。翌年正式入学，"所习者为英文、算术、几何、代数、解析几何、割锥、平三角、弧三角、代积微、动静重学、水重学、电磁学、光学、音学、热学、化学、地质学、天文学、航海术"。① 毕业后在海军供职，1877 年 3 月受派赴英，10 月入英国格林尼次海军学院，"肄业高等算学、格致、海军战术、海战、公法及建筑海军炮台诸学术"，② 留英两年有余。严复于 1879 年 8 月毕业回国，任福州船政学堂后学堂教习，1880 年调任天津水师学堂总教习（教务长），1890 年升任学堂总办。至 1900 年避义和拳乱，由津赴沪，始与海军脱离关系。他在海军系统学习、工作 30 余年，从学历、职历上看可以说是一个典型的技术官僚，但是他并没有技术方面的翻译著述传世。严复为什么要翻译西方人文类著作？尽管他早在英国学习期间就对西方的人文科学显示了极大的兴趣，③ 但如果没有甲午的惨败，严复也许不会突破以往的专业领域和

① 《侯官严先生年谱》，王栻主编《严复集》第 5 册，中华书局，1986，第 1546 页。
② 《侯官严先生年谱》，《严复集》第 5 册，第 1547 页。
③ 曾纪泽：《出使英法俄国日记》，岳麓书社，1985，第 186 页。

工作范围，去翻译人文类的书籍。在甲午海战中中国水师遭受重创，战败的耻辱，尤其是败给了"蕞尔岛国"，使严复"大受刺激，自是专致力于翻译著述"。① 这是关于严复翻译动机的最权威的解释，这一年他 41 岁。而严复自己承认"甲午春半，正当东事臲卼之际，觉一时胸中有物，格格欲吐，于是有《原强》、《救亡决论》诸作，登布《直报》，才窘气苶不副本心，而《原强》诸篇尤属不为完作"。② 可知严复首先是以时论进入中国读者视野的。严复的著述见于记录是从 1895 年 2 月开始的，他首先在天津的报刊上发声，第一篇是《论世变之亟》，然后便一发而不可收。以上三篇（《原强修订稿》与《原强》合并做一篇）反映了严复对接受西学的态度。严复由从事军事技术工作到学习人文科学的转向虽说有甲午败战的刺激，但是也有其内在的必然性。而且我们同时也应注意到严复"才窘气苶不副本心"的吐露。严复欲唤起民众，但相关知识的积累不敷使用，西方的书籍顺理成章地成了严复汲取真理的源泉。为此严复重新阅读了培根的《新工具》，而赫胥黎、亚当·斯密、斯宾塞、穆勒等曾经阅读过的，或最新到手的书籍都是严复这一阶段的读物。严复于 1895 年夏至 1896 年秋将赫胥黎的两篇论文翻译成了《天演论》。③ 初稿完成后屡加修订，于 1898 年 4 月以单行本的形式刊刻出版，其后风行海内。随后，又于 1898 年之前开始着手翻译亚当·斯密的 *An Inquiry into the Nature and Causes of the Wealth of Nations*，是为《原富》，并于 1900 年译出初稿（正式刊行为 1902 年）。至 1909 年，严复共完成了

---

① 《侯官严先生年谱》，《严复集》第 5 册，第 1548 页。关于严复翻译的动机有很多研究成果。我们可以说严复一直具有传统知识分子的心态。

② 《与梁启超书》，《严复集》第 3 册，第 513～515 页。

③ 关于严复什么时候开始及完成翻译《天演论》，似乎还有争论。不过有一点是可以肯定的，严复在 1895 年春的文章中谈到了达尔文进化论的一些主要观点（《论世变之亟》，1895 年 2 月 4～5 日；《原强》，1895 年 3 月 4～9 日），但是《天演论》的主要译词，如"物竞""天择""天演"却没有在这时出现。《原强》中的"争自存、遗宜种"在《原强修订稿》（至迟 1896 年 10 月）中分别发展成"物竞""天择"，并增加了"天演"一词。译词的发展应该与《天演论》的翻译同步。

他的主要译著 8 部，一系列的译著奠定了严复在中国近代史上的知识启蒙地位。甲午之后汪康年（1860～1911）创办《时务报》，明确规定编辑方针是积极传递世界的最新消息，打破中国的闭塞现状。为了使国人"知全地大局，与其强盛弱亡之故，而不旬至夜郎自大，坐井以议天地"，汪康年认为"非广译东西文各报，无以通彼己之邮"；"广译五洲近事"成为《时务报》的主要内容之一，他为此专门设置了"西文报译""东文报译"等栏目。严复参与的《国闻报》也有翻译的栏目。只是严复的翻译从一开始就站在不同的高度，不局限于时事新闻，直取西学的核心，把象胥舌人的营生上升到救亡图强的高度，并由此产生了或许严复本人也不曾想到的重大影响。

考察严复的译著时，我们应该问：当严复 1895 年决心向中国读者介绍赫胥黎的观点时，他本人或整个中国社会正处于何种翻译环境（infrastructure）之中？遇到了哪些困难？从《天演论》到《原富》，再到其他译著，这些困难是如何克服的，抑或令严复束手无策？严复的翻译活动不可避免地要受到时代的限制。严复的著述活动见于记录是从 1895 年 2 月开始的，至 1898 年春共有 12 篇。[①] 这些著述无疑与《天演论》等书的翻译有着思想、语词上的关联。例如在《原强》等早期的文章中可以找到与《天演论》相类似的叙述和相同的译词。[②] 这些都明确地显示那时严复已经开始为翻译做必要的准备。严复精通英语，对所要翻译的学说有着强烈的共鸣，对相关书籍也有广泛的涉猎。如梁启超所评价，"严氏于西学中学，皆为我国第一流人物"，[③] 同时代没有人能像严复那样深刻地理解西方的新知识。但是我们同时还必须认识到：严复的知识获得是在英语这一单一语言系统内完成

---

① 《严复集》第 1 册，第 1～79 页收录的文章作于 1896 年 4 月之前。

② 严复《论世变之亟》（1895 年 2 月）中有"自由""平等"；《原强》（1895 年 3 月）中可见自然、宗旨、群学、数学、名学、力学、质学、化学、生物、生学、心学、自由、平等、自主、原质、进化、自治、民主、理财、议院等词语。可见严复是为翻译做了准备，对该学科的发展极为关心，进行了跟踪。

③ 梁启超：《介绍新著原富》，《新民丛报》第 1 号，1902 年 2 月 23 日，第 101～115 页。

的，没有汉语作为中介。①

　　另一方面，整个中国社会对容受西方的新知识都做了哪些准备呢？除了通商口岸实用性的学习以外，1860 年代以后，京师同文馆、上海广方言馆等机构开始讲授外语（尽管主要限于英语），培养翻译人员。西方人文社科的翻译并非自严复始，如上所述，丁韪良早在 1864 年就译出了《万国公法》，其后同文馆又有《公法便览》（1877）、《富国策》（1880）、《公法会通》（1880）等刊行，江南制造局翻译馆的《佐治刍言》（1885）和颜永京（1839～1898）译的《心灵学》（1889）也属于人文社科类的译籍。但是这些译籍没有给中国知识阶层带来应有的影响。总而言之，与严复的充分准备相反，中国社会所做的准备明显不足。在中国当时的语言社会中，不存在中英语言转换的环境，这主要表现在外语知识的积累和新的知识体系的建构方面。理解进化论需要动植物学、生物学、物理学、化学等方面的知识。② 仅以外语知识的获得而论，当时懂英语的人少，能够胜任人文社科书籍翻译的人更少。③ 严复借友人之口对墨海书馆、同文馆的数种译书表示了不满。④

　　从英汉翻译的技术层面看，由于当时译书采用西人口述、中士笔录的方式，没有严格的中英术语对照表，加之英语教育不普及，中国在学习人数、教材、翻译定式的积累上均与日本相距甚远。我们可以

---

① 笔者在此想要强调的是，严复是用英语学的这些知识内容，在学习的过程中并未使用汉语作为中介。科学内容的表达，需要一种与之相应的语言形式。这种语言形式的获得，需要使用者为之付出努力和长时间的积累。不仅是共通语，方言也是如此。即使在今天，用吴方言、闽方言等讲授科学知识仍有一定的困难。

② 严复说，对于斯宾塞的书"读其书者，非于天、地、人、动植、性理、形气、名数诸学尝所从事，必不知其为何语也"。《严复集》第 1 册，第 92 页。

③ 例如严复在谈到 1898 年英语翻译的情况时说："方今谈洋务者如林，而译手真者最不易觏。支那境内，以仆所知者言之，屈指不能尽手。"《严复集》第 3 册，第 508 页。

④ 严复说："襄闻友人言，已译之书，如《谭天》、如《万国公法》、如《富国策》，皆纰谬层出，开卷即见。"《论译才之难》，《严复集》第 1 册，第 90～91 页。

说，严复在动手翻译之前可供利用的资源并不多，他的翻译可以说是在零起点上出发的。所谓零起点，是说严复在着手翻译西书时，除了外语知识和新科学知识体系的建构等社会基础的问题以外，用以移译外语的媒介"汉语"本身，也存在着很多必须解决的问题。

这一点与日本江户时期兰学家的翻译活动有着极大的相似之处。杉田玄白（1733～1817）等江户的汉方医们在着手翻译荷兰语的解剖学书《解体新书》（1774）时，[1] 面临着同样的困难。在专业方面，他们的西方医学知识极为贫乏；在语言方面，他们也没有足够的外语知识，没有必要的工具书，而最大的困难是没有一套经过严格定义的术语。杉田玄白将之比喻为"没有桨舵的船在汪洋大海上航行"。[2] 而对于译文应该采用何种文章体裁，由于"汉文"即汉语的文言文是江户时期唯一的学术语言，故《解体新书》的译者们似乎并没有明确意识到这个问题。但他们为古汉语的译文加注了帮助日本读者阅读的"训点"符号，由此可知，译者对受众，即读者层是有一定的考虑的。江户时代除汉学家以外，即使是对中国医学典籍较为熟悉的"汉方医"，直接阅读汉语文言文也尚有一定的困难。此后，经过百余年的努力，日本学术界实现了"兰学"向"英学"的转变，建构了崭新的以汉字词为主体的术语体系，并在20世纪初最终确立了现代翻译文体——假名汉字混合文体，结束了学术译籍中"汉文调"的一统天下。

日本江户时代的知识阶层可以看作汉文的准母语使用者，讨论严复的翻译问题时引出日本兰学翻译的话题，不外是想说，历史上的翻译活动，除了译者个人的资质外，还存在着受众阅读趣味、理解的可能性以及翻译语言所处的发展阶段等语言社会的翻译环境问题。

另外需要指出的是，《解体新书》的翻译是由汉方医的团队完成

----

① 《解体新书》的翻译出版被称作"兰学肇始"，其后通过荷兰语学习西方医学等知识的人被称为"兰学家"。

② 杉田玄白著·片桐一男全訳注『蘭学事始』講談社、2000、120頁。

的，而严复无论从哪个意义上说都更加孤独。从现存的严复书札日记中可知，严复同吕增祥、夏曾佑、梁启超、黄遵宪等人讨论过翻译问题；尤其引人注意的是，从 1897 年起严复就不断以《天演论》《原富》的初稿呈示吴汝纶，乞请斧正。吴汝纶是桐城派古文的领军人物，但是就外语和西学而言可以说并无可向严复提供的知识。严复请吴汝纶删改译文，所注重的并不是译词和对应原文的准确性，而是译文为当时中国社会所接受的可能性。严复谦卑地反复请求吴汝纶为之修改译文，可见严复对问题的重要性是有深刻的认识的。

　　与其在中国近代思想史上的巨大影响相比，严复的文本及译词对新国语的形成有何贡献？如果回答是否定的，那又是为什么？本书以严复的翻译活动为考察范围，主要讨论严复的译词，而不是翻译本身，即于 19 世纪末 20 世纪初完成的《天演论》《原富》《群学肄言》《社会通诠》《穆勒名学》《群己权界论》《法意》《名学浅说》等八部译著，在译名上有何种特点及过人之处，抑或不足，以及对现代汉语词汇体系的形成有哪些影响，并由此观察当时汉语容受域外新知识可能性如何。严复的名言"一名之立，旬月踟蹰"告诉我们他的翻译充满了艰辛。然而，严复苦心孤诣创制的译名与其初衷相悖，绝大部分都成了历史词汇。这一事实与汉语不得不从日语借入新词、译词之间是否存在着某种因果关系？

　　严复说"译事三难，信、达、雅"。当严复决定把自己获得的知识转达给 19 世纪末 20 世纪初的读者时，不可避免地遇到了以下三个困难：

　　一、词语，即包括学术用语在内的翻译词汇的缺乏。严复说："新理踵出，名目纷繁，索之中文，渺不可得，即有牵合，终嫌参差。译者遇此，独有自具衡量，即义定名。"

　　二、语言结构，即中英语言句型、句式的差异。这主要表现在作为修饰成分的从句上。严复说："西文句中名物字，多随举随释，如中文之旁支，后乃遥接前文，足意成句。故西文句法，少者二三字，多者数十百言。假令仿此为译，则恐必不可通，而删削取径，又恐意义有漏。"

三、文体。当时译文更多地受到形式（如雅俗）而不是内容的制约。严复说："《易》曰：'修辞立诚。'子曰：'辞达而已。'又曰：'言之无文，行之不远。'三曰乃文章正轨，亦即为译事楷模。故信、达而外，求其尔雅，此不仅期以行远已耳。实则精理微言，用汉以前字法、句法，则为达易；用近世利俗文字，则求达难。往往抑义就词，毫厘千里。"

以上三段"严复说"均引自《天演论》的"译例言"。① 故我们甚至有理由认为，所谓的"信、达、雅"与其说是翻译的理想境界，毋宁说是《天演论》翻译当时的个案，是严复所直面的具体问题。这些问题存在于三个不同的层次，即词语、句子和篇章。词语是译名，即中外概念之间对译关系的建立。外语的每一个词都需要在汉语的词汇体系中找到一个与之对应的"要素"。这个"要素"可以是词（译名），也可以是短语或一个大于短语的小句。句子是语言表达的具体形式，此处的问题是外语的语言结构能否在不影响表达"内容"的前提下，置换成某种为中国读者所接受的"形式"的汉语；如果能，是何种形式。篇章即文章的体裁，严复所说的"雅驯"实际上是不同时代读者的阅读情趣、审美价值的问题。词语问题的解决有赖于汉外双语辞典、专业术语集的编纂和普及。当时中国社会的英语学习环境还不尽如人意，尽管1895年的情况已经比严复初学英语时改善了许多，但是人文社科专业术语的缺位没有得到实质性改变。第二个问题的解决需要长期的翻译摸索和积累。由于当时译书采用西人口述、中士笔录的方式，没有中英语词、句型严格对照的机会，加之科学的英语教育体系尚未建构完成，教材、教授法、翻译范式和译词的积累均无法令人满意。同时，为了翻译鸿篇巨制，建立汉语一般性叙

① 《严复集》第5册，第1559页。

述文体的问题也被提上了日程。

本书就是要尝试着回答严复是怎样解决这三个问题的，其中译词是主要部分，占据了本书一半以上的篇幅。很多专著以讨论"什么是翻译"开篇。对这个问题，笔者并无现成的答案。历史进程中引发社会激变的翻译活动及译籍，无疑是一个值得深入探讨的问题。同时，笔者认为翻译作品本身的得失，是受到多方面因素限制的结果。我们可以讨论译著之所以成功的历史语境，但是无法复制过去的辉煌。由于笔者的专业和学识的限制，本书的重点是基于词汇学、语言学视角的考察，尤其集中于严复的译词。严复译文的准确性、内容的取舍选择及其背后的思想史上的动机等问题虽然间有涉及，但都是笔者力有未逮之处。以下，先对全书的安排做一个简单的说明。

第一章"译词，译事之权舆"，作为全书的出发点，对什么是译词，译词是否可能，以及严复的译词观做了简要的梳理和理论上的阐述。第二章"严复的译词：承袭"、第三章"严复的译词：新造"，这两章以严复如何选择、创造译词为切入点，分别考察了严复沿用古典词作译词和自造新译词的情况。第四章"形式与内容：译词的单双字之争"，这一章的讨论焦点在于，通过对《新民丛报》上的关于严复译词"计学"争论的详细探讨，及佛经译词研究成果的吸收，阐述了汉语"单字不立"的特点，以及词形（即字数）为译词的创制和使用带来的限制等问题。严复偏好于单字译词，这种偏好影响了严复译词的普及与定型。第五章"译词从东方来：严复与日本译词"分为两个部分，分别讨论了19、20世纪之交中国语言社会对日本译词的态度及严复的译词与日本译词竞争、败落的情况。第六章"严复与科学名词审定"，以严复在学部主持学术用语审查的历史事件为对象，详细追述了严复在术语审查、统一上的贡献。第七章"严复与辞典"，以严复为当时的辞典等撰写的序言为素材，分析讨论了严复的辞典观。在此过程中，笔者发现了严复的两篇佚文，对两篇佚文所反映出的严复译词上的主张也进行了分析。第八章"严复与汉语新文体：从《天演论》到《原富》"，以吴汝纶和严复之间的信函为素材，试图复原严复从《天演论》到《原富》翻译过程中遭遇的文体问题。本章还对翻译的文体与严复所处时代读者之间的互动关系，以及严复在新文体创造上所遇到的挫折等问题做了深入讨论。第九章"严复与新国语"，分析了严复的国语观，考察了19世纪末20世纪初汉语本身的状态对翻译的影响和局限性等问题。第十章"严复与'国民必读书'"，以笔者发现的《国民必读课本》初稿为素材，分析了语言形式与民众启蒙的问题。终章"严复的译词与现代汉语"，从语言演化和新国语建构的视角，总结了严复译词的特点与得失。

　　严复的翻译活动距今已逾百年，这期间汉语可以说发生了天翻地覆的变化。严译和今天一般所说的翻译，两者之间的不同之处就在于前者在语言上受到了更严格的时代制约。新知识的传播和接受需要新的话语，我们姑且把这种新时代所需的话语称为"新国语"。作为近代民族国家的国语，至少应该具有以下特征：

- 可以用来表述新概念、可以用来讲授新知识；
- 书面形式和口头形式具有较大的一致性；
- 有为绝大部分国民所掌握的可能性；
- 能够应对世界范围的知识的移动和接受；
- 能够应对社会的进一步发展。①

通过"翻译"而实现的西方新知识的容受是新国语产生的催化剂，因为近代以降汉语的"进化"有很大一部分不是自然发展的结果。从语言的角度对这段历史加以回顾，是有现实意义的。19世纪是翻译的世纪，翻译活动的规模之大、内容之广都是前所未有的。尤其是

---

① 严复说："方今欧说东渐，上自政法，下逮虫鱼，言教育者皆以必用国文为不刊之宗旨。"《严复致伍光建函》，《严复集》第3册，第586页。

19、20 世纪之交的翻译实践，保障了 20 世纪以后中国对新知识的共享，并为今日的全球化做好了语言上的准备。

严复是最早挑战人文社科翻译的本土翻译家之一，他所创造的大量译词，如"天演"等曾风靡一时。但时至今日，除了若干音译词以外，其余都已成为历史。严复的译词究竟对现代汉语产生了何种影响？严复译词多为日制译词所取代，其间的原因也有必要加以探讨。译词研究有两个方面：一方面为译词史，包括造词者、首见书证、意义、传播、普及、定型及变异等内容；另一方面是译词对语言本身的影响。后者引发语言样式的变化，促成语言的时代转型。对此，我们应该给予更多的关注。

第一章　译词，译事之权舆

小　引

　　影响翻译的有诸种因素。首先是译者，其次是社会整体的知识水平和读者的阅读情趣，而最重要的影响因子则来自语言本身。当一种语言试图从无到有地接受外域的概念，尤其是异质文化的体系性知识时，必须跨越种种语言上的障碍。翻译的文本由词汇（译词）、语言形式（句型）、文章体裁（文体）三种语言要素构成，其中，译词是最重要的成分。严复说：

　　　　今夫名词者，译事之权舆也，而亦为之归宿。言之必有物也，术之必有涂也，非是且靡所托始焉，故曰权舆。识之其必有兆也，指之其必有橥也，否则随以亡焉，故曰归宿。[①]

"名词"即用于翻译的词语，现在称为"译词"。严复所要表达的大意是：译词必须能表达、传递外域的概念，是翻译的前提。此处

---

　　① 《〈普通百科新大词典〉序》，《严复集》第 2 册，第 277 页。《普通百科新大辞典》由黄人主编，上海国学扶轮社 1911 年刊行，是我国第一部百科辞典。

"术"通"述";对于译者而言，没有译词也就没有翻译，因为译文是由译词构成的，所以称之为"权舆"；① 同时，译词（即命名一个新概念）又必须有理据，能"望文生义"，为此必须抓住事物的表征，这样才能便于记忆，意义明白，一目了然。② 对于读者而言，译词是译文的落脚之处，是归宿。不懂译词就读不懂译文。严复的这段话写于其翻译活动基本结束之后的 1911 年，可以看作严复对自身翻译实践及译词创造的总结。在对严复的译词做深入讨论之前，本章先从理论与实际两个层面对译词所涉及的一些基本问题加以论述。

一 什么是译词

《现代汉语词典》（商务印书馆，2015）和《汉语大词典》（汉语大词典出版社，1993）都不收"译词"这一词条，但后者收录了"译语"，释义为"异域的语言；经翻译的语言"。③ 日语不使用"译词"，而使用"訳語"，《日本国语大辞典》（小学馆，2000 年修订版）解释为"用于翻译的词语"。笔者为《日本语大事典》（朝仓出版，2014）撰写的"訳語"条目中定义为"以词的形式实现的语言

---

① 文章是由概念和叙述构成的，文中的概念由词，即命名性成分表示，而不是靠定义来完成的。例如一个极普通的句子"我吃了一个苹果"，其中每个词的定义（即词典义，参见《现代汉语词典》第 7 版）如下：

我 = 人称代词，指称自己；
吃 = 把食物等放到嘴里经过咀嚼咽下去；
一 = 最小的正整数；
个 = 量词，用于没有专用量词的名词；
苹果 = 苹果树的果实。

显而易见，将上述定义代入句中取代译词并不能得到有效的叙述。

② 严复紧接着写道："吾读佛书，考其名义，其涵阔深博，既若此矣，况居今而言科学之事哉！"佛经的词语已经难解，何况现在的科学术语了。关于这段话的含义，我们在第七章"严复与辞典"中还将继续讨论。

③ "译语"为汉语古典词，清乾隆时期编纂有《华夷译语》，此前的四夷馆已经有各种译语资料，收录朝贡品的中外名称的对译词。

间概念传递的成分"。在和英辞典中，"訳語"对译英语的equivalent。equivalent这个词的词义为"相等"，所以"訳語"又常常被视作不同语言之间概念的"等价物"。那么事实如何，"译词"真是可能的吗？"译词"首先是"词"，但又与"词"存在着不同之处。词与外界的指示物发生关联，译词除此之外还与原词之间在命名理据和构词上存在种种关系。既然如此，让我们的讨论从老生常谈的"什么是词"开始。人的感官感受自然界的万象，在头脑中形成影像（image），我们即使闭上眼睛，也有残像浮现在脑海里。相似的或同类的事物的影像——或许我们应该说不存在绝对相同的事物，所以影像也不完全相同——多次重叠，轮廓化、抽象化。这样的重叠影像我们暂且称为"概念范畴"（即"认知范畴"）。所以概念形成的过程又称为"概念化"。人们用固定的声音加以指代抽象化了的影像，这就是概念的命名。人们在使用语言进行交流时，说者发出一个代表概念的声音，听者受到声音的刺激，在自己的头脑里再现影像［即索绪尔（Ferdinand de Saussure，1857–1913）的"听觉映像"］，理解说者所欲表达的概念。索绪尔把能唤起概念知觉的声音称作"能指"（signifier），把被声音唤起的概念称为"所指"（signified）。

　　概念范畴无论在外部还是内部都没有清晰的边界，存在着一个连续的灰色区域。我们一方面需要把一个概念范畴同其他概念范畴区别开来（如"鱼"和"狗"不同），另一方面也有把聚集在某一概念范畴内的相似的，或同类的事物加以区分的需要（如"鲤"和"鲫"不同）。这一任务是由语言来实现的。语言对外部世界进行切割，其结果是在概念范畴外部和内部确立了边界，这一过程被称为"范畴化"。范畴化是一种命名行为，使概念范畴和特定的语音形式发生了关联。命名的好处是：第一，可以指称对象物，并将其从同类的事物中区别开来。例如我们称一种喝水的器皿为"杯子"，那么"杯子"就不再是"碗"或"盘子"；第二，将对象物加以抽象化。例如实际上有各种各样的杯子，我们甚至可以说，世界上没有两个完全一样的杯子，但是不同客体之间的区别在"杯子"这一名称下都被舍像。

关于概念如何被命名，荀子说："（名之）何缘而以同异？曰：缘天官。凡同类、同情者，其天官之意物也同，故比方之疑似而通，是所以共其约名以相期也。"① 即，是什么造成了词的异同？人用"天官"（五官＋心）感受自然，同类的或具有相同情感的人对自然界的感受也相同，这是他们约定俗成、派生引申地使用语言进行交流的心理基础。"词"是语言对概念进行范畴化并对事物命名的结果。但并不是所有的概念都会被命名，说某种语言的社会只为那些语言使用者认为至关重要的概念准备一个"词"，即加以词汇化（命名行为），否则，则使用词组或短语等的说明形式表达这些概念（非命名行为）。说不同语言的人用不同的视角切分和描写世界；不同的语言，概念的范畴化也不可能完全一致。沃尔夫说："我们已经发现，背景性的语言系统（或者说语法）不仅是一种用来表达思想的再生工具，而且它本身也在塑造我们的思想，规划和引导个人的心理活动，对头脑中的印象进行分析并对其储存的信息进行综合。"② 沃尔夫所提出的语言相对论的观点认为："同样的物质现象并不能使所有的观察者对世界产生同样的认识，除非他们的语言背景相近，或是可以通过某种方式得到校准。" 也就是说"不同语言以不同方式切分自然"，"如果我们的语言有所改变，我们对宇宙的欣赏力也会改变"。③ 虽然人们所看到的物质存在相同，但是，头脑中形成的关于客观世界的图像却是不同的。然而这是否就意味着异类的，或不具有相同情感的人，他们的天官对自然界的感受不同，所以语言也不同，无法沟通？④ 显然不是。萨丕尔－沃尔夫的"语言相对论"的核心是：不同

---

① 王先谦：《荀子集解》，中华书局，1988，第 415 页。

② 本杰明・李・沃尔夫：《论语言、思维和现实——沃尔夫文集》，高一虹等译，商务印书馆，2012，第 225 页。

③ 本杰明・李・沃尔夫：《论语言、思维和现实——沃尔夫文集》，第 226、227、286 页。

④ 中国历来有"非我族类，其心必异"的说法。

语言用不同的方式切分自然界，所以概念范畴也就不同。所谓的"不同"就是说范畴的大小（即范畴之间的分界、范畴内所包含的成员的多寡）和内部结构不一样（详后）。其实，范畴化的结果不但东西方不同，古今也各异。这一点甚至不需要有外文翻译的体验，只要想想中学语文课上古文今译时的困难就能明白。双语辞典也是一个好例子，这些辞典常常呈现这样一种状况：原词和译词并不是在所有情况下都一一对应的，常常是一个原词被用一组译词来对应，这也就是说，没有完美、准确的一一对应，只能用一组词取得最大的接近值。尤其是在中国早期的汉外辞典里，很多词条（entry）给出的不是对译的词，而是词组或短语形式的解释。可知"译词"并不是天然存在的，需要努力创制并逐渐积累。例如，马礼逊编纂《字典》（1815～1823）是从翻译《康熙字典》和《五车韵府》着手的，马礼逊立即发现，为数众多的概念在语词的层次无法建立一一对应的关系，为此他不得不采用了解释的方法。在马礼逊的辞典里大于词的单位远远多于词。而在马礼逊以后的汉外辞典中，短语等长单位减少，译词增多，逐渐形成了一个原词对多个译词的局面。词组、短语、句子可以凝缩成一个词，但是从概念的诠释到获得译词，还有很长的一段路要走。纵观英华辞典的编纂史，可以清楚地看到这种由"非词"形式向"词"形式演进的倾向。译文，需要的是"词"，而不是"词"的定义。没有译词就没有翻译，严复的"权舆"应该从这一角度加以理解。

关于翻译的可能性问题，历来有两种对立的观点。有人主张不可能有真正"等价"的翻译，其主要根据是不存在等价的译词。即使按照最宽容的理解，意义完全等价的译词也是不存在的。译词与原词即使有可能具有相同的概念义，也不可能具有相同的周边义。所谓周边义就是联想、评价、文体、感情色彩等附属义，这是具体语言社会所规定的意义要素，具有强烈的文化个性。对此，另一些人则不那么悲观：尽管没有十全十美的翻译，但这只是译者的能力有限而已。肯定翻译的人认为，人类可以，或者曾经分享过一个意义世界的"原风景"，不同的语言之间能建立对译关系正是以这种人类具有的可以互相接受的意义体系为前提的。作为俨然存在、不容置疑的事实，现今世界说不同语言的人无时无刻不在借助翻译进行沟通，在全球化突飞猛进的今天尤其如此。索绪尔以后的现代语言理论认为语言没有优劣之分，无论是高度文明社会使用的语言，还是原始部落的语言，任何一种语言都可以表达他们认为有必要表达的任何概念。然而当我们把目光转向概念表述的单位时，会发现在"词"与"大于词"的不同层面，概念的可译性并不相同。人类社会一方面具有人类赖以存续的共同的基础概念（自然的和社会的）；另一方面，由于地域、民族、语言社会的不同，概念的词汇化也呈现出的巨大差异，这样的例子可以信手拈来。所谓概念的移译可以是词，也可以是比词大的单位，如词组、短语、句子。我们应该意识到"可译性"是建立在比"词"大的层次上的，即在词组、短语、句子的层次上没有什么概念是不可移译（或表达）的。但不同语言的"词"，在相当多的情况下不是"一一对应"的。

同时，不同语言的词汇分属不同的词汇体系，其本身的词义受整个词汇体系的制约。所谓"体系"就是词与词之间的关系：近义、反义、上下位等的总和。汉语中的某一语词 A，在自己的词汇体系里和其他词发生关联，形成一个以 A 为结点的网络；外语词 B，同样在自己的词汇体系里和其他词发生关联，形成一个以 B 为结点的网络。作为译词，尽管 A≈B，但两个网络并不重合。严复在《天演论·译例言》中说："新理踵出，名目纷繁，索之中文，渺不可得，即有牵合，终嫌参差。"[①] 用自身语言中的词勉强对译外语中的概念时，"终嫌参差"的情况是不可避免的。

笔者不赞成"不可翻译论"，沃尔夫假说其实是立足于"词"这一层级的，在"词"这一层级上，我们可能没有百分之百的等价物。

---

① 严复：《天演论》，商务印书馆，1981，第 xii 页。

如上所述，"词"是特定语言范畴化的结果。一种语言的概念范畴是在长时间的历史文化环境中积淀形成的，具有传承性和稳固性，但这并不意味着概念范畴一经形成就不再发生变化。笔者认为毋宁说概念范畴无时无刻不处在调整之中。社会的进步、科学的发展、新事物的不断出现和旧事物的逐渐消亡，都是概念范畴需要调整的理由。所谓调整，即语言社会不断地改变概念范畴的边界和范围：加入一些新成员，剔除一些旧成员；某些成员移向范畴的中心，另一些成员被排斥到范畴的边缘。这一过程笔者称之为"再范畴化"。古今中外的人可以互相理解，一方面是因为人类具有生物学、社会学上的共同基础，另一方面是对因社会进步，以及跨文化交流和语言接触而引入的新概念进行再范畴化的结果，而这在近代以降尤为显著。汉语的"猫"不是英语的 cat，但是今天当我们在新媒体上见过英国的猫、美国的猫、俄国的猫以后，对 CAT 的认知范畴，显然不同于以前了。

在引起概念范畴变动的诸种因素之中，最为重要的是文化交流和语言接触，翻译则是最基本的方式。再范畴化的结果使不同语言的概念范畴前所未有地接近、重合，从这一角度说，译词的等价关系是可以建立的，只不过需要努力和时间。王力（1900～1986）指出：

> 现代汉语新词的大量增加，使汉语大大地丰富了它的词汇，而且使词汇走向完善的境地。我们说丰富了，是因为产生了大量新词以后，任何复杂的和高深的思想都可以用汉语来表达；我们说完善了，是因为词汇国际化，每一个新词都有了国际上的共同定义，这样就能使它的意义永远明确严密，而且非常巩固。[1]

汉语中原来不存在的概念被导入进来，并获得了词的形式。这本身就

---

[1] 王力：《汉语史稿》，中华书局，1980，第 528 页。

是对汉语固有意义体系的改造。随着文化等各方面交流的深入，周边义也可以互相接受、融合。现在"国家""政治""经济""科学"等大量被称为近代关键词的抽象词语，都具有王力所说的"国际词"的特征：有着世界范围内大致相同的外延与内涵，且感情色彩等周边义较稀薄。①

如同索绪尔把言语活动分成"语言"（langue）和"言语"（parole）两部分一样，"词"有个体的一面，它带有个人发音、使用、联想上的特征与区别，是 parole；但是"词"又有社会性的一面，它不受个人意志的支配，为社会成员共有，是一种社会心理现象，这是词义高度抽象化的结果，是 langue。两者之间并没有不可逾越的鸿沟。所谓的"再范畴化"也可以理解成 langue 层面不同语言之间的调和过程，跨语言之间，至少在概念义上，可以达到一种 langue 性的等价。笔者认为，不同族群、操不同语言的人之所以能够交流，跨语言的翻译之所以能够实现，都是建立在"再范畴化"基础上的，这是人类通过语言获得的特殊能力。

二　关于概念范畴的层级

外部世界森罗万象，不可胜数，而人类大脑处理信息的能力则是有限的。这就需要对概念进行整理，分类分级，以方便检索、提取概念和词语。荀子说：

> 故万物虽众，有时而欲遍举之，故谓之物。物也者，大共名也。推而共之，共则有共，至于无共然后止。有时而欲遍举之，

---

① 沃尔夫则指出："现代中国或土耳其的科学家们在对世界进行描述时，使用了和西方科学家们一样的术语。这一事实只能说明他们全盘套用了西方的理性体系，而不意味着他们立足于本族语观察角度证实了这一体系。"参见本杰明·李·沃尔夫《论语言、思维和现实——沃尔夫文集》，第 226～227 页。

故谓之鸟兽。鸟兽也者，大别名也。推而别之，别则有别，至于无别然后止。①

即需要"遍举"时，就把有共同特点的事物放在一起，然后赋予一个"共名"。共名之下的事物还可以根据共同的特点，一层一层地区分下去，直到没有共性为止。将事物互相区别开来的名字叫"别名"，大的别名类中可以再分出小的别名类，直至无可分别为止。例如，世间的森罗万象都可以称作"物"，这是"大共名"。"物"又常常被分为自然物、生产物和生产者。生产者主要是人类，人是上帝的创造物，也是工具、器物的生产者和使用者，自诩为"万物之灵"，所以单独从动物中分离出来。② 自然物又可以分为矿物、植物、动物等等。对此章太炎解释为："若则骐、骊、駽、骊为私，马为类，畜为达，兽为别，物为共也。有时而欲摄举之，丛马曰骊，丛人曰师，丛木曰林，丛绳曰纲。"③ 句中的骐为青黑色的马；骊为红身黑鬃尾的马；駽为黑嘴的黄马；骊为纯黑色的马。可用图 1-1 表示：

图 1-1 荀子的共名别名——章太炎的解释

---

① 王先谦：《荀子集解》，第 419 页。
② 但这似乎是西方的观点，中国从"人物"一词可知，并不将"人"和"物"截然分开，对立起来，更推崇"天人合一"。
③ 章太炎：《国故论衡》（与《国学概论》合本），中华书局，2015，第 290 页。

　　如此，荀子为我们展示了一个由上至下的纵向系统，向上方可聚敛于"物"，向下方"至于无别然后止"。荀子的言说与古希腊的范畴观有不谋而合之处。① 荀子的共名别名结构有两个特点：第一，各个层级没有轻重之分，即不考虑对于认知活动哪一层级更为重要；第二，层级不表示知识获得的顺序，即荀子没有预言认知世界是从共名开始，还是从别名开始。而现代认知语言学认为，概念范畴分有层级，其中一个既不太具体又不太抽象的层级称为基础层级。以图1-1为例，"类名"即相当于基础层级，在这一层级上聚集了大量的概念范畴。笔者认为基础层级上概念范畴的数量，不同语言之间，或不存在大的差异，但概念范畴的外部边界和内部成员的数量则不一样。② 译词的一个任务就是使两种语言的概念范畴渐趋一致。相关问题，我们还会在第二章里讨论。

三　严复的译词观

　　从意义的网络性上看，翻译赖以成立的译词可分为两类：一般词语和重要词语。一般词语包括日常生活所必需的词语，其中既有代表人类共同生活体验的部分，也有某一文化所特有的部分；重要词语承载着在漫长的历史过程中，在相应的人文地理环境下逐渐形成的核心概念，如汉文化中的仁、义、礼、智、信等。与一般词语相比，重要词语的完整移译更为困难，因为重要词语往往位于意义网络的中心，牵一发而动全身。

　　那么，关于译词，严复的主张如何？严复在与梁启超讨论译名时写道：

---

① 本书关于认知语言学的叙述主要参考了弗里德里希·温格瑞尔、汉斯-尤格·施密特《认知语言学导论》（第二版），彭利贞等译，复旦大学出版社，2009。

② 所谓"内部结构"，笔者曾描述过同位异义范畴和同位同义范畴。前者如"鸟"的下位范畴里包括：麻雀、燕子、鸽子……鸵鸟、企鹅；后者如概念范畴"妻子"里包括：老婆、爱人、太太……拙荆。参见沈国威《词汇的体系与词汇的习得》，《东北亚外语研究》2018年第2期，第9~15页。

大抵取译西学名义，最患其理想本为中国所无，或有之而为译者所未经见。若既已得之，则自有法想。在己能达，在人能喻，足矣，不能避不通之讥也。……盖翻艰大名义，常须沿流讨源，取西字最古太初之义而思之，又当广搜一切引伸之意，而后回观中文，考其相类，则往往有得，且一合而不易离。①

这段话集中反映了严复的译词观，即严复认为西方有一些概念原本是中国所没有的，即使有也不为一般人所知，因此需要新造译词应对，或者在浩如烟海的中国典籍中找出可以成为译词的词语。有些译词无法做到中外等价，两者之间总会有一些差异，但即使概念义、周边义并不完全吻合，也无大碍，不要怕被人讥讽不通。因为在使用的过程中，词义会得到调整。这样的词就是上面谈到的一般词汇。但是还有一些被严复称为"艰大名义"的重要词语，情况则不同。笔者将这样的词称为"大词"，对于大词的翻译，严复说要"沿流讨源"，找出最古老的意义，越古老，不同语言之间相对应的可能性就越大。圣经中有巴比伦之塔的传说，19 世纪历史比较语言学的诞生增强了这种想象。西方语言学界的部分学者在寻找这种元始语言上甚至显示了强烈的宗教热情，严复的上述想法也似乎受到了元语言论的影响。他在《群学肄言》的"译余赘语"中说：

尝考六书文义，而知古人之说与西学合。何以言之？西学社会之界说曰：民聚而有所部勒［东学称组织］祈向者，曰社会。而字书曰：邑，人聚会之称也。从口，有区域也，从卩，有法度也。西学国之界说曰：有土地之区域，而其民任战守者曰国。而字书曰：国，古文或，从一，地也，从口，以戈守之。观此可知

① 《严复集》第 3 册，第 518~519 页。

中西字义之冥合矣。①

认为西方某些概念的定义，如"社会"（有组织的民众）、"国"（有土地、有人民）等，与汉字的造字理据暗合。严复在《英文汉诂》中还写道：

> 英文古似德文，故 I 字古作 Ic，又作 Ich，西文称谓，当隆古时，与中国同，如 I 则中国之台也，拉丁文作 Ego，我也；thou 之与 you，与法文之 vous，tu 皆在中文汝、若之间；而第三身之 he，it，they，与法之 il 等，尤与吾文之伊、他同原。（案中西古语多同，西人如艾约瑟等所言多与鄙人合者，可知欧亚之民，古为同种，非傅会也）②

在《政治讲义》中严复又说：

> 则支那之语，求诸古音，其与西语同者，正复不少。如西云 mola，mill，吾则云磨。西云 ear，arare，吾则云犁。西云 father，mother，pa，ma，吾云父、母、爸、妈。西云 Khan，King，吾云君。西云 Zeus，Dieu，吾云帝。西云 terre，吾云地。甚至西云 judge，jus，吾云则，云准。西云 rex，ricas，吾云理，云律。诸如此类，触处而遇。果使语言可凭，安见东黄西白不出同源？③

严复的解释已经非常牵强了。不同语言使用者可以有相同的概念，但

---

① 《严复集》第 1 册，第 126 页。[ ] 中为夹注。
② 《英文汉诂》，汪征鲁、方宝川、马勇主编《严复全集》第 6 卷，福建教育出版社，2014，第 128 页。
③ 《政治讲义》，《严复集》第 5 册，第 1246 页。

不必也不可能有相同的命名理据。严复并不赞成"西学中源说"，但是他似乎认为通过"发明"可以使隐微的中西之间的意义关系再次凸显出来。① 但现在语言类型学的知识告诉我们，这种偶然的相似性并不能说明什么实质性的问题。

四　译词从何处来

"译词"不同于"词"，并非天然存在，需要通过努力才能获得。那么译词从何处来？这在今天并不难回答，各类外语辞典就是译词的一个重要的来源。严复早在其翻译活动最为活跃的 1902 年就说过："字典者，群书之总汇，而亦治语言文字者之权舆也。"② 约而言之，外语辞典的作用大致可以归纳为以下两个方面：

第一，建构不同语言之间词汇体系的对应关系；

第二，以清单的形式将语言之间词汇体系的对应关系提供给语言社会。

16 世纪末耶稣会士一踏上中国的土地就开始为编纂辞典做准备，但是并未能实际刊行。③ 19 世纪初马礼逊作为新教传教士进入中国的

---

① 这种方法在严复研究中被称为"格义"与"会通"。韩江洪指出：所谓"格义"，是指用中国传统思想中的术语、概念解释和比附西学中的术语和概念，用中国传统思想的概念或观念，在按语或序言里进一步解释译文中的西学概念或观念，这种做法用严复的话来说就是"会通"。"格义"和"会通"的区别在于，前者发生于英汉语言之间，目的是要了解西学本意；后者发生于汉语言之内，在翻译过来的西学概念或观念与中国传统思想的概念或观念之间作类比解释，重在中西学术的贯通。在严复看来，中国传统学术与西方学术有共同的义理，可以相互沟通和发明。参见韩江洪《严复话语系统与近代中国文化转型》，上海译文出版社，2006，第 163、165 页。

② 严复：《商务书馆华英音韵字典集成序》（1902）。本序言《严复集》不收，可参见沈国威编著『近代英華華英辞典解題』関西大学出版部、2011、188～189 頁。

③ 有关情况请参见马西尼「早期の宣教師による言語政策：17 世紀までの外国人の漢語学習における概況——音声、語彙、文法」内田慶市・沈国威編『19 世紀中国語の諸相』雄松堂、2007、17～30 頁；姚小平《早期的汉外字典》，《当代语言学》2007 年第 2 期，第 97～116 页。

第一人，其最大的贡献就是在极端困难的条件下编辑出版了 3 卷 6 册的英汉双语辞典《字典》（1815～1823），由此开创了系统对译中外概念的先河。此后整整一个世纪，传教士编纂出版的汉外辞典无一不受其影响。

马礼逊之后，麦都思、卫三畏（Samuel Wells Williams，1812－1884）、罗存德（Wihelm Lobscheid，1822－1893）相继推出多种大型辞典，传教士主导的翻译活动也在广州、上海、北京等地广泛展开。翻译与外语辞典的编纂互相促进，相辅相成。1872 年，美国传教士卢公明（Justin Doolittle，1824－1880）出版了《英华萃林韵府》（1872）。如其序言所说，编者的原意是编一本"提供一个包含最实用的汉语词汇和与这些词汇等义的英语译词的词汇集"，所以英语名称是 *Vocabulary and Hand-book*，而不是 *Dictionary*。《英华萃林韵府》的译词 90% 取自近 30 年前卫三畏编《英华韵府历阶》（1844），并无新意，但值得一提的是，辞典的第 3 部收录了在华传教士们提供的各类术语集共 21 种。[①] 在江南制造局主持科技书籍翻译的傅兰雅（John Fryer，1839－1928）也编有数种术语集。这是教会组织试图改变译词混乱的现状，规范术语所做的努力。尽管其他传教士们积极响应教会组织的呼吁，热情提供翻译过程中积累的译词，以反馈中国社会，但效果并不显著。辞典是知识积累的结果，截至 19 世纪末，辞典尚不尽如人意，翻译也就举步维艰了。严复在 1895 年着手《天演论》翻译时几乎没有可资利用的辞典，他在《华英音韵字典集成序》中说：

> 尚忆三十年以往，不佞初学英文时，堂馆所颁独有广州一种，寥落数百千言，而义不备具。浸假而有《五车韵府》等书，

---

① 参见沈国威编著『近代英華華英辞典解題』、163～171 頁。

　　则大抵教会所编辑，取便西人之学中国文字者耳。[①]

　　这些为外国人学习汉语而编纂的辞典，不但数量少，而且质量差。严复批评当时辞典的词义、词类"皆绲而不分。学者叩其所不知，而黪暗愈甚。用以迻译，则事义违反。鼠璞相贸，往往多可笑者"。严复甚至建议学生"勉用西文字典，不得以华文字典之译义，望文骈迭为之"。[②] 辜鸿铭（1857～1928）也说为中国学生准备的辞典太少。[③] 尽管严复对《华英音韵字典集成》赞赏有加，但他本人即使在辞典刊行的 1902 年以后，译文中也没有使用这本辞典的痕迹，可见《华英音韵字典集成》仍不足以应付西方人文社科内容的翻译。这种状况一直到颜惠庆编《英华大辞典》（1908）出版后才逐渐有了质的改善。[④] 关于严复与辞典的问题，我们将在第七章集中讨论。

　　总之，既然世纪之交的双语辞典不能提供社会所需的译词，译者只好独自准备，严复所面临的就是这样一个艰巨的任务。在下一章我们将具体讨论。

---

① 严复：《商务书馆华英音韵字典集成序》。严复 1867 年 14 岁进福建船政学堂，该学堂的法国人教习日意格（Prosper Marie Giguel, 1835－1886）曾编写 *Mechanical and Nautical Terms in French, Chinese and English*，共收机械术语 1962 条。这个术语手册后来被卢公明收入了《英华萃林韵府》。参见沈国威编著『近代英華華英辞典解題』、170 頁。《五车韵府》是马礼逊《字典》第二部的名称，1860 年代以后，在上海等地出现过石印的《五车韵府》删节本。

② 严复：《商务书馆华英音韵字典集成序》。

③ 辜鸿铭《华英音韵字典集成》英文序："许多外国学者并不轻视为学习汉语的外国学生编纂极有帮助的汉英辞典的工作。但是对于学习英语的中国学生来说，除了邝其照先生以外，还没有其他人可以帮助他们。"译文参见沈国威编著『近代英華華英辞典解題』、190 頁。

④ 关于 19 世纪汉外辞典的编纂情况，可参照笔者编著的『近代英華華英辞典解題』等，在此不展开。日本的西周（1829～1897）在明治初年的翻译著述中主要使用了韦伯斯特 1865 年版的英语辞典（Noah Webster, *An American Dictionary of the English Language*, 1865），术语等关键词的定义也都遵循韦伯斯特。参见山本贵光『百学連環を読む』三省堂、2016。与此相比，严复本人在翻译过程中使用了何种辞典并没有具体记录。这是一个需要廓清的问题。

第二章 严复的译词：承袭

小 引

严复说："窃以谓文辞者，载理想之羽翼，而以达情感之音声也。是故理之精者不能载以粗犷之词，而情之正者不可达以鄙倍之气。"[1]又说："大抵取译西学名义，最患其理想本为中国所无，或有之而为译者所未经见。"[2] 这里的"理想"即 idea，今译"概念"。这样，作为译者的严复，其任务实际上有三：第一，在汉语中为那些"或有之而为译者所未经见"的"名义"寻找出中外概念的等价物；第二，为那些"本为中国所无"的西方或外域的"理想"创造出一个等价物；第三，这样的等价物必须足以表达精密的理想。[3] 完成如此艰巨任务的方法也只有两种，一是利用已经存在的语言成分，二是创造新的语言成分。此两项也是 19 世纪以来译词获取的主要途径。本章先讨论严复如何利用已有语言成分作译词，第三章继之讨论译词新造的问题。

---

① 《与梁启超书二》，《严复集》第 3 册，第 516 页。
② 严复：《尊疑先生覆简》，《新民丛报》1902 年第 12 号，第 62～64 页；亦见《严复集》第 3 册，第 518 页。
③ 有一些复杂的问题，如用单纯词对译，还是创造新的合成词（复合词、派生词）对译等，详见第三章。

如第一章所述，世纪之交的汉外辞典既然无法指望，译者就需要直面怎样寻找对译词、从何处寻找的问题。在江南制造局翻译馆等处翻译西书 170 种以上的傅兰雅在介绍自己的翻译经验时说：

> 华文已有之名　设疑（拟）一名目为华文已有者，而字典内无处可察，则有二法：一、可察中国已有之格致或工艺等书，并前在中国之天主教师，及近来耶稣教师诸人所著格致、工艺等书；二、可访问中国客商，或制造，或工艺等应知此名目之人。[1]

即假设一个译词在汉语中是存在的，但辞典等工具书中又无处可寻，这时有两个方法查找，一是翻检中国古已有之的制造工艺方面的图书，或者 16 世纪末以来的耶稣会士及近期来华的新教传教士所译所著的相关书籍；二是询问从事这一行业的商人、工匠等有可能具有相关知识的人士。傅兰雅的方法理论上似乎也同样适用于西方人文社科书籍的翻译，即在中国的典籍中寻找可以成为译词的词语，或向读书人询问。傅兰雅在上述的文章中甚至说，"中国自古以来最讲求教门与国政，若译泰西教门或泰西国政则不甚难"。[2] 严复在谈到"艰大名义"时说"常须沿流讨源"，由此可知中国的典籍是严复等翻译西方人文社科书籍时，从中寻找译词的主要资源。但他对同时代的传统

---

① 傅兰雅：《江南制造总局翻译西书事略》，《格致汇编》第 2 册，南京古旧书店 1991 年影印本，第 349~354、381~386 页；第 3 册，第 19~24、51~54 页。后收入张静庐辑注《中国近代出版史料初编》，上杂出版社，1953，第 9~28 页。原文刊载于 1880 年 1 月 29 日的 *North-China Herald*（《北华捷报》）。这段话的原文如下：1. —Existing nomenclature-Where it is probable a term exists in Chinese，though not to be found in Dictionaries：—（a）To search in the principal native works on the arts and sciences，as well as those by the Jesuit missionaries and recent Protestant missionaries.（b）To enquire of such Chinese merchants，manufacturers，mechanics，&c.，as would be likely to have the term in current use。

② 傅兰雅：《江南制造总局翻译西书事略》，张静庐辑注《中国近代出版史料初编》，第 16 页。

士子似乎不太信任。① 严复在《穆勒名学》的按语中写道"逻辑最初译本，为固陋所及见者，有明季之《名理探》，乃李之藻所译。近日税务司译有《辨学启蒙》"。② 这说明严复已经注意到了传教士们的工作。实际上自 1807 年马礼逊来华以后，新教传教士编纂的杂志、译著上有大量人文社科的内容，在译词上也有了一定的积累。③ 但是总体上，译出的西方人文社科书籍较为有限，可供咨询的人更少，而且译文译词都不够精准。例如对于已经译出的逻辑学书籍，严复说"曰探、曰辨，皆不足与本学之深广相副，必求其近"。④ 他还要寻找更相近、更合适的译词。最终严复在中国的典籍中选取了"名学"来翻译 logic。

如前所述，译词具有词的性质，又不完全等同于已有的"词"，因为译词不可避免地会与原词发生形式上的、意义上的关联。译词与原词一方面不可能百分之百的等价，另一方面经过一段时间的再范畴化，两者之间又存在着无限互相接近的可能性。普通词语可以直接从日常生活中找寻，而大词的主要来源是中国古典。用古典词对译西方的大词，至少在初期阶段有以下一些常见的问题：

1. 词语的指称范围中外不同；
2. 词语的意义网络中外不完全吻合；
3. 词语的周边义中外不一样；
4. 词语的语法义不一样。

以下我们以"权利"和"自由"为例，具体分析严复如何利用已有的词语作译词的情况。

---

① "且今世之士大夫，其所以顽锢者，由于识量之庳狭。庳狭之至，则成于孔子之〈所谓〉鄙夫。经甲庚中间之世变，惝惝然虑其学之无所用，而其身之濒于贫贱也，则倡为体用本末之说，以争天下教育之权。"参见《与外交报主人书》，《严复集》第 3 册，第 558 页。
② 严复：《穆勒名学》，商务印书馆，1981，第 2 页。
③ 卢公明编纂的《英华萃林韵府》（1872）反映了传教士群体译词创造的情况。参见沈国威编著『近代英華華英辞典解題』。
④ 严复：《穆勒名学》，第 2 页。

一　"权利"

汉语典籍里"权""利"两字连用义为"权势与财货"。① "权"字的本义是衡器，转为衡量，后引申为"权柄""权势"。"权利"作为译词使用始于美国传教士丁韪良，丁氏在翻译《万国公法》时首次用"权利"对译 right。《万国公法》的原著是惠顿的 *Elements of International Law*，这是一部超过 900 页的鸿篇巨制，主要讨论各国的主权及战时的权利及义务。这一话题涉及以下三组词语：

power；sovereign；authority；prerogative

right

obligation；duty

在英语里这三组词所代表概念范畴构成一个政治的语义场，以下分别以 POWER，RIGHT 和 DUTY 代表各个概念范畴和所属的同位近义词。在丁韪良着手翻译前后，已出版的英华字典中这三组词的译词情况大致如表 2 - 1。

表 2 - 1　马礼逊、麦都思、罗存德字典中的译词情况一览

	马礼逊(1822)	麦都思(1847~1848)	罗存德(1866~1869)
power	权、权柄、权势；能、力、强	权柄；势、权势、德	力、气力、力量；权、权势、权柄、权能、全权、大权、大权能、国权、国柄、兵权、有权、有权势
sovereign	国主	主、人主、国主、主君	主、主权
authority	权柄	权势、权柄、威权、柄权	权势、权柄、威权、权
prerogative	—	恪外之恩、超众的特恩	权、特权、格外之权、超常之权
right	应当的、不错、正是	应当的、不错、正是	应当、公道；执权、民之权、格外之权、异常之权
obligation	—	本分、本当、职分	本分、职分
duty	本分	本分、责任、责分	本分、职分、责任

---

① 参见《汉语大词典》《辞源》。但使用例极少，甚至无法确定是否为一个成熟的复合词。

　　从表 2 - 1 可知，在 POWER 的概念范畴中，power 被译为"权""权柄"，sovereign 和 authority 的译词或者与 power 相同，或者是包含"权"的二次复合词。英语中三个词的区别在辞典所示的汉语译词上几乎被中和。另一方面，汉语中原来没有 RIGHT 这一概念范畴，编纂者使用"应当"去对译，但是"应当"无法明确地译出"应当得到"的意思。对于概念范畴 DUTY，马礼逊的辞典中不收 obligation，将 duty 译为"本分"，所加的解释是：Duty, that which a person ought to do，这样 duty 就成了一种来自身份的责任。麦都思和罗存德对 obligation 和 duty 给出了以"本分"为主的相同的译词，这是因为汉语对二者并不加以区分。"本分"如同身份虽然有与生俱来的性质，但不是作为"权利"的代价需要付出。只有罗存德在 right 的词条下给出了："I have a right to it, 实属我的；in his own right, 生而属他的。"罗似乎是想努力译出 right 与生俱来的含义；同一词条下又可见"to maintain one's right, 执权；the right of citizens, 民之权；prerogative, 格外之权、异常之权"等。"执权"即维护自己的权利；"民之权"现在译作"公民权""市民权"；"格外之权"现在译作"特权"，而在词条 prerogative 下，罗存德实际使用了"特权"。可以断言 prerogative 译为"特权"始于罗存德，而马礼逊的辞典的英华部分不收 prerogative，麦都思在其辞典里所用的译词是"恪（原文如此——引者注）外之恩、超众的特恩"。罗存德的"特权"为井上哲次郎的《订增英华字典》（1884）接受，在日本普及定型。在中国罗存德之后收录"特权"的是邝其照的《华英字典集成》（第 3 版，1887）"权；特权"（261 页）。受英和辞典影响的《英华大辞典》（颜惠庆，1908）给出的译词是"特权，格外权，特别利权"。罗存德的字典中还有"to renounce a right, 弃权；Encroach, to creep and enter on another's rights, 佔人权、僭权、渐侵人地……"等 right 译作"权"的例子。总之，罗存德的《英华字典》是唯一尝试用"权"

去译 right 的辞典。[①] 同时需要注意的是上述辞典中都没有使用"权力"。翻译惠顿的书，对译者丁韪良的最低要求是将互相对峙的概念范畴 POWER，RIGHT，DUTY 区别译出，形式可以是"词"，也可以是词组或短语，但必须加以区分，不能混淆。那么我们来看一下丁韪良的实际翻译。

相关词语在原著中的使用频率情况大致如下：power，1100 余例；right，1700 余例；sovereign，近 700 例；authority，270 余例；duty，300 余例；obligation，150 余例。对于原著中的 power，如下所示，译者采取了不译、意译，或者译为"权"三种处理方法。（引文中的下波线、下画线均为笔者所加，下同）

1. … so long as the independence of the new State is not acknowledged by other power.
不译：若他自未认新立之国……

2. Those powers are exercised by the East India Company in subordination to the supreme power of the British empire，…
译作"权"：盖此商会之行权凭本国之权……

3. Sovereignty is the supreme power by which any State is governed.
与 supreme power 合译作"上权""主权"：治国之上权，谓之主权。

Sovereign 译为"权"或"主权"；authority 译为"有司"，例如：

---

① 罗存德的《英华字典》1869 年出齐，从时间上讲是有参照丁韪良《万国公法》的可能性的。《万国公法》中"特权"有 2 例，对译 conditional，or hypothetical rights；而 prerogative 有 16 例，主要用"国君之权"对译。"权利"和"特权"可以说是一组相反的概念，罗存德的理解和在译词上的处理是可以首肯的。

4. Nations and Sovereign States.

译作"权"：论邦国自治、自主之权。

5. … the political power of the State and a judicial authority competent to enforce the law.

意译 political power 为"国势"；authority 译作"有司"：凭国势以行，赖有司以断之者也。

6. The habitual obedience of the members of any political society to a superior authority must have once existed in order to constitute a sovereign State.

authority 和 sovereign 都没有明确译出：国之初立者，必由民之服君上。

原著中的另一个关键词 right，也有不译、意译的情况，而更多的是译为"权"或者"权利"。如在第一章"论邦国自治、自主之权"中，丁氏开宗明义译道："海氏以公法分为二派：论世人自然之权，并各国所认他国人民通行之权利者，一也；论诸国交际之道，二也。""自然之权"即 natural rights；"通行之权利"即 right to pass；"交际之道"的"道"即 law。"权"和"权利"都对应 right，而"权"又表示 power。这样《万国公法》中的"权"有时是指"power"，有时指"right"，译词上"权"和"权利"并无区分，两个重要的概念混在一起。故下文中的下波线部分，只能译作"自主之全权"：

7. … that the several States composing the Union, so far as regards their municipal regulations, became entitled, from the time when they declared themselves independent, to all the rights and powers of sovereign State, and that they did not derive them from

concessions made by the British King.

不加区分地译作"自主之全权"：美国相合之各邦，从出诰而后，就其邦内律法，随即各具<u>自主之全权</u>，非自英王让而得之也。

但是 rights 和 obligations 还是有区别的，例如：

8. …it neither loses any of its <u>rights</u>, nor is discharged from any of its <u>obligations</u>.

rights 和 obligations 出现在同一句中，丁韪良分别译作"权利""当守之分"：于其曾享之<u>权利</u>无所失，于其<u>当守之分</u>亦无所减。

总之，三个概念范畴在译词对应上并不是泾渭分明的。同样需要指出的是丁韪良在《万国公法》中并没有使用"权力"一词。

丁韪良在以后的翻译实践中也意识到了这一问题，他在《公法便览》（1878）的"凡例"中说：

公法既别为一科，则应由专用之字样。故原文内偶有汉文所难达之意，因之用字往往似觉勉强。即如一"权"字，书内不独指有司所操之权，亦指凡人理所应得之分。有时增一"利"字，如谓庶人本有之权利云云。此等字句，初见多不入目，屡见方知不得已而用之也。

也就是说"权"不仅指"有司所操之权"（power），也指"凡人理所应得之分"（right），"权"的词义的判读完全依赖于上下文。为此"有时增一利字"以示区别。《万国公法》之后，"权利"开始出现在报章上。1872 年 5 月 21 日的《申报》上可见"兵船所能领之额外权利者，邮船亦可能领"。几乎同一时刻，"权力"也有用例出现：

"因中国权力不能远越重瀛而禁之。"（《申报》1872 年 5 月 14 日）
"权力"这个古典词在当时的《申报》上另一个意思是"力量"。

　　严复从另一个角度感觉到了"权利"的问题，对这个译词极为
不满，他在给梁启超的信中指出：

　　　　惟独 Rights 一字，仆前三年，始读西国政理诸书时，即苦此
　　字无译，强译"权利"二字，是以霸译王，于理想为害不细。后
　　因偶披《汉书》，遇"朱虚侯忿刘氏不得职"一语，恍然知此职
　　字，即 Rights 的译。然苦其名义与 Duty 相混，难以通用，即亦置
　　之。后又读高邮《经义述闻》，见其解《毛诗》"爰得我直"一
　　语，谓直当读为职。如上章"爰得我所"，其义正同，叠引《管
　　子》"孤寡老弱，不失其职，使者以闻"，又《管子》"法天地以
　　覆载万民，故莫不得其职"等语。乃信前译之不误，而以直字翻
　　Rights 尤为铁案不可动也。盖翻艰大名义，常须沿流讨源，取西字
　　最古太初之义而思之，又当广搜一切引伸之意，而后回观中文，
　　考其相类，则往往有得，且一合而不易离。譬如此 Rights 字，西
　　文亦有直义，故几何直线谓之 Right line，直角谓 Right Angle，可
　　知中西申义正同。此以直而通职，彼以物象之正者，通民生之所
　　应享，可谓天经地义，至正大中，岂若权利之近于力征经营，而
　　本非其所固有者乎？且西文有 Born Right 及 God and my Right 诸名
　　词，谓与生俱来应得之民直可，谓与生俱来应享之权利不可。何
　　则，生人之初，固有直而无权无利故也，但其义湮晦日久，今吾
　　兼欲表而用之，自然如久废之器，在在扞格。顾其理既实，则以
　　术用之，使人意与之日习，固吾辈责也。至 Obligation 之为义务
　　[仆旧译作民义与前民直相配]，Duty 之为责任，吾无间然也。①

----

　　①　《与梁启超书三》，《严复集》第 3 册，第 518～519 页。[ ] 中为夹注。

严复这段话大概有如下几层意思：

第一，用"权利"去译 right，意义相差太大，极为勉强，影响概念的准确移译。因为对于"权利"，严复的理解（即汉语典籍上的意义）是：以权和力得到的利益，这样就与 right 所有的"与生俱来"的含义格格不入；

第二，《汉书》中的"职"与 right 同义；但"职"可能与 duty 的译词"职责"发生混淆，严复暂时未加以采用；

第三，严复后来发现《诗经》《管子》等典籍中的"直"也应该训作"职"；

第四，在翻译大词时要特别关注初始义，然后追根寻源地找出派生义；

第五，"直"的概念中西有相通之处。汉语的"直"通"职"（应有的作用），西方"right"寓意"物象之正者，通民生之所应享"。所以英语的 right line，right angle 汉语分别作"直线""直角"；

第六，西方有 born right，God and my right 等说法，表示与生俱来的 right，这个意思可以用"民直"表示，但是"权利"则不行，因为"生人之初，固有直而无权无利故也"；

第七，"直"的初始义湮没已久，需要重新使之显现出来；

第八，obligation 译为"义务"，duty 译为"责任"，严复均表示认同。严复在以前的译著中为了与"民直"保持词形上的相似性，曾经把 obligation 译为"民义"，现在放弃了。笔者揣测这可能是因为 obligation 不但可以说"民"，也可以说国家的缘故。"义务"是日本译词，但严复对此并没有特别的反应。

严复的这封信写于 1902 年 6 月，"前三年"即指 1899 年。但这应该是一个时间的概数，严复在 1896 年的手稿本《治功天演论》中已经使用了"权利"和"直"：

1.（蜜蜂）其为群也，动于天机之不自知，各趣其功，而于以相养，各有其职分之所当为，而未尝争其权利之所应享。①

2. 以谓天行无过，任物竞天择之事，则世将自至于太平。其道在听人人自由，而无强以损己为群之公职，立为应有权利之说，以饰其自营为己之深私。②

3. 盖主治者悬一格以求人，曰：必如是，吾乃尊显爵禄之。使所享之权与利，优于常伦焉，则天下皆奋其材力心思，以求合于其格，此又不遁之理也。③

4. 是故恕之为道，可以行其半，而不可行其全；可以用之民与民，而不可用之国与国。民尚有国法焉，为之持其平而与之直也，至于国，则吾恕而彼不恕，为之持其平而与之直者谁乎？④

第 1 例中"职分"即 duty，"权利"即 rights，全文为 Each bee has its duty and none has any rights。第 2 例中原文也是 duty，但译词改为"公职"，似乎要强调个人对于国家的义务，与私领域的义务相区分。第 3 例说"恕道"可以适用于个人之间，而不可用于国与国之间。因为对于个人有国家为其主持公道，保证其权利，对于国家则不存在这种超然的力量。严复在《天演论》中使用"权力"一词仅有 1 例："顾自营减之至尽，则人与物为竞之权力，又未尝不因之俱衰，此又不可不知者也。"⑤ 原著的意思是：如果对人与人之间的竞争约束过多，也会对社会起破坏作用。严复的译文的意思是：人与人之间的竞争若不存在，人与物（自然）竞争的力量也会因之减弱。本例中的"权力"

---

① 《天演论》论十一，《严复全集》第 1 卷，第 23 页。
② 《天演论》论十七，《严复全集》第 1 卷，第 67 页。原文是：Once more we have a misapplication of the stoical injunction to follow nature; the duties of the individual to the state are forgotten, and his tendencies to self-assertion are dignified by the name of rights。
③ 《天演论》论十六，《严复全集》第 1 卷，第 28 ~ 29 页。原著中并没有这段话。
④ 《天演论》论十四，《严复全集》第 1 卷，第 27 页。这段话是严复加译的。
⑤ 严复：《天演论》，第 33 页。手稿本中这段话为："自营减之至尽，则人与物为竞之权力，又未尝不因之俱衰，此又不可不知者也。"《天演论》论十四，《严复全集》第 1 卷，第 26 页。

与 power 对应，在现代汉语中 power 既可译作"权力"，也可译作
"力量"，但在严复的时代"力量"还不是常用词汇，多用"权力"，
如培根的名言"知识就是力量"，严复译作"培庚有言，民智即为权
力。岂不信哉！"① 第 4 例中严复使用的是"权与利"的形式，这反
映了严复对"权利"的理解：权利之近于力征经营。

继《天演论》之后，在《原富》中，严复用"权利"译 right；
用"权力"译 power 或 authority，不再使用"民直""民职"，"直"
字在这本译著中作价值的"值"义。

1903 年严复出版了另外两部译著《群学肄言》和《群己权界
论》，书中既使用了"权利"也使用了"直"：

> 吾知议院遇此等事，固亦选派查办之员，以求公允，然其侵
> 小民权利，而使之失职者，常十事而九也。吾非谓其知而侵之
> 也，彼实不知而侵之，但议院不宜任查办之员，安于不知而致贫
> 民遂见侵耳。彼民既贫，势不能来伦敦，询事例，具人证以讼其
> 所被侵之直，议院务察此意而为政，庶几真公允耳！②

在这个例子里，"权利"和"直"并出，但并无意义上的区别，严复
的意图不得而知。

> 故生人之道，求自存以厚生，非私也，天职宜如是也。自存
> 厚生之事无他，爰得我直（直，汉人直作职分所应有者也——
> 译者注）而已。群为拓都，而民为之么匿，么匿之所以乐生，
> 在得其直，故所以善拓都之生，在使之各得其直。③

---

① 严复：《原富》，商务印书馆，1981，第 220 页。
② 严复：《群学肄言》，商务印书馆，1981，第 67 页。
③ 严复：《群学肄言》，第 140 页。

"天职"和"直"都作权利解，译者严复在注中解释为"职分所应有者"，但"职分"在《天演论》中又作"义务"解。

> 吾党祈福受厘之际，则曰吾之爱人，宜如己也，吾之报怨，将以德也。乃至朝堂之所申辨，报章之所发明，州阊之会，酣燕之顷之所谈，则曰是不共戴天者也，是不与同国者也，是吾国体<u>民直</u>之所必争也。①

此例的"民直"即是"权利"。

> 为己为人，皆资勇果，勇果本于形气者也，为人兽之所共有，而视其所以行之者何如？使其用之以求其<u>天直</u>（天直，犹言所应享之权利——译者注），以御暴虐，以遏侵欺，可贵者也。②

译者严复在注中解释"天直"是"应享之权利"。

> 则反是而观，勇之不足贵者，有所属矣。意纯起于自私，所求者非其应得之<u>天直</u>，虽曰勇果，殆与禽德邻也。故好勇而不知义，不独为之者非也，誉者与有罪焉，何则？以其奖败德而损群宜也。③
> 譬如自自由之说兴，而穷凶之孽，或由此作，即持干涉之义者，而<u>民直</u>（民直，即俗所谓权利与他书所称民权——译者注）或以见侵。设仆云然，未必遂为自由之反对，抑亦非尚法者之叛徒也。④

在《群己权界论》的原著中，rights 和 obligation 是关键词，严复更多

---

① 严复：《群学肄言》，第 153 页。
② 严复：《群学肄言》，第 154 页。
③ 严复：《群学肄言》，第 154 页。
④ 严复：《群学肄言》，第 307 页。

地用"权利"和"义务"去译，也有译作"直"（含"民直""天直"）的例子，如：

> 如是者谓之自繇国典。国典亦称民直，侵犯民直者，其君为大不道，而其民可以叛，一也。①
>
> 以下言言行自繇，本为斯民天直。——译者注②
>
> 盖言行自繇，固文明之民，人人所宜享之天直，借曰有为而然，其义隘矣。③
>
> 权利人而有之，或国律之所明指，或众情之所公推，所谓应享之民直是己。④
>
> 若夫行出诸己，而加诸人，斯功过之间，社会所以待之者大异此。夫侵人之端，莫大于夺其所应享之天直。⑤

严复一方面以"直"为主在不同的语境中尝试着使用各种译词，另一方面还需要顾虑到当时社会上"权利""义务"都已经相当普及的现实。严复最终也没能给出一个明确的答案。⑥

《英华大辞典》（颜惠庆，1908）上 right 的译词为："法律上之权、权利，有权利必有义务，警察有逮捕犯法人之权、要求无理之事物，世人无是权利也。"而赫美玲（Karl E. G. Hemeling，1878 – 1925）的《英汉标准口语辞典》（1916）将"权利"和"民直"都作为教育部审定的译词处理。

---

① 严复：《群己权界论》，商务印书馆，1981，第 4 页。此处加入了原编者注 1、自繇国典 Political liberty；原编者注 2、民直 Political rights。
② 严复：《群己权界论》，第 73 页。
③ 严复：《群己权界论》，第 74 页。
④ 严复：《群己权界论》，第 81 页。
⑤ 严复：《群己权界论》，第 84 页。
⑥ 参见黄克武《自由的所以然：严复对约翰弥尔自由思想的认识与批判》，上海书店出版社，2000，第 118～192 页。

在现代汉语中，"权力"和"权利"是同音词，口语层面无法区分；两者的单音节形式均为"权"，书面语中也无法区别，从词汇学的角度说不能算是成功的译词。这两个词在日语里音形、词形都是互相区别的，似无问题，但是作为词缀使用时，仍然无法确定词义。①尽管如此，"权力""权利"成了汉字文化圈的近代关键词，可知词汇学上的因素并不能完全决定译词的命运。

二　"自由"

"自由"是汉语古典词，《辞源》1915年版和2016年版的释义分别如下：

【自由】一、谓奉行己意也。［杜甫诗］送客逢春可自由。二、法律名词。如在法律范围内之言论自由、集会结社自由是。此种自由凡立宪国皆有之。按英文 Liberty；法文 Liberte 皆原于拉丁文之 Liebrtas，其意为脱去被人羁绊虐待之谓。

【自由】谓能按己意行动，不受限制。《礼·少仪》"请见不请退"，汉郑玄注："去止不敢自由。"《三国志·吴·朱桓传》："桓性护前，耻为人下，每临敌交战，节度不得自由，辄嗔恚愤激。"②

如小引所述，用古典词作译词常常会发生一些意义对应上的问题。

---

① 胡以鲁也指出："如权利、义务，犹盾之表里二面。吾国义字约略足以当之。自希腊有正义即权力之说，表面之义方含权之意。而后世定其界说，有以法益为要素者，日人遂撷此两端译作权利，以之专为法学上用语。虽不完犹可说也，一经俗人滥用，遂为攘权夺利武器矣。既不能禁通俗之用，何如慎其始而译为理权哉。义务之务字含作为之义，亦非其通性也，何如译为义分。"《论译名》，《庸言》1914年第1～2期合刊，第12页，亦参见沈国威《译词与借词——重读胡以鲁"论译名"》，『或問』9号、2005、103～112頁。
② 《辞源》1979年以后的修订本将收词范围限制在1840年代以前，同时删除了初版中1840年以后的书证和释义。

与"自由"相对应的原词是 freedom 与 liberty，这两个词意义上无实质性的区别，主要是词来源上的不同。马礼逊在自己的辞典里译为"自主、自主之理"；麦都思的辞典开始出现"自由"；罗存德的《英华字典》综合两者，同时采用了自主、自由、治己之权、自操之权、自主之理等解释。在 19 世纪的英华字典里，"自由"的政治含义并不强烈。

日本自《英和对译袖珍辞书》（堀达之助，1862）起，"自由"就是 freedom，liberty 的译词。首次作为西方的政治概念引入日本的是福泽谕吉的《西洋事情》（1866）：

● 欧羅巴政学家の説に、凡そ文明の政治と称するものには六ケ条の要訣ありと云えり。即ち左の如し。第一条　自主任意国法寛にして人を束縛せず、人々自からその所好を為し、士を好むものは士となり、農を好むものは農となり、士農工商の間に少しも区別を立てず、固より門閥を論ずることなく、朝廷の位を以て人を軽蔑せず、上下貴賎各々その所を得て、毫も他人の自由を妨げずして、天稟の才力を伸へしむるを趣旨とす。《西洋事情》卷 16 下（译文：欧洲政治学家的学说中有大凡文明政治均有六条要诀，即第一条，自主任意，国家法律宽松，对人不加束缚。人人做自己所喜好之事。愿为士者为士，愿为农者为农。士农工商不设区别，不以门阀论，不以身居官位轻蔑人，上下贵贱，各得其所。丝毫不妨碍他人自由，提升天赋的才能。）

● 注释部分：本文、自主任意、自由の字は、我儘放盪にて国法をも恐れずとの義に非らず。総てその国に居り人と交て気兼ね遠慮なく自力丈け存分のことをなすべしとの趣意なり。英語に之を「フリートム」又は「リベルチ」と云ふ。未た的当の訳字ならず。《西洋事情》卷 17 上（译文：正文的"自主任意、自由"等词，并非为所欲为，不惧国法之意，而是国民之

间无须客套，各尽自己的能力，做自己要做的事之意。英语称之
为 freedom，liberty。尚无精准的译词。)

其后，西周在《百学连环》（1870）中以"自在"的词形介绍了
freedom，liberty 的概念，侧重点在出版自由。

　　•西洋右の発明に依りて一千五百年来文化大に開ケ、一千
七百年来に至りてliberty（自在）of press（印刷）印刷自在と云
ふとこと起れり。《西周全集》卷 4、17、47 頁［译文：西洋根
据以上发明（即印刷术——引者注）16 世纪以来文明大开。至
18 世纪，印刷自在兴起。]
　　•其中一ッの真理はliberty 即ち自在と訳する字にして、自
由自在は動物のみならす、草木に至るまて皆欲する所なり。
《西周全集》卷 4、25、56 頁（译文：其中一真理即 liberty，译
作自在。自由自在不仅动物，至草木植物也都祈盼。)
　　•人は又其類上にあらすして最も自由を得ると雖も、唯夕之
を縛して動かさいるは法なり、其法たるや自由の理に戻るへから
す、若し是に戻るときはかならす乱るものなり。《西周全集》卷
4、25、56 頁（译文：人不管处于何种阶层，最应获得自由，惟需受
法律束缚。其法律不可返回自由之理，如返，则必生乱。)
　　•神は萬物の根元にして萬物を自由にするの権ありと称す
るより。《西周全集》卷 4、113 頁（译文：上帝自称为万物之
根本，有使万物获自由之权。)

西周在早期的著述中，更倾向于使用"自在"而不是"自由"。《百
学连环》（1870～1872）中前者 39 例，后者仅 8 例。而在《明六杂志》
（1874 年 4 月～1875 年 11 月）中两者的地位发生了交替，"自由"的用
例多达 280 例，而"自在"仅 7 例，其中 2 例为"自由自在"连用。

中村正直于 1872 年刊行译著《自由之理》（原著为 J. S. 密尔，一名穆勒的 *On Liberty*），自 1874 年"自由民权运动"起，"自由"作为 freedom，liberty 的对译词在日本社会普及定型。在"自由"意识形态化的过程中，还有很多事件，但已不是词汇学的内容了。

中国虽然向日本提供了 freedom，liberty 的译词，但政治概念的实际导入晚日本 20 年以上。限于篇幅，我们只对严复的情况进行讨论。

可以推测严复在 1870 年代留学英国期间就接触了西方关于自由的概念，但他首次将这一概念介绍给中国社会是在 1895 年。严复在他的第一篇公开发表的时论中写道："（西学的关键）不外于学术则黜伪而崇真，于刑政则屈私以为公而已。斯二者，与中国理道初无异也。顾彼行之而常通，吾行之而常病者，则自由不自由异耳。"[①]

严复用"自由"对译 freedom，liberty，此时"自由"作为西学词语已广为知晓。例如《申报》在 1880 年代初已经报道过日本的自由党成立，图 2-1 显示了"自由"在《申报》上出现频次的变化。"自由"是中国的古典词，做译词使用，必然有一个当与不当的问题。严复在《论世变之亟》中接着写道：

> 夫自由一言，真中国历古圣贤之所深畏，而从未尝立以为教者也。彼西人之言曰：唯天生民，各具赋畀，得自由者乃为全受。故人人各得自由，国国各得自由，第务令毋相侵损而已。侵人自由者，斯为逆天理，贼人道。其杀人伤人及盗蚀人财物，皆侵人自由之极致也。故侵人自由，虽国君不能，而其刑禁章条，要皆为此设耳。中国理道与西法自由最相似者，曰恕，曰絜矩。然谓之相似则可，谓之真同则大不可也。何则？中国恕与絜矩，专以待人及物而言。而西人自由，则于及物之中，而实寓所以存我者也。自由既异，于是群异丛然以生。

---

① 《论世变之亟》（《直报》1895 年 2 月 4~5 日），《严复集》第 1 册，第 2 页。

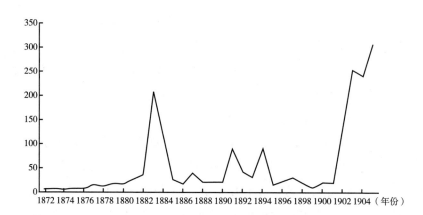

图 2-1　《申报》"自由"的使用频率

他尖锐地指出了自由观上东西方之间的根本差异。译词只是勉强
"相似",不是"真同"。严复译穆勒的 *On Liberty* 为《群己权界论》,
在"译凡例"中对该书的关键词"自由"做了详细的说明。

> 或谓:"旧翻自繇之西文 liberty 里勃而特,当翻公道,犹云
> 事事公道而已。"此其说误也。谨案:里勃而特原古文作
> libertas 里勃而达,乃自繇之神号,其字与常用之 freedom 伏利
> 当同义。伏利当者,无挂碍也,又与 slavery 奴隶、subjection 臣
> 服、bondage 约束、necessity 必须等字为对义。人被囚拘,英语
> 曰 To lose his liberty 失其自繇,不云失其公道也。释系狗,曰
> Set the dog at liberty 使狗自繇,不得言使狗公道也。公道西文自
> 有专字,曰 justice 札思直斯。二者义虽相涉,然必不可混而一
> 之也。

Liberty 和其他英语的词语,如 slavery, subjection, bondage,
necessity 等构成一个意义网络,这个网络和汉语的并不相同。这一层
意思,严复在讨论"宪法"时也曾表露过:

　　宪法西文曰 Constitution，此为悬意名物字，由云谓字
Constitute 而来。其义本为建立合成之事，故不独国家可以言之，
即一切动植物体，乃至局社官司，凡有体段形干可言者，皆有
Constitution。今译文宪法二字，可用于国家之法制，至于官司局
社尚可用之，独至人身草木，言其形干，必不能犹称宪法。①

即 constitution 是抽象名词，由动词变化而来，其意义网络与"宪
法"并不完全重合。前者可以用于动植物，乃至社会团体，后者在
现代汉语中只能用于国家。接着，严复对译词"自繇"指出了两点
问题：

　　中文自繇，常含放诞、恣睢、无忌惮诸劣义，然此自是后起
附属之诂，与初义无涉。初义但云不为外物拘牵而已，无胜义亦
无劣义也。②
　　由、繇二字，古相通假。今此译遇自繇字，皆作自繇，不作
自由者，非以为古也。视其字依西文规例，本一玄名，非虚乃
实，写为自繇，欲略示区别而已。③

　　第一点是"自由"的周边义问题。如严复所说，20 世纪初叶的
"自由"，"常含放诞、恣睢、无忌惮诸劣义"。④ 但严复同时又认为
这是"后起附属之诂，与初义无涉"。中西远古某些"艰大名义"
是相通的主张在这里也有所反映。第二点与其说是"自由"的问
题，毋宁说是世纪之交汉语本身的局限性。严复认为按照英文文

---

① 《宪法大义》，《严复集》第 2 册，第 239 页。另"悬意名物字"为抽象名词；"云
　谓字"为动词。
② 《群已权界论·译凡例》，《严复集》第 1 册，第 132 页。
③ 《群已权界论·译凡例》，《严复集》第 1 册，第 133 页。
④ 关于"自由"在当时的社会评价可参阅沈国威《清末民初〈申报〉载"新名词"
　史料（1）》，『或問』24 号、2013、169～180 页。

法，freedom，liberty 都是名词（抽象名词），是实词，而不是虚词。相反，汉语中的"自由"则是副词，即汉语传统分类法中的"虚词"。严复试图用古僻的汉字把"自由"作为抽象名词来使用。严复使用"自繇"的另一个考虑是：使用已有词语常常必须除去后来添加上的"杂质"，即严复所强调的"放诞、恣睢、无忌惮诸劣义"。严复指出："自繇之义，始不过谓自主而无罣碍者，乃今为放肆、为淫佚、为不法、为无礼，一及其名，恶义坌集，而为主其说者之诟病乎！"① 之所以发生这种情况，严复认为是"名义一经俗用，久辄失真"。② 严复选择"自繇"这一词形也有为了除去杂质，避免后起意义（随心所欲义）混入的目的。但由于"自由""自繇"发音相同，严复的企图也不可能实现。其实，在世纪之交，如 1902 年以后，"自由"用作译词的例子剧增，已经部分地获得了抽象名词的用法，如严复在《群己权界论》（1903）中有 4 例"有自繇"的例子。③ 但《钦定宪法大纲》（1908）中的两例，还不完全是抽象名词：

　　1. 君上大权，八、宣告戒严之权。当紧急时，得以诏令限制臣民之自由。
　　2. 附臣民权利义务，二、臣民于法律范围以内，所有言论、著作、出版及集会、结社等事，均准其自由。

　　第一例可以解释为限制臣民自行其是；第二例可解释为准许臣民为所欲为。"限制""准"都是以动词性短语作宾语的。尽管如此，严复认为这时"自由"是合适的译词，说"西名东译，失者固多，

---

① 《群己权界论·译凡例》，《严复集》第 1 册，第 133 页。
② 《群己权界论·译凡例》，《严复集》第 1 册，第 133 页。
③ "有"后面的宾语可以是具体名词（这时常有数量词修饰），也可以是抽象名词或动名词。

独此大成，殆无以易"。① 这一事例告诉我们在讨论"自由"的政治隐含的同时，还要关注作为语言单位"词"的"自由"。

"由""繇"发音相同，区别只在于字形。汉语的名词本没有具体名词/抽象名词之分，也没有如英语等通过添加后缀（-ness；-tion）获得转类名词的形态上的手段，严复的"由""繇"人为的区别一开始就没有成功的可能性。《群己权界论》以后，严复也不再坚持写作"自繇"了。

三　以古僻字为译词的问题

选择古僻字作译词可以说是严复翻译的一个特点，《原富》中很多西方的物产名称使用了极为古僻的字。由于印刷上的限制，仅举以下数例，见表 2-2。

表 2-2　严复古僻字译词举例

译词	原词	严复的原注　（引自严译名著丛刊《原富》）
丘麰	Bread	《广韵》：丘麰谓之麰。《方言》：凡以火干五谷之类，关西陇冀以往谓之麰，秦晋之间或谓之熙，熙与燆同。郑注：崤人云，鲍者于煏室熙干之。此与西人之作馒头同事，且其名与西音甚近，今取以名之焉（第67页）
脵膳	butcher's meat	《说文》：脵，脯也。《南史》，孔靖饮宋高祖无脵，取伏鸡卵为肴。又，《说文》：脯、脵，肉也。《周官》膳夫，郑注：膳，牲肉也。今取以译屠肆诸肉之字（第67页）
腩	butter	俗呼牛奶油（第205页）
煏蠡	Cheese	俗呼牛奶饼（第205页）
氄	Fleece	—
湩酪	Dairy	—
氅	woolen coat	—

---

① 《群己权界论·译凡例》，《严复集》第1册，第132页。

严复翻译多用古僻字，为人诟病。① 严复本人也认识到了这一点，在给张元济的信中曾自我辩解，说"其谓仆于文字刻意求古，亦未尽当"。② 严复的所谓"达"就是对西方概念的完整的移译。但是，表 2 - 2 中的西方独特的物产名称很难包括联想义在内完全移译到汉语中来。严复试图用古僻字来翻译，这既是严复的"用汉以前字法、句法，则为达易；用近世利俗文字，则求达难"③（《天演论·译例言》）主张的具体实践，即这样做的目的不仅是"雅驯"（行远），更重要的原因是汉以前的字法、句法可以表达"最古太初"人类共同的"精理微言"；④ 同时又可以从词汇学的角度做这样的解释：古僻字是死文字，如表 2 - 2 中的字，即使古文字知识丰富的读者也很难把握这些字的意义。字义模糊的古僻字不会造成"同形冲突"，译者可以自由地向这些古僻字里充填新的意义。但同时，也正是由于字义模糊，注释往往是不可缺少的。对其中的一些词，严复加了注释，而更多的没有加，⑤ 在意义的等价性上是存在问题的。用已有字词对译外语，难免有隔阂，会影响西方概念的准确理解，即所谓"误读"的发生。用古僻字作译词对于今人可以看作"借形词"（即只借用词形，不借入词义）的一种,⑥ 是严复为了最大限度减少既有词语附着义造成的误解所作的努力。利用古僻字作译词和造字为译词有很多相通之处，对此我们将在第三章展开讨论。

---

① 严复为其子女取的名字也极为古僻，儿子：严璩、严瓛、严琥、严璿、严玷；女儿：严璸、严璆、严珑、严顼。
② 《严复集》第 3 册，第 551 页。
③ 《与梁启超书三》，《严复集》第 3 册，第 519 页。
④ 严复：《天演论》，第 xii 页。
⑤ 商务印书馆 1931 年出版"严译名著丛刊"时加了大量注释帮助读者理解，见该丛刊前言。
⑥ 沈国威：《译词与借词：重读胡以鲁"论译名"》，『或問』9 号、2005、103 ~ 112 頁。

第三章　严复的译词：新造

小　引

日本第一部西文译籍《解体新书》（1774）翻译团队的灵魂人物杉田玄白在该书卷首的"凡例"中开宗明义地指出"译有三等，一曰翻译、二曰义译、三曰直译"。《解体新书》中的"翻译"指的是这样一种语言创造行为：使用既有的汉字词直接去译外语的词。所谓既有的汉字词即存在于各类中国典籍，特别是医学典籍中的词语。使用汉籍中的词语进行"翻译"是兰学家的基本原则，唯有如此才能保证译文的权威性及中西医学之间（在某种意义上可以理解为传统与所处时代之间的）知识的传承性。兰学家常常在译文中标注出译词在中国典籍中的出处，以表示所用词语并非阑入之词。《解体新书》中的"义译"，是指在没有现成词语的情况下创制新的译词。从词语的结构和词义两个方面准确把握和理解外语的原词是"义译"（尤其是逐字直译）的必要条件。日本的兰学家在短短的几十年间，经过两代人的不懈努力做到了这一点。《解体新书》中的"直译"，"又谓之音译"，《解体新书·凡例》中的例词为"Klier＝机里尔"，今译"腺"。兰学译籍中的音译词有两个特点，一是转写荷兰语的发音时使用的是汉字，而不是纯粹的发音符号（例如现代日语的片假名）；二是除非万不得已，不使用音译词。由上可知，所谓的"译有三等"与其说是翻译方法的总结，毋宁说是译词的使用创制原则。不仅兰学家们创造了大量的新译词，而且始于《解体新书》的译词创制三原则，亦为明治期的翻译家们所继承并发扬光大。

以下我们先对译词创制法做一简单整理，然后分节叙述。

音译法　音译法即用汉字转写外语发音的方法。在具体实践上需要解决的问题是尽量避免，或巧妙利用汉字字形所附带的字义。

造字法　即造字为译词，这是西方语言中不存在的方法。汉字的历史就是其孳乳、繁衍的历史，造字就是造词。《说文解字》不足 1 万字，《康熙字典》则超过 4 万字。① 不论在中国还是日本，"凡夫俗子"们都有一种强烈的"仓颉情结"，成为造字的动力。黄遵宪一方面认为解决译词问题"诚莫如造新字"，但是同时又说"中国学士视此为古圣古贤专断独行之事"，怕"坐之非圣无法之罪"，无人敢去尝试。② 汉学素养深厚的日本兰学家造字也不多，现仅有"腺""膵""腔"三字留存。傅兰雅用造字法为化学元素命名取得了成功，但博医会（China Medical Missionary Association）的传教士医生造字作解剖学词汇的成果却没能流行开来。如第二章所述，严复更多采取的是袭用古僻字的方法，造字仅一例，态度是谨慎的。

摹借法　依据原词与译词的关系，还可以分为直译、意译和混合译。直译法又称仿译法，或语素翻译法、逐字翻译法，王力称之为

---

① 高凤谦（1870～1936）说"十三经字数不过五千余，至许氏说文则九千余，流衍以及本朝之《康熙字典》，竟增至四万余。然则说文字典所采新字为经传所未见者，遽谓之非先王之法，言得乎"。参见高凤谦《论保存国粹》，《教育杂志》第 2 卷第 7 期，1910 年，第 79～80 页。

② 关于造新字无法解决译词问题的论述，请参见沈国威《西方新概念的容受与造新字为译词：以日本兰学家与来华传教士为例》，《浙江大学学报》（人文社科版）2010 年第 1 期，第 121～134 页。

"摹借"（calque）：

> "摹借"是把外语中的一个词（或一个成语），用同样的构成方式搬到自己的语言里来。这种词往往有两个以上的构成部分，摹借的时候就按照这些构成部分进行意译，然后拼凑成词。①

在此需要对译词的理据问题略作叙述。所谓"理据"即"物之所以名"，是能指与所指的结合理由。索绪尔以后的现代语言学的一条基本原则是除了某些拟声拟态词以外，单纯词能指与所指的关系是任意的。但近代汉字译词主要以合成词的形式出现，而使用复数既有语言成分创制新词必然发生"理据"问题。理据又可以分为外语词所具有的"原生理据"和译者所赋予的"译者理据"。前者体现了不同语言对世界上森罗万象的不同把握，这种异质的意义模式通过直译进入容受语言时，既可以造成某种混乱，也可以引进某些新的表达方式。如兰学译词"植民""十二指肠""盲肠"等都是饶有兴味的例子。后者，即译者理据反映了造词者（通常是时代的先行者、启蒙家）在理解、接受域外新概念时的思维方式，观念史研究试图通过对理据的分析，诠释概念容受过程中的某些重要现象。而在中国，佛经翻译史研究中涉及译词内部结构的讨论较少，理据意识并不强烈。传教士的译著中，有少量逐字直译的例子，例如汤若望所创制的"远镜"等。② 但是参与翻译的中国知识分子由于不懂外语，直到19世纪末严复的翻译出现前，始终与直译无缘。摹借词直接借入了原生理据，在造词上要容易一些。例如"天演"就是摹借于 cosmic process，而不是意译自 evolution。源语言和自身语言的可分解性、造

---

① 王力：《汉语史稿》，第517页。
② 谷口知子「『望遠鏡』の語誌について」『或問』1号、2000、53～74页。

词者的分解能力等都对摹借造词产生影响。

汲义法　即意译。单纯词无法做语素分割，历时上的合成词，由于语言知识的限制也无法分割。这时只能重新命名。意译要求译者对原词融会贯通，然后在目的语中找出一个最大近似值。

19 世纪以后，中国对西方工业产品的导入多用现场实物命名式的译词。对此严复批评说：

> 且科学弗治，则不能尽物之性，用名虽误，无由自知。故五纬非星也，而名星矣；鲸、鲲、鲟、鳇非鱼也，而从鱼矣；石炭不可以名煤，汞养不可以名砂；诸如此者不胜偻指。然此犹为中国所前有者耳。海通以来，迻译之物，诡用异体，充牣于市；斯其立名尤不可通。此如"火轮船"、"自鸣钟"、"自来水"、"自来火"、"电气"、"象皮"（其物名茵陈勒勃，树胶所制）、"洋枪"之属，几无名而不谬。[①]

构成合成词，除了构词法上的规则外，对命名的理据也需要加以考察，但是，理据并不是译词采用某一结构的唯一动机。

在第二章里我们讨论了严复的"翻译"，即利用已有词语对译外来概念的问题，本章讨论严复是如何创造新译词的。

一　严复的音译词

严复说："所有翻译名义，应分译、不译两种：译者谓译其义，不译者则但传其音。"[②]"译"就是用既有的、或新造的词语移译外语的词义；"不译"只借用外语的语音形式（但传其音），形式与内容不

---

① 严复：《穆勒名学》，第 35~36 页。
② 《京师大学堂译书局章程》，《严复集》第 1 册，第 128 页。

发生关联，就是现在常说的音译词。胡以鲁也在其《论译名》中说：
"传四裔之语者曰译，故称译必从其义。若袭用其音，则为借用语。
音译两字不可通也。借用语（即音译词）原不在译名范围内，第世
人方造音译之名与义译较长短，故并举而论之。"① 那么，音译词有
何特点？"意译词"与"音译词"的最大区别在于：前者存在着积极
造词的过程，后者则没有。意译词的最大特点是：在译词产生的同
时，初步实现了源语言意义的转移，即读者见词知义。但是，要将源
语言中的概念，准确无误地翻译到自语言中来，需要艰巨的劳动和大
量的时间。严复曾感叹"一名之立，旬月踟蹰"。而且，这种工作有
时甚至被认为是不可能的，因为使用自语言中固有的、有意义的语素
成分去"移"外来概念时，必然会附带很多多余之物，影响词义的
精确转移。对源语言理解得越深刻，这种不可译的问题就越严重。与
意译词相反，音译词的实现和意义的转移是非同步的。即在我们最初
接触到"沙发""迪斯科"等借词时，词的形式并不能保证其所指示
意义的传递，这是"借词"的最大特点。音译词词义的普及需要时
间，但是词义可以无限接近原词。当然这也是一种想象中的理想的状
态，音译词被编入词汇体系时，总会发生一些变异。佛经汉译的过程
中产生了大量的音译词，但主要是专有名词，《翻译名义集》所讨论
的也主要是这种类型的译词。专有名词，如人名、地名、国名等不需
要，或者无法使形式与内容发生关联。日本兰学译籍中的音译词不
多，19 世纪来华传教士的翻译中，音译词也是被尽量避免的。关于
音译词有一点需要注意，即作者给出了原词的发音，但并不是想作为
音译词使用，只是一次性的标示原词。例如郭嵩焘在日记中几乎记录
了所有他听到的外语词的发音，② 严复也有这种情况，如后述的"逻
辑"。在《天演论》中有以下音译词的例子，见表 3 - 1。

---

① 胡以鲁：《国语学草创》，山西人民出版社 2014 年影印本，第 125 页；沈国威：
　《译词与借词：重读胡以鲁〈论译名〉》，『或問』9 号、2005、103 ~ 122 頁。
② 郭嵩焘：《伦敦与巴黎日记》，岳麓书社，1984。

表 3 - 1　严复音译词举例

译词	原词	今译	严复的说明
涅伏	nerve	神经	俗曰脑气筋
迷卢	mile	英里	—
乌托邦	utopia	乌托邦	乌托邦者,犹言无是国也,仅为涉想所存而已
吉贲	gibbon	长臂猿	—
倭兰	orang-ontany	猩猩	—
戈栗拉	gorilla	大猩猩	—
青明子	chimpanzee	黑猩猩	—
芝不拉	zebra	斑马	—
斐洛苏非	philosophy	哲学	译言爱智

　　Nerve 译为"脑气筋"最早见于合信的《全体新论》(1851),在"例言"中合信特别解释说"一是书所称脑气筋者,其义有二,一取其源由脑出,二取其主司动作觉悟"(第 1 页),该书第八章"脑为全体之主论"是中文医学书中最早关于神经系统的介绍。[①] 严复说"俗曰脑气筋",反映了当时一般读者对这个词的文体色彩上的语感。合信的译词多为俗语,这是广州时代译词的特点(参见序章)。Utopia 译为"乌托邦"是一个混合译的杰作,因为"邦"有国家、地区的意思。但是原著用的是 paradise,而不是 utopia。检索赫胥黎的其他著作也没有 utopia 的用例,"乌托邦"来自何处还是一个迷。Philosophy "译言爱智"是逐字译。笔者认为"涅伏"和"乌托邦",有可能是严复故意不"译"。为何"不译"?佛经翻译中有"五不翻"原则,即"一秘密故、二含多义故、三此无故、四顺古故、五生善故"。[②] 其中"二含多义故、三此无故"可以说是主要原因。例如,在 bank 译为"银行"或"银号"已经相当普及的当时,严复在《原富》中却使用了音译词"版克"。对此严复解释说:

---

　　① 沈国威「『泰西人身説概』(1623)から『全体新論』(1851)まで——西洋医学用語の成立について」関西大学『中国文学会紀要』21 号、2000、1~18 頁。
　　②《翻译名义序》,四部丛刊《翻译名义集》。

版克此云银号，又曰票号、曰兑局、曰钱店，其实皆版
克也。所不当云银号者，以其业不仅银；所不当云钞局者，
以其事之异古。而票号诸名又嫌不典，不若直译其音之为当
也。①

《原富》中音译词的数量有了较大的增加，这反映了严复对原词
意义的严格追求，但同时也造成了理解上的障碍。② 如前所述，音译
词可以使词义最大限度地接近原词，但是意义的获得、定型需要较长
的时间，这是因为音译词不具备成词的"理据"。在音译词的创制
上，严复有音义结合的意图，如 bread 译作"丘麵"，严复的一个理
由是"其名与西音甚近"。

严复的一些音译词尽管没能留下来，但对当时的新闻媒体有很大
的影响。本章只分析以下 4 例。

图腾　严复在《社会通诠》（1904）中第一次用"图腾"来译
totem，针对原著中关于上古社会的说明，严复的译文如下并加有按语：

如是太古社会，尚有一二存者，而讨者之勤，虽亲历险远，
冒死亡，犹能躬验其实，传写图书，故其情状较然可述。学者向
称此等为图腾社会（Totemistic society），顾图腾之名，稍不利
俗，鄙意不若即称蛮夷社会。谓之蛮夷者，绝无鄙夷贱恶之义，
特以见其为太古人类，居狉榛之世云尔。

严复曰：图腾者，蛮夷之徽帜，用以自别其众于余众者也。
北美之赤狄，澳洲之土人，常画刻鸟兽虫鱼，或草木之形，揭之
为桓表；而台湾生番，亦有牡丹、槟榔诸社名，皆图腾也。由此

---

① 严复：《原富》，第 85 页。
② 严复在给张元济的信中说："又全书翻音不译义之字，须依来教，作一备检，方便
来学。"《严复集》第 3 册，第 537 页。可知出版社对严复的译文提出了修改的要
求。

推之。古书称闽为蛇种，盘瓠犬种，诸此类说，皆以宗法之意，推言图腾，而蛮夷之俗，实亦有笃信图腾为其先者，十口相传，不自知其怪诞也。①

Totem 的 to 转写为"图"，兼顾"蛮夷之徽帜"义，极为巧妙。除了《社会通诠》以外，在《法意》的严复按语及私人信函中还有数例讨论上古社会的婚姻习俗。"图腾"专业性较强，使用并不广泛。英华字典只有颜惠庆的《英华大辞典》（1908）收录了 totem，译为"兽图"，解释为"北美洲土人用以为家族之标记者"，意义限定于"北美洲"。

逻辑　严复在早期的文章如《原强》（1895 年 3 月）中就将 logic 译为"名学"。《穆勒名学》"引论"的第二节，标题为"辨逻辑之为学为术"，② 这是"逻辑"第一次以文字串的形式出现。在标题之后，严复加了一段长长的按语，兹全文引用如下：

> 案：逻辑此翻名学。其名义始于希腊，为逻各斯一根之转。逻各斯一名兼二义，在心之意、出口之词皆以此名。引而申之，则为论、为学。故今日泰西诸学，其西名多以罗支结响，罗支即逻辑也。如斐洛逻支之为字学，唆休逻支之为群学，什可罗支之为心学，拜诃逻支之为生学是已。精而微之，则吾生最贵之一物亦名逻各斯。（《天演论》下卷十三篇所谓"有物浑成字曰清净之理"，即此物也。）此如佛氏所举之阿德门，基督教所称之灵魂，老子所谓道，孟子所谓性，皆此物也。故逻各斯名义最为奥衍。而本学之所以称逻辑者，以如贝根言，是学为一切法之法，一切学之学；明其为体之尊，为用之广，则变逻各斯为逻辑以名

---

① 严复：《社会通诠》，商务印书馆，1981，第 3～4 页。
② 本节的主旨是说明逻辑学同时作为推理之术（art）和推理之学（science）的性质。参见沈国威《严复与科学》（凤凰出版社，2017）第 5 章。

之。学者可以知其学之精深广大矣。逻辑最初译本为固陋所及见
者，有明季之《名理探》，乃李之藻所译，近日税务司译有《辨
学启蒙》。曰探，曰辨，皆不足与本学之深广相副。必求其近，
姑以名学译之。盖中文惟"名"字所涵，其奥衍精博与逻各斯
字差相若，而学问思辨皆所以求诚、正名之事，不得舍其全而用
其偏也。①

按语中的"逻辑此翻名学"，可以理解为展示原词 logic。这个词源于
希腊语，和逻各斯 logos 同源。严复指出 logos 有两个意思，一是语
言，二是学问。所以现在西方各种学科名都以-logy 结尾，logy 就是
"逻辑"。如 Philology 为语言学，Sociology 为社会学，Psychology 为心
理学，Biology 为生物学。人生最可宝贵的也称之为 logos，如佛教的
阿德门、基督教的灵魂、老子的道、孟子的性，都是 logos。Logos 最
为精深博大，与其同源的 logic 如培根所说是一切法之法，一切学之
学。正因为 logic 是一门内容高尚、用途广泛的学问，所以使用了与
logos 同源的名称。严复在这里讨论的是词源的问题，所以必须用汉
字标出 logic 的发音。

　　对于"逻辑"的出处，章士钊（1881～1973）在其所著《逻辑
指要》（1943）中指出：

　　　　论理学从西文逻辑得名，日人所译称也。窃谓其称不当……
　　吾国人之译斯名，有曰名学，曰辨学，亦俱不叶。二者相衡，愚
　　意辨犹较宜。……侯官严氏译《穆勒名学》，谓名字所函，奥衍
　　精博，与逻辑差相若……前清教育部设名词馆，王静庵氏国维欲
　　定逻辑为辨学。时严氏已不自缚奥衍精博之说，谓："此科所包
　　至广，吾国先秦所有，虽不足以抵其全，然实此科之首事；若云

---

① 严复：《穆勒名学》，第 2 页。

广狭不称，则辨与论理俱不称也。"（此数语，吾从名词馆草稿得之，今不知藏何处）①

章士钊接着写道：

逻辑称辨学者，始于前清税务司所译《辨学启蒙》，而字作辨，不作辩。其实辨即辩本字，二者无甚择别。明末李之藻译葡萄牙人傅汎际书半部，号《名理探》……马相伯讲授逻辑，以致知二字牒之，未定专称；所撰《致知浅说》小小册子……逻辑史之见于此土，可言者寥落如此。逮侯官严氏大张名学，同时盛称逻各斯 logos，谓："精而微之，则吾生最贵之一物……"寻严氏所持阿德门、灵魂、道、性之说，微嫌浑沌，不易执持；至其称说逻各斯及逻辑本谊，不中不远。惟国人震于名学之号，不言逻辑，东译入而本义益晦。吾于三十年前，勤勤唱道，自后亦锲而不舍，今日始成为学者公认之名。或谓吾实创之，则严氏之美，吾何敢掠。②

所谓"吾于三十年前"即 1910 年 11 月 22 日，章士钊署名民质在梁启超主办的《国风报》上发表论文《论翻译名义》，根据自己音译优于义译的观点，主张 Logic 应译为"逻辑"。③ 此后章氏不断发表文

---

① 章士钊：《逻辑指要》，三联书店，1961，第 1~2 页。章氏说引号中的文字取自名词馆的草稿，但不知现在收藏何处。学部编订名词馆的《辨学名词对照表》中 Logic 的译名为"辨学"，"定名理由"一栏的说明是"旧译辨学，新译名学。考此字源与此学实际似译名学为尤合。但奏定学堂章程沿用旧译，相仍已久，今从之"（见本书第六章）。与章氏所录文字不同，章氏或将《穆勒名学》引论中的按语和名词馆的"定名理由"混为一谈了。另，孙应祥、皮后锋编《〈严复集〉补编》（福建人民出版社，2004）第 100 页将这段话作为严复的佚文加以收录。
② 章士钊：《逻辑指要》，第 3~4 页。
③ 《国风报》，第 1 年第 29 期，1910 年，第 1~10 页。

章，大力推介"逻辑"，直至 1943 年出版《逻辑指要》。① 这样始于严复无心栽柳的"逻辑"，在章士钊"勤勤唱道""锲而不舍"的努力下，在"五四"以后逐渐普及。

幺（么）匦/拓都　这两个音译词首先出现在《群学肄言》中，严复的解释是"拓都 Aggregate 译言总会。么匦 Unit 译言单个"。② 但"拓都"是 total 的音转写，而不是 aggregate。这两个词意义相近，在 19 世纪的英华辞典上译词相通，或者更重要的原因是 aggregate 如用汉字转写，词形将超过四个字。斯宾塞的原著主要使用 aggregate 指称社会团体，用 unit 指称构成团体的成员。严复在《译群学肄言序》中对各章内容做了提纲挈领式的说明，"么匦"和"拓都"主要出现在第 3、4 章。

> 三　真宰神功，日惟天演，物竞天择，所存者善。散曰么匦，聚曰拓都。知微之显，万法所郭。译喻术。
> 十四　一神两化，大德曰生。咨此生理，群义以明。群实大生，而生之织。欲观拓都，视此么匦。译宪生。③

在"译余赘语"中，严复更对这两个概念做了详细的说明：

> 大抵万物莫不有总有分，总曰"拓都"，译言"全体"；分

① 除《论翻译名义》外，《章士钊全集》（文汇出版社，2000）收有《论逻辑》（第2 卷，第 198~200 页）、《论译名》（第 2 卷，第 230~231 页）、《译名》（第 3 卷，第 67~69 页）、《论逻辑，答吴君宗毅》（第 3 卷，第 79~80 页）、《逻辑，答吴市君》（第 3 卷，第 167~168 页）、《论逻辑，答徐君衡》（第 3 卷，第 457 页）和《逻辑》（第 5 卷，第 621~624 页）等讨论译名"逻辑"的文章。章士钊在《译名》的注释中说："近来文人通病，每不肯沿用他人已定之名，愚则颇戒之。名学之名，创于侯官严氏，愚不用之，非以其为严氏所创，乃以其名未安也。故逻辑二字，亦严氏始用之，愚即沿而不改，是即音译可免争端之证。"（《甲寅杂志》第 1 卷第 1 号，1914 年，第 15 页）
② 严复：《群学肄言》，第 39 页。
③ 严复：《群学肄言》，第 vii~ix 页。

曰"么匿",译言"单位"。笔,拓都也;毫,么匿也。饭,拓
都也;粒,么匿也。国,拓都也;民,么匿也。[1]

除了《群学肄言》以外,严复使用"么匿""拓都"的例子并不多。
写于1913年的《天演进化论》中有9例,都是在介绍斯宾塞学说的
文脉中使用的,如:

> 必欲远追社会之原,莫若先察其么匿之为何物。斯宾塞以群
> 为有机团体,与人身之为有机团体正同。人身以细胞为么匿,人
> 群以个人为么匿。最初之群,么匿必少。[2]

二　造字为译词的问题

在第二章,我们讨论了严复用古僻字作译词的问题,无独有
偶,日本兰学家在创制医学名词和傅兰雅制定的化学元素名时都
曾有利用古僻字的主张。《重订解体新书》(1798年完成,1826年
刊印)的著者大槻玄泽在谈到译词创制时说:"今所传译,务欲名
义之妥当于原称,不能以不私造语新制字以译定。[3] 所谓胕、腟、
摄护,或解体、神经、滤胞之类皆是也。"大槻所说的"私造语"
就是创造新的复合词,如"神经""滤胞"等;而"新制字"就
是根据六书的原则创造新的汉字,如"胕""腟"等。[4] 需要指出
的是,当时字和复合词的区别意识并不强烈,字即是词的观点占

---

① 严复:《群学肄言》,第xi页。
② 《天演进化论》,《严复集》第2册,第310页。
③ 「翻訳新定名義解」『重訂解体新書』卷5、1頁。引文中的"不能以不……"应
　　为"不能不以……"。由此亦可知兰学家对汉文双重否定的句式还未能完全掌握。
④ "胕"虽然见于中国典籍,大槻是当作新制字看待的,详后。

统治地位。兰学翻译中最为正统的方法是"翻译"，即利用中国典籍中已有的词语表达西方的新概念。"义译"，即创造新的复合词乃是不得已而为之。已有的词语中有多音节词，也有单音节词，在翻译的过程中对于单音节的"字"，兰学家们主要采取了三种方法：（1）使用汉字直接对译荷兰语中的词语；（2）利用冷僻废弃的字来翻译西方医学的新概念，此种情况下这些字被赋予了新的意义；（3）创造新字表示中国医学中所没有的西医新概念。当已有的汉字被赋予新的、严格的医学术语义时，势必与原来的字义发生冲突，越是常用字，这种新旧意义的冲突越强烈。为了把这种"同形冲突"减到最低的程度，兰学家们尽量选用冷僻的或已经废弃的字来翻译西医中的概念。例如，在《解体新书》（1774）卷一中有"肋肋间多肉之处，名曰肕"的说明，[1] 大槻在《重订解体新书》卷五的《翻译新定名义解》中进一步解释道：

> 肕［义译］按肋骨闲多肉之处也。字书。肕于力切。胸肉也，姑假借之。[2]

"字书"即中国的《玉篇》，"肕"字的原字义是"胸肉"，假借来指称"肋骨闲多肉之处"。以下三例也都是借用一般绝少使用的字来作术语的例子。

> 上腹部 左右两旁胞胀之处。名曰䏜。[3]
> 䏜……季肋下空软处也。按汉所谓䏜。一名桻中者盖是也。[4]

---

① 『重訂解体新書』卷1，8～9頁。
② 『重訂解体新書』卷5，10頁。
③ 『重訂解体新書』卷1，8～9頁。
④ 『重訂解体新書』卷5，10頁。

　　下腹部　左右两旁。名曰膁。①

　　膁……按肷鱼兼切。腰左右丘肉处，即是也。②

　　毡　按是所以修织聚成人身内外诸器形质者，而其状细长纤
毫如丝如缨者是也。汉所未曾说者，以故无正名可以当者……皆
纤细丝条之义也。因姑假借毡字以译之。字书。毡思廉切，音
纤，毛也。乃取义于纤细毛茸而已。③

　　当然，所谓冷僻只是一个程度的问题，旧义并不能完全消除，因
此就有了新造一法，即第三点，创造新字表示中国医学中所没有的西
方医学中的新概念。《解体新书》中并无新造字，但在《重订解体新
书》中按照大槻的理解，新造字有两例，即"肬"和"腟"。关于
"肬"，我们放到"腺"中一起讨论，这里先看一下"腟"。

　　《解体新书》中"其荚皱管而连子宫"④ 的译文在《重订解体新
书》中被改为："腟自阴门至子宫之间皴皱肉室是也。"⑤ 据此可知，
在《解体新书》中未能实现的器官命名，由《重订解体新书》首次
完成了。在该书卷五的《名义解》中对"腟"所做的解释也更加
详尽：

　　腟 ［制字］ 按即男茎容受之室也……今新制字译云尔。［室
边傍从肉音为叱，即会意也非字书尺栗切，肉生也之腟］⑥

————————

① 『重訂解体新書』卷1，8 ~ 9 頁。
② 『重訂解体新書』卷5，11 頁。
③ 『重訂解体新書』卷5，14 ~ 15 頁。
④ 『解体新書』卷4，10 頁。
⑤ 『解体新書』卷4，11 頁。
⑥ 『重訂解体新書』卷10，21 頁。《重订解体新书》及《和兰内景医范提纲》（宇田
　　川玄真，1805）均为"腟"，音读 shitsu，但明治初期讹变成"腟"，音读 chitsu。
　　日本出版的汉和字典将前者作为后者的异体字处理。［ ］内为夹注。

大槻用"腔"这个字来表达西洋解剖学中的概念。"腔"从肉从室，为会意字，大槻将其作为新"制字"。但"腔"字在《玉篇》中已经收录，并非大槻所说的是新制字，不过在《玉篇》中"腔"的注释是：丑一切。肉生意。可知大槻的"腔"与中国的字书完全无关。[1]

　　兰学译籍中的"新造字"数量不多，而沿用至今的更少，除了"腔"以外，仅有"腺""膵"二字。下面让我们来看一看"腺""膵"的创造过程，这两个字均首见于《和兰内景医范提纲》。

　　"腺"所表示的概念在传统的中国医学中并不存在，《解体新书》（1774）采用的是音译的方法，即将荷兰语的 Klier 音译为"机里尔"。大槻玄泽修订《解体新书》时，对应给予这一西方解剖学的概念一个什么样的译名仍然未有定论。《重订解体新书》卷一在关于解剖目的的论述部分中有"其当辨之物第二滤胞所会簇及主用"的说明，大槻还指出"按滤胞，神经二种汉医所未说"。[2] 由此可知，大槻创制了一个新词"滤胞"，想以此来表示这一新概念。大槻认为，因为中医没有此概念，"故宜音译以存原称"。但是，音译会造成译文体例上的不合，大槻只好根据生理功能进行"义译"。"宛如用筛罗滤过水浆者，义译曰滤胞耳"是大槻命名的理由。但是大槻也认识到腺不仅仅是滤过，还有其他多种功能。所以他本人对"滤胞"也并不满意，说"窃顾未必切当。姑期他日之再考"。这不仅仅是自谦之词。大槻还曾尝试用一个冷僻字即"䐃"来翻译 Klier。这个字有肉块的意思，即"谓肘膝后肉如块者"。但出于同形冲突的原因，大槻终于放弃了使用"䐃"的尝试。

　　后人继续了大槻的工作，不断尝试创制新的译名。1805 年刊行的《和兰内景医范提纲》中第一次出现了"腺"。该书卷首的提言中说：

---

[1]　上例中的"室"均注假名 saya，即英之意。大槻对于《解体新书》和《重订解体新书》之间的传承关系也给予了充分的注意。

[2]　『重訂解体新書』卷1、1頁。

　　此书所载诸器诸液名称，并新制字等，皆参考《重订解体新书》，有改译之处，登于《医范提纲》，故其名应就《医范提纲》。兹将改正之处列举如下，示原译《解体新书》之异同，以便检索。①

　　所列举的术语中有"腺"，并有"腺新制字，音泉"的说明。这也是一个会意字，取义腺液像泉水般涌出。《和兰内景医范提纲》之后"腺"逐渐被接受，取代了"滤胞"。

　　另一个有名的新制字是"膵"。膵也是一种腺性的器官，为传统中医理论中所无。在《重订解体新书》中这一概念被译为"肫"，有关内容如下：

　　肫［新译］……此滤胞统会而为一片肉之义也。夫此物……宜命一个脏名以与他脏并称焉。然汉人所未说者，故今新制一字，译曰肫。肫徒孙切，月肉也，屯聚也，结也。即滤胞屯聚，而为肉之会意也。［按字书，肫，鸟藏也，言鸟藏，名鸡肫、鹤肫，则虽似有所据，然亦非必然也，盖会意之偶然而合者］一名滤胞床。②

大槻称为"新制一字"的"肫"，仅就字形而言并不是新字，《说文解字》中就已经出现了。"肫"共有三个发音，意义分别如下：

zhūn：—颧骨；禽类的胃；诚挚

chún：—古代祭祀用牲后体的一部分；通"纯"

tún：—小猪

大槻亦知道这些事实。但是，大槻使用的不是这些旧义，而是肉

① 卷之目录、提言、7页。原日文，著者译。
② 『重訂解体新書』卷9，45～46页。［ ］内为夹注。

之屯聚的意义的会意字。即"其质许多细小滤胞，及大小诸管、血脉诸支相会而屯聚。一膜被其表，以成全角也"。① 同时，大槻也注意到了这个字具有禽类胃的意思，大槻声明这只是偶然的巧合。但是，有理由认为这种偶然的巧合影响了"肫"的普及和定型。兰学家经过反复摸索，最后在《和兰内景医范提纲》中创制了"膵"。书中的说明是"膵受血于动血脉分泌之以造膵液"。造字的理据是：膵的萃有荟萃、集聚义。集，即"集细胞以成之"。可知与"肫"的造字理据完全相同。

兰学家的"新造字"现在仍在使用的只有"膣""腺""膵"。其中"腺"具有类词缀的性质最为重要。这种日本的自造字，在日语研究中称为"国字"，又称"倭字""和俗字""和制汉字"，是日本人根据汉字造字的方法创造的汉字。在古文献如《古事记》《万叶集》中已经有一些例子，但是大多数是中世（12世纪）以后的新造字。造字的方法主要是会意，如"峠""辻""躾""鰯"等。这些字大多没有中国式的发音。进入明治以后又出现了"瓩""糎""粁"等合体字。这些字不是单音节字，应该当作符号看。和字具有低俗的特点，受过正统汉学教育之人不为之。例如，关于腺的概念，稻田三伯《八谱》、野吕天然《生象止观》等都造奇字表示，但终没有成功。石坂宗珪批评造字乃翻古圣成案，是欺人之举。② 这一点与19世纪的来华西方传教士的做法形成了鲜明的对照。

傅兰雅在谈到译词的创造方法时说："此馆译书之先，中西诸士皆知名目为难，欲设法以定之，议多时后，则略定要事有三。"其中第二点是关于利用古僻字作译词的内容，原文如下：

　　二　设立新名　若华文果无此名，必须另设新者，则有三

---

① 『重訂解体新書』卷3，31～32頁。
② 笹原宏之『日本の漢字』岩波書店、2006、177～184頁。

法：（一）以平常字外加偏旁而为新名，仍读其本音，如镁、钾、硒、矽等；或以字典内不常用之字释以新义而为新名，如铂、钾、钴、锌等是也……①

进入 1880 年代以后，随着教会学校的大量增加带来的西方自然科学知识教育上的需要，科技术语的创制、审定成为传教士组织的一项重要工作。1890 年第 2 届新教传教士全国大会在上海召开，傅兰雅在会上宣读了关于科技术语问题的长篇论文。② 这篇文章分为四部分：（1）科技术语与汉语之关系；（2）汉语科技术语体系的某些特点；（3）译名混乱的现状及其原因；（4）解消译名混乱之方法。作者在第二部分中从 7 个方面对科技术语创制的原则和方法做了详尽的论述。③ 傅兰雅的主要论点如下：

第一，尽可能译义，而不是译音。傅兰雅认为汉语的术语少、对外来语言成分的适应性差。世界上许多语言用音译的方法增加新词，丰富自己的词汇，而汉语很难从外部世界吸收重要的概念。这是因为一种语言吸收其他语言的能力与两者之间的相似程度成正比。汉语与西方语言相差较大，只能以自己独特的方式缓慢地吸收。汉语中大量方言的存在也增加了音译的困难。傅兰雅指出实际上汉语更适合译义。但在翻译方法上，傅兰雅以罗存德的《英华字典》中的"demi-god = 半个上帝"，④ 和其他人的"brother-in-law = 兄弟在律法"的错误为例，强调应该避免逐字直译。翻译的关键是译词，傅兰雅认为译词应该在中

---

① 傅兰雅：《江南制造总局翻译西书事略》，张静庐辑注《中国近代出版史料初编》，第 16 页。

② Records of the General Conference of the Protestant Missionaries of 1890, Shanghai, May 15th, pp. 531 – 549. 汉语译文见傅兰雅《科学术语：目前的分歧与走向统一的途径》，『或問』16 号，2009、117～136 页。另关于该文的基本情况参见王扬宗《清末益智会统一科技术语工作述评》，《中国科技史料》1991 年第 2 期，第 1～19 页。

③ 王扬宗：《清末益智会统一科技术语工作述评》，《中国科技史料》1991 年第 2 期；《傅兰雅与近代中国的科学启蒙》，科学出版社，2000，第 67 页。

④ 罗存德字典中实际的译词为"半上帝、半神"，似并无不妥。

国的古典中寻找，这是一件艰难的工作，以至于最优秀的翻译家也因为贪图省事，在应该译义的地方使用了译音的方法。如把石膏（gypsum）音译为"绝不斯恩"，把花岗岩（granite）音译成"合拉尼脱"等，傅兰雅认为均不可取。

第二，如果无法译义，则要尽量用适当的汉字音译。某些术语，特别是固有名词不能译义，只能用汉字表示最相近的发音。这时汉字的选择是关键。应该建立一个音译用字的系统，用相同的汉字表示常用的、相同的音节，而且要使用官话的发音。

第三，新术语应尽可能同语言的普遍结构相一致。本节的题目颇为费解。傅兰雅在文章中这样写道：偏旁构成了汉语最显著的特征之一，新的术语不应忽视这种重要的特征。成千上万的汉字被精心地按照偏旁部首排列在字典里等待着人们使用。《康熙字典》里收录的汉字超过八万，但除非是极特殊的情况，被使用过的字不到八千。有一些正统的汉字已成为化石，只有很模糊的意义。我们为什么不去发掘这样的字并赋予新义用它们做译词呢？这种努力在制定化学术语时已被尝试过，如锌、钾等。中国的学者总的说来是接受的。这些字的长处在于字形和发音已经存在，可供选择的种类极多，并具有正统性，可以被选来做新的术语。当我们使用"加非"转写 coffee 时，这两个常用字的字义无法消除。那么"咖啡"如何？有时我们用加口字旁的方法告诉人们这两个字只表发音，没有意义。为什么不应该选择早已被遗忘的另外两个字"櫔槤"，而且这两个字还有表义的木字旁？这样做唯一的危险是：某些未来的汉语文献学家可能会在古籍中找出这两个字的最初意义，然后批评我们用错了字；或者某些保守的爱国者有一天写文章详尽地论证这种植物原来生于古代的中国，后来被带到西方去了，就像蒸汽机和电报一样。在那些有发生误解之虞的场合，最好的方法也许是使用适当的偏旁和声符完全重新造一个在任何一本现有的字典里都找不到的字。翻译化学元素名时，就使用了造字一法，并逐渐为中国社会所接受。造字的一个重大的缺点就是，挑剔的中国文人反对这些非正统的汉字。傅兰雅还对"来福枪"和其他音译词提出了批评：把杀人的武器说成"来福"是一种黑色幽默，应该加上火字旁。从本节实际的内容可知，所谓的"尽可能同语言的普遍结构相一致"主要讨论的是利用古僻字或新造字做译词的问题。

傅兰雅的两篇文章相隔十年，但主张是有一惯性的，即尽量译义或利用古僻字、新造字做译词。可以说傅兰雅以及翻译馆系统的译词创造具有很大的局限性。主张译义，但对复合词却很少注意，尤其是"摹借法"（直译）的译词绝无仅有。这些都与日本的兰学家的译词创制形成鲜明的对照。傅兰雅的方法后来被博医会的术语制定发展到极致，最后以失败而告终。①

最后笔者想指出的是：严复喜用古僻字，但严格意义上的造字只有一个：彑（玄）。斯宾塞将科学分为抽象科学、抽象－具体科学、具体科学三科，指出了三种门类的科学对社会学重要性，具体内容如下：

1. Abstract Science，抽象科学，含逻辑学、数学；

2. Abstract-Concrete Science，抽象－具体科学，含物理学（电学、光学、热学、磁学）、化学（原子学说）；

3. Concrete Science，具体科学，含天文学、地质学、生物学植物学、精神科学、心理学、伦理学、哲学。

严复分别译为"玄科""间科""著科"，"玄科"即抽象科学，在《群学肄言》和《穆勒名学》中严复使用"彑"字。关于为何命名为"玄"，严复解释说："字书玄者悬也，盖其德为万物所同具，而吾思取所同具者，离于物而言之，若虚悬也者，此其所以称彑也。"②"虚悬"可能就是严复采用"彑"的理由。

---

① 参见沈国威《造新字为译词与西方新概念的容受——以日本兰学者与来华传教士为例》，《浙江大学学报》（人文社会科学版）2010年第1期，第121～134页。
② 严复：《群学肄言》，第244页。

三 严复的意译词

如前所引，严复曾说"大抵取译西学名义，最患其理想本为中国所无"。对于西方的新概念，张之洞等认为除了制造业以外不应新造，而应该使用中国典籍里的词。① 严复深知全部用既有词语翻译西方书籍几近不可能。在"索之中文，渺不可得"时"译者遇此，独有自具衡量，即义定名"了。当然这里的"定名"可以理解为利用既有字词，或新创复合词。但"顾其事有甚难者"，译词创造是一项艰难的工作，需要高度的外语能力，② 且费时费力。严复说"一名之立，旬月踟蹰"，③ 又说"不佞译文，亦字字由戥子称出"。④ 另外，在 19 世纪末 20 世纪初，创制、使用新词还是一个极具争议的问题，传统的士子对此是有心理负担的。清末统治文坛的桐城派，对"阑入之词"历来就极为挑剔。"方苞尝语沈廷芳：古文中不可有语录中语、魏晋六朝人藻丽俳语、汉赋中板重字法、诗歌中隽语、南北史佻巧语。又答程夔州书云：传记用佛氏语则不雅，即宋五子讲学口语，亦不可入散体文。""曾国藩谓康熙、雍正间，号为古文家者虽多……以方苞之文最为无颣。"⑤ 张之洞、樊增祥等都有批评嘲讽新名词的言论。⑥

---

① 参见沈国威《近代中日词汇交流研究：汉字新词的创制、容受与共享》"语言接触编"，第 3 章"清末民初中国社会对日语借词之反应"。
② 这种能力除了对词义的理解外，还包括拉丁语、希腊语等词源知识。
③ 严复：《天演论》，第 xii 页。
④ 严复：《孟德斯鸠法意》，商务印书馆，1981，第 219 页。
⑤ 叶龙：《桐城派文学史》，香港龙门书店，1975，第 9 ~ 10 页。这种观点可以追溯到荀子。荀子说："故王者之制名，名定而实辨，道行而志通，则慎率民而一焉。故析辞擅作名以乱正名，使民疑惑，人多辨讼，则谓之大奸，其罪犹为符节、度量之罪也。故其民莫敢托为奇辞以乱正名，故其民悫。"(《正名篇》)
⑥ 参见沈国威《近代中日词汇交流研究：汉字新词的创制、容受与共享》"语言接触编"，第 3 章"清末民初中国社会对日语借词之反应"；沈国威：《清末民初〈申报〉载"新名词"史料（1）》，『或问』24 号、2013、169 ~ 180 页及本书第五章。

严复并不反对新造译名，也不隐瞒、避讳自己的新词创造行为，不惟不怕"生吞活剥"的讥讽，甚至颇有些沾沾自喜："他如物竞、天择、储能、效实诸名，皆由我始。"[1] 译词的成立需要语言社会的认同，故严复又说"我罪我知，是存明哲"。如果说用既有词对译新概念反映了译者对新旧古今词义的连续把握，那么，新创制的译词则传递了译者对外来概念的理解和命名理据上的信息。汉语译词的创制法主要有造字法和合成法。佛经翻译是一个持续了千年的宏大事业，新造译词无数，对汉语产生过重大的影响。但是佛经译者的关注点在音译词上，佛经翻译中的"五种不翻"就是关于音译词的讨论，对造字法和合成法的详细讨论较少。在造词这一点上，同样使用汉字造词的日本译者要更为敏感。

　　"译"的词的新造主要有两个方法，即直译（即本书的摹借法造词）和意译（即本书的汲义法造词）。前者先将原词分解到语素的层次，然后再挑选与之相对应的汉语语素合为新词；后者则将原词融会贯通，用汉语的新词表达其义。一般说来，单纯词使用汲义法的较多，复合词和那些可以词根分解的词多使用摹借法。严复精通英语，对涉及语源的拉丁语等也有一定的知识，所以在讨论一个译名是否恰当时，严复经常从语源上进行分析，例如"宪法""群学""计学"等。摹借法因为有借的因素在其中，在造词上比汲义法要容易。但是思维方式（即理据）是外语的，如将 greater year 译成"大年"，在未加任何解释时显然无法传递原词的意义内涵。《原富》中摹借法增加较多，如：德行学 moral philosophy、内籀 induction、外籀 deduction、过庶 overpopulation、过富 overproduction、还税 drawbacks、自由齐民 freeman、元学 ontology 等。原文的复合词、词组更是全数以摹借法造出，如：分功 division of labour、生货 raw material、熟货 manufactured good、懋迁

---

[1]　严复：《天演论》，第 xii 页。

易中 medium of exchange、物值通量 standard of value、真值 real price or price in labour、易权 power of exchange、平价 average price、法偿 legal tender、金锭 gold bar、银锭 silver bar、格物硕士 great scientist 等。"计学"是一个兼有"摹借"与"汲义"性质的译词，我们将在第四章讨论。以下我们对"物竞/天择""储能/效实"进行考察。

物竞/天择　　《天演论》的原编者注说："物竞 Struggle for existence，今通译生存竞争；天择 Selection，今通译天然淘汰。"（第 2 页）严复首次向国人介绍进化论是在《原强》一文中，但使用的是"争自存""遗宜种"，如表 3 - 2 所示，这两个词在《原强修订稿》中才分别凝缩成"物竞""天择"。

表 3 - 2　《原强》与《原强修订稿》中词语的变动对照表

《原强》	《原强修订稿》
达尔文者，英国讲动植之学者也。……穷精眇虑，垂数十年而著一书，名曰《物类宗衍》。……大旨谓：物类之繁，始于一本。其日纷日异，大抵牵天系地与凡所处事势之殊，遂至阔绝相悬，几于不可复一。然此皆后天之事，因夫自然，而驯致若此者也。书所称述，独二篇为尤著，西洋缀闻之士，皆能言之。其一篇曰《争自存》，其一篇曰《遗宜种》。所谓争自存者，谓民物之于世也，樊然并生，同享天地自然之利。与接为构，民民物物，各争有以自存。其始也，种与种争，及其成群成国，则群与群争，国与国争。而弱者当为强肉，愚者当为智役焉。迨夫有以自存而克遗种也，必强忍魁桀，矫捷巧慧，与一时之天时地利泊一切事势之最相宜者也	达尔文者，英之讲动植之学者也。……穷精眇虑，垂数十年，而著一书，曰《物种探原》。……其书谓：物类繁殊，始惟一本。其降而日异者，大抵以牵天系地之不同，与夫生理之常趋于微异；洎源远流分，遂阔绝相悬，不可复一。然而此皆后天之事，因夫自然，训致如是，而非太始生理之本然也。其书之二篇为尤著，西洋缀闻之士，皆能言之，谈理之家，撼为口实，其一篇曰物竞，又其一曰天择。物竞者，物争自存也；天择者，存其宜种也。意谓民物于世，樊然并生，同食天地自然之利矣。然与接为构，民民物物，各争有以自存。其始也，种与种争，群与群争，弱者常为强肉，愚者常为智役。及其有以自存而遗种也，则必强忍魁桀，矫捷巧慧，而与其一时之天时地利人事最其相宜者也

《原强修订稿》完成于 1896 年 10 月以后，其中对"天择"的解释更详细。其时《天演论》译稿正在做最后的润色、修订。[1]

赫胥黎在讲演（即《天演论》的卷下论十七篇）中论述了人类由丛林法则向伦理社会进化的问题，使用了 8 例 struggle for existence，其中 4 例严复以"物竞"或"物竞天择"对译（含 1 例"物之竞"）；导论中 struggle for existence 增至 41 例，两者的对译关系更加稳固。关于"物竞天择"的词义，严复解释为："以天演为体，而其用有二：曰物竞，曰天择。此万物莫不然，而于有生之类为尤著。物竞者，物争自存也。以一物以与物物争，或存或亡，而其效则归于大择。天择者，物争焉而独存。"严复还特意加译了以下一段话："天择者，择于自然，虽择而莫之择，犹物竞之无所争，而实天下之至争也。斯宾塞尔曰：'天择者，存其最宜者也。'夫物既争存矣，而天又从其争之后而择之，一争一择，而变化之事出矣。"（第 2～3 页）在这段译文后面，严复加了全书第一段按语："物竞、天择二义，发于英人达尔文。达著《物种由来》一书，以考论世间动植物类所以繁殖之故。"（第 3 页）可知严复将"物竞天择"理解为天演（进化）的具体表现形式。严复的"物竞"有两个特点，一是"物竞"的原理与人类社会相通，严复说"泰西天演家言物竞争存之理，其道本通于治国，时会相值，间不容发，失此不争，即不足自存"。[2] 二是严复认为人类社会"物竞"愈演愈烈。以下是一些实例，从中可以感到严复的紧迫感：

> 况今者全球云蒸，五洲趾错，物竞之风潮甚大，优者必胜，劣者必僵。[3]
>
> 当此之时，前识忧时之士，旷观千古，横览五洲，念吾民设

---

① 沈国威：《严复与科学》，第 63 页。
② 《严复集》第 2 册，第 445 页。
③ 《主客平议》，《严复集》第 1 册，第 116 页。

长此而终古，则不足图存于物竞最烈之余。①

处物竞剧烈之世，必宜于存者而后终存。②

吾人入世涉物竞至烈之场，破败胜存，破败胜存，佥于三四十以后见分晓。③

世界物竞炽然，不独不能有益同种，甚且不克自了生事。④

当此之时，徒倡排外之言，求免物竞之烈，无益也。⑤

嗟呼！大地既通，物竞弥烈，不幸主动之力，属之欧人。⑥

役财收利，潮长川增，若不可极，而劳力求食者，物竞日烈，恒患无以自存。于是有心人闵之，而持社会主义者，乃日众矣。⑦

自夫物竞之烈，各求自存以厚生。⑧

由此有以自立于天地之中，不亡于物竞之剧烈也。人群亦然。⑨

又况当此物竞大烈之秋，求以此独立，以为兵战，尤不易者也。⑩

而即以其时物竞纷争之烈，天时人事相逼之急，而机关渐完，团体弥固。⑪

乃物竞之烈，又非邦域之制不可自存，此真事之两难者也。⑫

储能/效实   "储能""效实"也是严复创造的新词，但不是译

---

① 《主客平议》，《严复集》第 1 册，第 120 页。
② 《论教育与国家之关系》，《严复集》第 1 册，第 166 页。
③ 《实业教育》，《严复集》第 1 册，第 205 页。
④ 《与张元济书十八》，《严复集》第 3 册，第 555 页。
⑤ 《与外交报主人书》，《严复集》第 3 册，558 页。
⑥ 《法意·案语》，《严复集》第 4 册，第 1004 页。
⑦ 《法意·案语》，《严复集》第 4 册，第 1023 页。
⑧ 《庄子评语》，《严复集》第 4 册，第 1118 页。
⑨ 《政治讲义》，《严复集》第 5 册，第 1266 页。
⑩ 《政治讲义》，《严复集》第 5 册，第 1271 页。
⑪ 《政治讲义》，《严复集》第 5 册，第 1272 页。
⑫ 《政治讲义》，《严复集》第 5 册，第 1275 页。

词。赫胥黎的原著中甚至没有与之对应的概念。严复是这样解释"储能""效实"的：

> 始以易简，伏变化之机，命之曰储能；后渐繁殊，极变化之致，命之曰效实。储能也，效实也，合而言之天演也。[①]

对严复来说，"储能/效实"与"物竞/天择"一样，也是天演的实际表现方式。这一部分是赫胥黎讲演的引子，赫胥黎以杰克和豆秆这一童话作开场白。一粒豆子长成豆秆，春华秋实，又回归一粒豆子。赫胥黎说：

> 这一植株以觉察不出的步骤逐渐长大，成为由根、茎、叶、花和果实组成的一种既大且多样化的结构，每一部分从里到外都是按照一个极端复杂而又异常精确细致的模型铸造出来的。在每个复杂的结构中，就象在它们最微小的组成部分中一样，都具有一种内在的能量，协同在所有其他部分中的这种能量，不停地工作着来维持其整体的生命并有效地实现其在自然界体系中所应起的作用。经过如此巧夺天功建立起来的大厦一旦全部完成，它就开始倒塌。这种植物逐渐凋谢，只剩下一些表面上看去毫无生气的或多或少的简单物体，恰如它由之生长出来的那个豆子一样；而且也象豆子那样赋有产生相似的循环表现的潜在能力。[②]

严复把这一过程描述为"储能/效实"。即由亿万年积蓄而成的潜在能力到实际的显现。下面的例子就是这个意思，也是《天演论》以外为数不多的实例：

[①]　严复：《天演论》，第50页。
[②]　赫胥黎：《进化论与伦理学》，《进化论与伦理学》翻译组译，科学出版社，1971，第33页。

西人歆美辄谓中华为五洲巨富，全地宝藏，自非虚语。但吾国所谓富者，乃指储能，而非效实。今欲猛省施功，使储能者呈为效实，其第一著下手，自以推广交通为不二之要图，交通又以铁路为最亟之营造。[1]

如傅兰雅所说，很多译词经历了由短语凝缩为译词的过程。但是"储能/效实"都不是单一概念，自然难为一般读者所接受。

---

[1] 《救贫》，《严复集》第 2 册，第 320 页。

第四章　形式与内容：译词的单双字之争

小　引

笔者认为翻译有一条基本原则，即语言的形式只可以"移"，而不可以"译"。"移"就是原样照搬，或用自语言中相似的形式替代；"译"就是意义的转换。语言的形式包括什么？字形、词形、双关语、惯用语、成语都是形式层面上的东西，都不能"忠实"地翻译。语言类型学上属于不同类型的语言，语序亦不可译。《和文汉读法》等就开宗明义地告诉中国的日语学习者要"颠倒读之"。①

严复在《天演论·译例言》中指出：

> 西文句中名物字，多随举随释，如中文之旁支，后乃遥接前文，足意成句。故西文句法，少者二三字，多者数十百言。假令仿此为译，则恐必不可通，而删削取径，又恐意义有漏。②

---

① 沈国威：《关于"和文奇字解"类的资料》，『或問』14 号、2008、117～128 頁；
　沈国威：《梁启超与日语——以〈和文汉读法〉为说》，《现代中国》第 11 辑，2008，第 76～90 页。
② 严复：《天演论》，第 xi 页。

严复的意思是：英文中的名词可以（使用关系代词的形式）随时
（从后面跟进）进行解释，就如同汉语的夹注一样，所以西文的句子
动辄数十个词。[①]　而汉语则没有与之相对应的句子形式。如果省略这
些修饰成分，又怕翻译得不完全，唯一可以解救的方法是"此在译
者将全文神理融会于心，则下笔抒词，自善互备"。[②]

　　语言类型学的知识告诉我们：绝大多数 SVO 型的语言，修饰成
分在被修饰成分的右侧（即后面）。这样，句子中的任何一个成分都
可以通过关系代词一类的小辞导入修饰成分，在记忆负担允许的情况
下句子可以无限延长。但是，同样作为 SVO 型语言的汉语，由于受
到了阿尔泰语系语言的强烈影响，已经丧失了古汉语中修饰成分在被
修饰成分右侧（即后侧）的句子形式。所以汉语的名词修饰结构，
即定语形式极不发达（结构助词"de"被用于正式的文章是"五四"
前后的事）。[③]

　　如严复在《英文汉诂》（1904）中所述，由关系代词引导的从句是
中英语言形式上最大的差异，也是学习英语、汉语都绕不过去的难点。
马礼逊的《英吉利文法之凡例》（1823）中没有关于关系代词的内容；
而罗存德在他的两本语法书 *Grammar of Chinese Language*（1864）、
Chinese-English Grammar（《英话文法小引》，1864）中将 relative
pronouns 译为"伦替名字"，列举了对译的例句，但并没有加以说明。[④]

　　严复在《英文汉诂》中将 relative pronouns 译为"复牒称代"，

---

① 笔者基本上认为，严复的"信、达、雅"与其说是一个永恒的翻译论的命题，毋
　　宁说是 1895 年《天演论》翻译的"个案"，讨论的是中英之间译词的等价性（概
　　念的等义传达）、句子形式的对应（即忠实于原文句子形式）和受众（可接受的
　　文体）问题。

② 严复：《天演论》，第 xi 页。

③ 关于汉语欧化文体的研究，有王力《汉语史稿》、北京师范学院编著《五四以来
　　汉语书面语的变迁和发展》（商务印书馆，1959）等。但是均未论及定语修饰问
　　题。

④ *Grammar of Chinese Language*，1864，Part I，pp. 37 - 39；Part II，pp. 23 - 26；《英
　　话文法小引》，1864，II，pp. 8 - 10。

解释较之此前的英语教科书要详细得多：

> Relative pronouns 复牒称代
>
> 此类之字，几为中文之所无，而中西句法大异由此。盖西文凡有定之云谓字 Finite Verbs，皆必有其主名 nominative case，又往往有句中之句，以注解所用之名物，于是前文已见之名，必申牒复举，而后句顺，每有句中之句，至三四层，如剥蕉然，而法典之文，如条约合同等，欲其所指不可游移，其如是之句法愈众，或聚百十字，而后为成句者，此西文所以为初学者之所难也。……① （《英文汉诂》篇六，称代部）

"牒"字严复作指称义使用。中文与英文属于不同的语言类型，句子结构原本就有很多不同之处，加之严复的《天演论》很大一部分使用四六骈文体，句子短小，修饰成分不发达。这一点极不利于对概念的严格定义。② 严复对概念的界说是极为关心的，但是在《天演论》里定义的语言形式并没有得到解决。至《原富》严复放弃了四六骈体的句式，使用了古散文体。当时的汉语有哪些可以利用的句子形式？文体在某种程度上规定了句子形式的可能性。四六骈体文要求辞藻华丽、对仗工整，译文的句型选择必然受到严格限制。如果说1896 年时，文章体裁尚有主观选择的回旋余地，那么句子形式上这种可供选择的可能性则小得多。严复的句子形式最终限制了新词的使用。关于严复的文体，我们将在第五章讨论，在这里首先对译词的形式和内容做初步的考察。

---

① 《英文汉诂》，《严复全集》第 6 卷，第 131～133 页。

② 汉语翻译其他语文时也遇到了定语的问题，如黄遵宪的《日本国志·刑法志》。参见沈国威《近代中日词汇交流研究——汉字新词的创制、容受与共享》"词汇交流编"，第 1 章 "黄遵宪的《日本国志》与日语借词：以《刑法志》为中心"。现代汉语的定语修饰功能有了改善，如使用介词 "对" 将宾语提前，用代动词 "进行" "加以" 等使宾语可接受较长大的修饰成分等。

一　译词的"义"与"形"

如前所述，汉字译词的创造以合成法为主。将数个造词成分合成为一个词时，构词成分的选择和排列必然要按照意义表达的意图进行操作。换言之，意义与词的形式必然存在着理据性的关联。但是，实际情况是相当一部分译词，意义上的要求并不是合成词发生的唯一动机，即译词采用某种形式和表达意图之间常常并不存在直接的联系。

在日本的兰学翻译中，由于日语本身的特点，除了一部分词缀型成分外，汉字译词基本采取二字词形式。反观近代中国，西方传教士大规模翻译科技书籍始于 1860 年代，上海江南制造局翻译馆的傅兰雅曾专门著文，讨论科技术语的创制问题。傅氏提出的译词创造原则之一是"用数字解释其物，即以此解释为新名，而字数以少为妙"。① 即先以短语、词组的形式进行解释，最终压缩成一个合成词，而且字数越少越好。自不待言，字数最少的合成词是二字词。② 尽管傅兰雅用新造字的方法命名化学元素取得了成功，但他敏锐地意识到了一般性术语不应该用单汉字，而应该采用合成词的形式。③

继《天演论》刊行后，严复于 1902 年翻译出版了《原富》（原著是亚当·斯密的《国富论》）。《原富》出版后，梁启超立即在《新民丛报》上撰文加以推介。④ 梁的文章谈到了两点，即译词与文

---

① 傅兰雅：《江南制造总局翻译西书事略》，张静庐辑注《中国近代出版史料初编》，第 16 页。
② 由于在日语中，汉字与音节并不总是一一对应的，故本章除引用以外不使用"复音词""双音节词"等术语，而使用"二字词"。其实"音节"作为语音学的术语使用是在进入 20 世纪以后，其间有日语的影响。
③ 沈国威：《近代中日词汇交流研究：汉字新词的创制、容受与共享》，第 134 ~ 136 页。
④ 梁启超：《绍介新著·原富》，《新民丛报》1902 年第 1 号，第 113 ~ 115 页；亦见《与梁启超书二》，《严复集》第 3 册，第 516 ~ 517 页。

体。关于文体，梁启超批评严复译文的文体"太过渊雅"，一般读者难以受其益；但同时，对严复的译词则赞赏有加。梁说"至其审定各种名词，按诸古义，达诸今理，往往精当不易，后有续译斯学之书者，皆不可不遵而用之也"。然而，梁启超唯独对严复的"计学"提出了质疑。梁启超的推介文引发了一场关于译词"计学"的争论。这场争论表面上是原词与译名是否"名实相符"的问题，即译名如何才能准确地反映原词的意义。但是实际上，复合词的直译性、社会的可接受性（即雅驯）等问题在这场讨论中都有涉及。围绕"计学"展开的争辩发展成关于译词的单双字问题的讨论。以下根据笔者对这一问题的理解做一简单整理。

首先，梁启超对 Political Economy 的译名发表了意见：英文的 Political Economy，中国没有与之相对应的词语；"日本人译为经济学，实属不安，严氏欲译为计学，然亦未赅括"。即一方面批评日语的"经济学"不确切，另一方面说严复的"计学"无法涵盖原词的意义。梁启超认为原词包括政治和计算两个意思，提议用"政术理财学"来译，并就此征求读者的意见。①

对于梁的"政术理财学"，读者"东京爱读生"来信说，把英文的 Political Economy 译为"政术理财学"比日本的"经济学"、严复的"计学"都更精确，但是使用四个字，未免太长，在进一步构成合成词时很不方便。如日本的书籍中有所谓的"经济界""经济社会""经济问题"等词，使用"计"字不通，"政术理财"也不通。这门学问在中国虽然没有专门的研究，但是这是人生必需的，中国有数千年的文明，古籍之中怎么会没有一个名词来表示这个意思呢？"东京爱读生"希望杂志编辑全力寻找，找出一个"雅驯之名"。②"东京爱读生"首次提出了译词的长度和二次复合的问题。

---

① 《新民丛报》1902 年第 1 号，第 113～115 页。
② 《新民丛报》1902 年第 3 号，第 101～102 页。

梁启超在回复中承认"政术理财学"确实冗长，不适于构成新的合成词。但是在古典中寻找合适的译名也并非易事。梁指出，《洪范》有"食货"二字，与经济学的内容很相近，但是"食货"只有"客体"没有"主体"（即这是一个动宾结构），无法让人满意。《管子》有《轻重》篇，讲的是经济学的内容，如果要在古典中寻找译名，"轻重"二字是最合适的，但是词义不通，容易引起混乱。《论语》中有"货殖"一词，司马迁写过《货殖列传》，这个词的意思也与经济学极为相近。但是 Political Economy 的意义注重公共的财富，"货殖"却强调私有的财富，而且没有政治的含义。《史记》中另有《平准书》，内容是朝廷理财的事情。汉代平准制度的目的是吸纳天下的财富集中于京师，这本来不是为了社会全体谋利益的制度，不足以表达 Political Economy 的意义。不过单说"平准"二字，仍然有为民均利的意思，而且此二字出于《史记》，人们一见就知道意思，又不至于和其他名词相混淆，所以 Political Economy 可以译为平准学。这样，日本的经济家、经济学者、经济界、经济社会、经济问题就可以分别译为平准家、平准学者、平准界、平准社会、平准问题，创造新的合成词也不会发生困难。①

这时严复给《新民丛报》写信反驳了梁启超的观点。严复说，现在的英语里，经济学的原词多用 Economics，已经删除了 Political。严复的意思是所谓"政术"云云可以不用考虑了。严复指出：中国古代有计相、计偕等词，国计、家计、生计等名词也很通行。要想创制一个译名，意义的范围和深度都需要与原词相符合。如果是这样的话，"计"是唯一的选择。经济学的道理发生于日常生活，而成为专门学科则是近二百年的事情。经济学的一些道理虽然中国古时也有，但是中国没有这种专门的学问，这是毋庸讳言的。有人说中国有几千年的文明史，经济学是人类社会必需的学问，古籍中一

_____

① 《新民丛报》1902 年第 3 号，第 101～102 页。

定会有专门的名称。但是我认为在古籍中找不到专门名称的可能不止经济学一科。梁启超提出用"平准"代替"计学",但是"平准"绝不能完全表达这门学问的含义。"平准"原来是一个官名,便宜时收购,腾贵时卖出,平抑物价。我所翻译的《原富》内容比这要广泛得多。我认为如果为了追求通俗最好使用"理财";如果担心定义不清,要追求雅驯,那么我所创制的"计学"还是有一日之长的。①

　　严复的意见在《新民丛报》上发表后,读者"驹场红柳生"(驹场为日本东京大学所在地)来信质问:从 Morbotl 氏开始,经济学原名由 Political Economy 转变为 Economics,日本人译为"经济学"。表面上看,"经济"好像与"政治"相混淆(即经邦治国),但是"经"字含有政治的意义,"济"字有流通的意义,这两字与这门学问非常相符。日本当时选定这个术语时也是经过了认真考虑的。《新民丛报》第 3 号上提议改译为"平准学",确实如严复所说,"平准"只是一个官名,不足以表达这门学问的含义。严复认为自己所创的"计学"极为雅驯,可以用于各种情况,这是不是"自许之太过"?Statistics 是经济学的一个分支,日本人译为"统计学",又称"计学"。如果按照严复的意见使用"计学"来翻译 Economics,那么今后翻译 Statistics 时用什么译名呢?《新民丛报》第 7 号提议使用"生计学"。"生计"二字虽然比严复的译名稍好,但是还是范围太小,不能把政治理财的意义包括进去。西方的新知识,中国古昔本来不存在的有很多,如果都要使用古典中的名词,一是不可能,二是意义不一定相吻合。现在我国处于接受西方新知识的草创期,国家对译名还

① 《与梁启超书二》,《严复集》第 3 册,第 517~518 页。此信作于 1902 年。严复在给张元济的信中亦写道:"《丛报》于拙作《原富》颇有微词,然甚佩其语;又于计学、名学诸名义皆不阿附,顾言者日久当自知吾说之无以易耳。其谓仆于文字刻意求古,亦未尽当;文无难易,惟其是,此语所当共知也。"参见《严复集》第 3 册,第 551 页。

没有统一的规定，加上知识分子喜好标新立异，造成了很多误解。与其让后代笑话，不如暂时使用"经济"，等待更合适的译名的出现，或者使用日本的"财政学"。这个名称涵盖了 Economics 的宗旨，定义也清楚。①

　　梁启超对"驹场红柳生"的信做了长篇回应。梁首先承认"平准"不适当，宣布放弃。"计学"与 Statistics 相混，而且是一字名词，使用不便。梁启超说：计学的"计"为"单一名词，不便于用。如日本所谓经济问题、经济世界、经济革命等语，若易以计问题、计世界、计革命等，便觉不词"。② 即"计"是单音节名词，在使用上有种种限制。例如日本的"经济问题、经济世界、经济革命"等都无法改为"计问题、计世界、计革命"。梁启超说就译词的字数问题曾去信询问严复，但还没有得到回复。梁赞同西方的新知识无法一一用中国固有词语去翻译的意见，但是他说"惟经济二字，袭用日本，终觉不安。以此名中国太通行，易混学者之目。而谓其确切当于西文原义，鄙意究未敢附和也"。"日本所译诸学之名，多可仍用。惟经济学社会学二者，窃以为必当更求新名。"③ 对于驹场红柳生选用"财政"的建议，梁说"财政者不过经济学之一部分耳。指财政为经济，无异指朝廷为国家"，因此"财政学决不可用"。对于严复"如果为了追求通俗最好使用理财"的主张，梁启超说"专用名词，万不可以动词冠其上。若用理财，则其于用之于复杂名词时，窒碍亦滋多矣"。④ 梁启超最后的结论是暂用"生计"，"以待后贤"。⑤

　　对于梁启超提出的译词字数问题，严复终于回复道：

---

① 《新民丛报》1902 年第 8 号，第 97~98 页。
② 《新民丛报》1902 年第 8 号，第 98 页。
③ 1902 年举行的科举考试第一次加入了"策论"，1903 年 7 月又举行了首次"经济特科"考试。"经济"一词在当时作"经邦治国"义解，而不是 Economics 的意思。语言的词汇系统需要避免这种同形相撞的现象。
④ 动宾结构的复合词不易转变成体词。
⑤ 《新民丛报》1902 年第 8 号，第 98~99 页。

来教谓佛经名义多用二字，甚有理解。以鄙意言之，则单字双字，各有所宜。譬如 Economics 一宗，其见于行文者，或为名物，或为区别。自当随地斟酌，不必株守计学二字也。此如化学有时可谓物质，几何有时可翻形学，则计学有时自可称财政，可言食货，可言国计，但求名之可言而人有以喻足矣。中国九流，有以一字称家，有以二字称家，未闻行文者遂以此窒也。Economic Laws 何不可称计学公例？Economic Problems 何不可云食货问题？即若 Economic Revolution 亦何不可言货殖变革乎？故窃以谓非所患，在临译之剪裁已耳。至于群学，固可间用民群。①

从严复的回复中可知，梁启超其时已经注意到了佛经译词的二字特点。研究佛经翻译的学者朱庆之曾指出："过去在探讨佛教的外来词时，仅触及词意，鲜少论及词形。"② 朱氏所说的词形主要是指语词的一字或二字形式。对于汉语来说，词长是词形的一个非常重要的侧面。下面我们先根据朱庆之的研究来思考一下佛经译词给予我们的启示。③

二　来自佛经译词研究的启示

朱庆之指出佛经词汇的双音化是中古汉语词汇发展的一个十分重要的标志。这具体表现为，第一，新的概念主要是由双音节形式（binom）来表示；第二，原来由单音节词表示的旧有的概念大都有

---

① 严复：《尊疑先生覆简》，《新民丛报》1902 年第 12 号，第 62 页；亦见《严复集》第 3 册，第 518 页。

② 朱庆之：《论佛教对古代汉语词汇发展演变的影响》（下），《普门学报》2003 年第 16 期，第 3 页。

③ 本节讨论所根据的朱庆之研究成果有《佛典与中古汉语词汇研究》，文津出版社，1992，第 124 页；《论佛教对古代汉语词汇发展演变的影响》（上、下），《普门学报》2003 年第 15 期，第 1~41 页；第 16 期，第 1~35 页；《代前言：佛教混合汉语初论》，朱庆之编《佛教汉语研究》，商务印书馆，2009（原载《语言学论丛》第 24 辑，2001，第 1~32 页）。

了双音节形式。一般认为，汉语词汇双音化发生的内部原因，是以单音词为主的词汇系统已不能满足人们思维能力和认识水平不断提高的需要，因此必定要朝多音节方向发展以增加表义单位；而其外部原因则是社会生产力和文化的发展导致更多的概念的产生。① 但是，这种内因、外因的理由对于上述第二点，即表示旧有概念的单音节词大多获得了双音节形式，并不具有充分的说服力。朱庆之认为上述外部及内部原因所引发的变化都是渐进的、缓慢的，必然要经过相当长的时期，而佛经中的双音词的增加异常猛烈，其背后一定存在着其他原因。朱庆之指出佛经中急剧增加的双音化，不应该完全视作口语的特征，其直接原因毋宁说是佛经的"四字格"节奏及偈颂这一文章体裁上的需要。② 佛经的特殊文体需要大量的双音节形式，为了满足音节上的需要，必须将单音节词扩展成双音节词，而在译者个人言语（idiolect）的词汇系统里又没有足够的双音词可供选择时，就必须新造，以保证有大量的近义词可供译者选择。③ 这时最频繁使用的造词法是并列结构造词。朱庆之引用颜洽茂对《贤愚经》所作的调查结果，指出 3899 个双音节词中，并列式占 2291 个，达到了 58.8%。佛经中的二字并列结构，大部分由同义或近义的造词成分构成。④ 朱庆之将这种扩展音节的方式称为"同义连文"，指出这种并列结构造词无疑是最便捷的，因而也成为最常用的一种音节拓展方式。⑤ 由此可知，许多双音词的产生，严格说来并不是出于表义的需要，双音形式与单音形式基本上可以说是等义的，如佛经中的"即"和"即便"、

---

① 朱庆之：《佛典与中古汉语词汇研究》，第 124～125 页。
② 朱庆之：《佛典与中古汉语词汇研究》，第 131 页；《代前言：佛教混合汉语初论》，朱庆之编《佛教汉语研究》，第 19 页；《论佛教对古代汉语词汇发展演变的影响》（下），《普门学报》2003 年第 16 期，第 2 页。
③ 朱庆之：《佛典与中古汉语词汇研究》，第 31 页。
④ 颜洽茂：《南北朝佛经复音词研究：〈贤愚经〉〈杂宝藏经〉〈百喻经〉复音词初探》，辽宁师范大学硕士学位论文，1984，第 117 页。
⑤ 朱庆之：《佛典与中古汉语词汇研究》，第 132 页。

"皆"和"皆悉"、"都"和"都共"均为同义，再如"皆各""皆
共""皆俱""皆普""皆悉""都皆""悉皆""率皆"等也都与单
音节的"皆"（都）同义。佛经里面有许多并列关系的双音节复合
词，双音化固然与汉语的韵律结构有密切的关系，但更是为了满足佛
经"四字格"与偈颂这种文体上的需要而产生的。汉文佛典独特的
文体对词汇的运用提出了比散文更严格的要求。这表明在特定的时
期，文体是造成双音化的更为直接的因素。

　　朱庆之进一步指出："许多汉语固有的单音节词都被译者临时用
某种有规律可寻的方式，如'同义连文'，或在自由构词语素的帮助
下创造出一个双音节形式来。"① 所谓"自由构词语素"即如"行"
"取""切""毒"和"复""为""自"等，主要起扩充音节作用的
语素。② 它们在原则上可以分别同某个相当大的范围里的单音词随意
构成该词的双音形式。必须看到，在实际运用上，这些自由构词语素
最初主要应是充当"同义连文"的补充角色，也就是说在作者的个
人言语词汇系统里找不到合适的"同义"语素时，就利用它们来完
成某个单音词的双音化任务。但这并不意味着这些自由构词语素的地
位不重要，恰恰相反，由于并非所有的单音节词都能轻而易举地找到
一个"同义"词来构成自己的双音形式，尤其是功能词以及某些副
词，它们的意义比较抽象，也比较单纯，"同义"词的数量更是有
限，所以只能更多地借助于这些自由构词语素。自由构词语素体现了
语言的自偿性（self-compensation）原则。

　　佛经语言的双音化在一定程度上是在佛经特殊文体的要求下强制
完成的，而且来得迅猛、激烈，以至于语言中现成的双音节形式根本
不能满足它的需求。于是，就有了翻译者的临时创造；又由于翻译者可
能不自觉地受到原典和母语复音词结构方式的影响，这些创造不仅可能

---

① 朱庆之：《代前言：佛教混合汉语初论》，朱庆之编《佛教汉语研究》，第 15 页。
② 又称之为"实语素"。参见朱庆之《佛典与中古汉语词汇研究》，第 138 页。

带来大量双音节的新词，而且可能带来双音化的新方法和新途径。①

朱庆之认为，就词汇而言，在魏晋南北朝时期，佛典翻译可以说是制造双音词的大工厂。正是这项巨大的文化工程，在整个汉语词汇系统双音化的过程中扮演了推动者的角色，而具体的造词法是"同义连文"。这种方式借助"自由构词语素"将单音词双音化或多音化，因而产生了许多双音词，包括双音动词在内。②

朱庆之的研究告诉我们，佛经译词中有相当一部分并没有意义上的动机，而是来自于汉语韵律及文体上的要求。下面我们将看到，这种韵律要求，在脱离佛典的"偈颂"文体之后，也强烈地存在着。

三 单字还是复词之争

如上所述，梁启超提到了佛经译词多用二字的问题，但是严复对此却不以为然。他说：中国的三教九流，有单字的名称，也有双字的名称，并没有什么不方便的地方；译名也不必拘泥"单字双字"，应该根据具体情况处理。严复提出：Economics 可以译成"财政""食货""国计"；"化学"可以译成"质学"；"几何"可以译成"形学"。同理，Economic Laws 可称"计学公例"；Economic Problems 可称"食货问题"；Economic Revolution 可称"货殖变革"，不过是"临译之剪裁"，略作变通而已。

仅就"计学"而言，"计学"的"学"是类名词（或称新词缀），有时会对合成词的词义产生影响。如"计学改革"是计学这门学问本身的改革，还是所涉及的内容的改革并不确定（比较"经济改革"vs."经济学改革"）。然而这里还有一个更深层的问题：作为

---

① 朱庆之：《代前言：佛教混合汉语初论》，朱庆之编《佛教汉语研究》，第 19~20 页。

② 朱庆之：《论佛教对古代汉语词汇发展演变的影响》（下），《普门学报》2003 年第 16 期，第 3 页。

汉语的语言单位需要有"伸缩性",例如:"经济改革"→"经改",即单名的"经"和双名的"经济"可以表达相同的概念,这样在构成复合词时才能运用自如。同时,又如梁启超所指出的那样,汉语不接受"计问题""计世界""计革命"等三字形式。严复为了避免"计学"构成四字词组时可能产生的歧义,提议使用"计学公例""食货问题""货殖变革"等形式。但是"经"="经济"的意义一致性,是由形态上的相似性保障的(都含有"经"),而"计"与"财政""食货""货殖""国计"的对应由于没有形态相似性的支撑,不仅会增加记忆负担,还势必造成一事多名、一名多译的后果,徒增混乱。

1902 年 7 月以后,《新民丛报》上再没有出现关于"计学"的讨论,但是事情并没有结束。《严复集》中收有一通黄遵宪给严复的信,显然是黄看了《新民丛报》上的议论后有感而发的。黄遵宪主要谈及了两个问题,即译名的创制和文章形式的改革。[①] 对于译名创制,黄具体地提了以下几个方面:造新字、假借、附会、谐语、还音、两合。"附会"就是选择那些没有意义但是发音相近的字"而附会之",即给予新的外来义;"还音"是对那些"凡译意则遗词,译表则失里"的词采用音译方法加以表达;"两合"则是用两个汉字的合音接近外语的发音。此三者所讨论的都是音译词的问题,与佛经汉译的"五种不翻"有渊源关系,唯独"谐语"是关于合成词创造的思考,应该引起我们的注意。黄说:

　　　单足以喻则单,单不足以喻则兼,故不得不用谐语。佛经中

① 黄遵宪:《致严复书》,《严复集》第 5 册,第 1571~1573 页。据《严复集》编者注,此信写于 1902 年,但月份不可考。关于文章体裁,黄遵宪主要提出了一些技术上的建议,如改行、使用括号、序号、图表,加注释等。但是同时针对严复"文界无革命"的主张,明确地指出文体是需要改革的,"如四十二章经,旧体也。自鸠摩罗什辈出而行矣。本朝之文书,元明以后之演义,皆旧体所无也。而人人遵用之而乐观之。文字一道,至于人人遵用之乐观之足矣"。"倒装语,一曰自问自答,一曰附图附表,此皆公之所已知已能也。"

论德如慈悲，论学如因明，述事如唐捐，本系不相比附之字，今
则沿习而用之，忘为强凑矣。①

"单喻""兼喻"源于荀子，黄遵宪在此引用荀子之言主张：单字能
传达意思就用单字词，否则就用双字词，即"谦语"。之所以要用
"谦语"是因为单名的词语"不足以喻"。② 这也就是说黄遵宪认为合
成词必须有语义上的动机，即是为了"喻"。黄遵宪所举的例子均采
自汉译佛典，这些文字串在此前的中国典籍中是不存在的（"本系不
相比附之字"），③ 而且并不是每个成分都对词义有贡献，故黄遵宪称
之为"强凑"。④ 严复也认为来自日本的双音节译名常常有强凑的毛
病：

　　按宪法二字连用，古所无有。以吾国训诂言仲尼宪章文武，
注家云宪章者近守具法。可知宪即是法，二字连用，于辞为赘。
今日新名词，由日本稗贩而来者，每多此病。⑤

————————

① 黄遵宪：《致严复书》，《严复集》第 5 册，第 1572～1573 页。
② 荀子的原话是："单足以喻则单，单不足以喻则兼；单与兼无所相避则共，虽共不
　为害矣。"（《正名篇》）笔者对这句话的理解是：单字的名称足以使人明白时，就
　用单字的名称，单字的名称不能使人明白时，就用双字的名称。两个字义互相矛
　盾或对立的字，在一定条件下可以中和，放在一起也不发生冲突，凝结成一个词
　也不会损害词义的确立。荀子在这里意识到的应该是"国家""妻子""市井"等
　联合式中的偏义复词。参见沈国威《汉语近代二字词研究——语言接触与汉语的
　近代演化：序说》，《中国文学学报》2017 年第 8 期，第 57～91 页。
③ 樊增祥则说新名词是"生造字眼，取古今从不连属之字，阄合为文"。樊增祥：
　《樊山政书》第 6 卷，文海出版社 1971 年影印本，第 481～483 页。
④ 所谓"强凑"是指汉语中的并列造词格，即由两个近义（同训）或反义的语素构成
　复合词。论者多注意到了意义的"精密性"，其实，并列格复合词中的语素并不都
　对词义的精密性作出贡献，也就是说之所以要用两个语素并不是词义上的要求，而
　是韵律、词性转换（并列格复合词可以较容易地转变为体词）以及其他原因上的必
　须。并列词格是现代汉语词汇体系最显著的特点之一，具有很强的能产性。
⑤ 《宪法大义》，《严复集》第 2 册，第 238 页。

然而吴稚晖（1865～1953）认为日本的新词译词并不一定都是"强凑"：

> 和训之字，本用假名。动状各词，大都不用汉文。用汉文者，惟双迭之词，有如"提挈"、"经验"、"繁华"、"简单"之类耳 [双迭之动状词，汉人习焉不察，仅目之为掉文而已。其实有时非双用不能达意。即此可见名词固不能专用单息拉勃矣（息拉勃即音节——引者注）。而动状等词，亦未尝能止用单息拉勃也]。[1]

吴稚晖指出日语中的"双迭之词"，即二字词并不都是"掉文"（即严复的"于辞为赘"，笔者），"有时非双用不能达意"。吴的"不能达意"应该如何理解？吴举的例子都是并列结构的复合词，用严复的话说就是"于辞为赘"，可知单字双字的选择并非词义上的要求，吴的"不能达意"应该是口语层面上的问题，即听不懂。吴说汉语的名词不能只用单音节形式，[2] 同理，动词、形容词也不能只用单音节形式。吴氏敏锐地意识到，正是为了配合双音节的名词（主要是科技术语），故动词、形容词也需要采用双音节的形式，尽管他没有明白地说出两者之间在韵律上有互相制约的关系。[3]

　　几乎与此同时，王国维（1877～1927）也指出：中日（实际上是严复的译词）译词创造上的重大不同之处是，"日本人多用双字，

---

[1]　燃（吴稚晖）：《书〈神州日报〉〈东学西渐〉篇后》，《新世纪》1909 年第 101～103 期，张枬、王忍之编《辛亥革命前十年间时论选集》第 3 卷，三联书店，1977，第 473 页。

[2]　严复也曾指出中国的字书"虽然其书释义定声，类属单行独字，而吾国名物习语，又不可以独字之名尽也，则于是有《佩文韵府》以济其穷"。《英华大辞典序》，《严复集》第 2 册，第 253 页。另，管见所及这是第一次用"音节"（息拉勃）的概念讨论译词的问题。

[3]　现在我们知道两者的韵律节奏是互相制约的。例如上述梁启超"计问题""计革命"的例子。这种制约不仅存在于汉语，日语、朝鲜语、越语中也有类似的现象。

其不能通者，则更用四字以表之，中国则习用单字，精密不精密之分，全在于此"。所以日本译词的"精密"程度"则固创造者（如中国的严复等——引者注）之所不能逮"，"创造之语之难解、其与日本已定之语相去又几何哉"。① 王似乎认为二字化是追求"精密"的结果，王氏的"精密"与荀子的"不喻则兼"有相通之处，但不尽相同。

笔者认为"喻"是概念的可理解性问题，"精密"是语词的区别性问题。"精密"常常被理解为对概念的精密描写（如王国维），其实近代以后活跃起来的二字动词、形容词的近义词群，在大多数情况下对描写的精密化没有贡献。例如改良、改善、改进、改革；细小、微小、渺小等。② 那么，何谓"区别性"？所谓"区别性"就是将一个词同其他词区别开来的性能。词义有两种类型，一种是积极义，另一种是消极义。积极义有意识地对相似概念进行特征描写、加以区分。社会的发展需要对原来不加区别的概念加以区别，例如，外语教学理论中的"学习"（learning）与"习得"（acquisition）、"错误"（mistake）与"偏误"（error）等。又如汉语只有"停车"一个概念，但是日语将同一事象按照驾驶员是否在车上，细分为"停车"和"驻车"；日语中"病院"和"医院"的区别则在于病床数（后者少于 25 床）。汉语的"酒驾""醉驾"的区别也是交通法规上的定义。对某一概念范畴内的成员进行明示性的区别，这是二字词发挥作用的最佳场域。③

① 王国维：《论新学语之输入》，《教育世界》第 96 号，1905 年 4 月。《王国维遗书》第 5 卷，上海古籍书店 1983 年影印本，第 97~100 页。
② 关于这个问题请参见沈国威《近代译词与汉语的双音节化演进：兼论留日学生胡以鲁的"汉语后天发展论"》，陈百海、赵志刚编《日本学研究纪念文集——纪念黑龙江大学日语专业创立 50 周年》，黑龙江大学出版社，2014，第 16~38 页。
③ 对原来不加区分的概念加以区分，除了社会生活的要求外，跨语言接触也是常见的契机。不同的语言社会以不同的方式切分世界，加以命名。跨语言接触传递了不同语言社会以不同的方式对森罗万象进行范畴化的信息。

　　与积极义相比，消极义的功能，是在不涉及概念义的情况下，把一个词同另一个词区别开来。例如"改良"和"改善"是两个不同的词，尽管两个词的结构、意义都一样。① 不同的词可以提供不同的组合搭配，避免单调重复，从而有助于修辞效果的实现。近代二字词很大一部分是消极义的产物。消极义是人类语言追求多样性的反映，大量消极义词语的发生也是教育（汉字知识）普及的结果。

　　1914 年，在北京大学任语言学教授的胡以鲁（1888 ~ 1917）发表了名为《论译名》的论文，② 这是一篇讨论日本译词对汉语的影响的文章，在论文中胡以鲁也谈到了单字译名的问题：

> 　　科学句度以一词为术语亦寠跛不便乎。例如［爱康诺米］（Economy）译为理财，固偏于财政之一部。计学之计字，独用亦病跛畸。不若生计便也。③

胡以鲁认为虽然"理财"的词义偏重财政的一部分，但是"计学"的"计"在单独使用时要受到很多限制（"独用亦病跛畸"），至少应该使用"生计"。可见胡以鲁对单字形式的科技术语是持否定态度的。他认为汉语有向多音节发展的趋势，译词也应该尽量使用多音节词："彼方一词，而此无相当之词者，则并集数字以译之。此土故无之术名性以一词相傅会，不惟势有所难，为用亦必不给。况国语发展有多节之倾向。"④

　　在《论译名》的结尾，胡以鲁引用荀子所谓"累而成文，名之

---

① 消极义所实现的区别性只是形式上的示差，类似"改良品种""改善生活"等的周边义的分化和搭配的形成也是后起的。

② 《庸言》1914 年第 1 ~ 2 期合刊。《论译名》后收入下引的《国语学草创》一书，较易查阅。关于胡以鲁论文的讨论，可参见沈国威《译词与借词：重读胡以鲁"论译名"》，『或問』9 号、2005、103 ~ 112 页。

③ 胡以鲁：《国语学草创》，山西人民出版社 2014 年影印本，第 136 页。

④ 胡以鲁：《国语学草创》，第 136 页。

丽也"的观点，再次强调"无其名者骈集数字以成之"，即在没有可资利用的固有语词时，以多字复合词的形式创造译词。关于荀子的这句话，笔者也有不同的理解，[①] 认为应该解释为：听到声音（能指）就能理解意义（所指），这是"词"的效用。（为达此目的，二字词最为有效，其中）将两个意义相同或相近的字，即"俪语"，迭加在一起可以构成新词。[②] "俪语"迭加构成的词，并没有意义上的动机，但是有调整韵律节奏、加强语意等作用。只有知道了（汉语的）"词"作为语言单位的这两种性质，才能说是真正了解了（汉语的）"词"的本质。如果笔者的理解正确的话，那么荀子在《正名篇》里所说的实际是两种不同类型的二字复合词。第一种是"单不足以喻则兼"型，这里的"兼"有一部分是为了满足意义上的要求，即有意义上的动机，是为了命名新事物，或概念的精密描写（如王先谦的马：白马、黄马）；另一部分是并列结构的二字词，并没有意义上的动机。第二种是"累而成文，名之丽也"型，这种二字词采用并列结构，同样也没有意义上的动机，只是为了达到某种表达上的功能，例如调整音韵节奏、加强语意等。也就是说，有意义动机的二字词，在先秦文献中主要以偏正结构成词，如淑女、良人、黄泉、天

---

① 荀子的原文是："名闻而实喻，名之用也。累而成文，名之丽也。用丽俱得，谓之知名。"王先谦解读为："名之用，本在于易知也。累名而成文辞，所以为名之华丽，诗、书之言皆是也。或曰：丽与俪同，配偶也。浅与深，俱不失其所，则为知名。"（《荀子集解》，第 423 页）现代汉语译注本译文为："听到名称，就能知道它所代表的实际事物，这就是名称的作用。积累名称形成文章，这就是名称的配合使用。使用与配合使用都恰如其分，就叫做真正懂得了名称。"（黄建军译注《荀子译注》，商务印书馆，2015，第 233 页）"听到名称就能了解实物，这是名称的功用。积累连缀名称而形成文章，这是名称的配合。名称的功用、配合都得当，就叫做懂得名称。"（方勇、李波译注《荀子》，中华书局，2011，第 366 页）王先谦解释"文"为"文辞"，今人黄、方等解释为"文章"。《正名》中出现"文"字三次，都不作"文章"解，笔者倾向于理解为"文采"。"丽"通"俪"，也可作对偶、相配解，但不是译注本所示的词与词的配合（即句法层面的词语组合），而应该是词的内部构成形式。

② 如胡以鲁所说"并立者，合同义之语即所谓俪语者为一语词"。（《国语学草创》，第 56 页）

下、四海；也有一部分对立型的复合词，如昧爽、昧旦、左右等。[①]
没有意义动机的二字词绝大部分是同义并立型，也有少量对立并列
型，前者如朋友、道路、典章、制度、邦国、杀戮；后者如国家、妻
子、园圃等。已有的研究表明，战国前期复音词以偏正结构为主，中
期后以联合结构后来居上。在《论译名》之前，胡以鲁曾著《国语
学草创》，该书的第四、五两章讨论的是汉语双音节演变的问题，胡
认为社会进步引起的新概念增加问题，汉语只能用加大词长的方法应
对。在该书最后一章，胡以鲁指出："新事物之名称及表彰新思想之
语词，勉用复合语词为之，不须作新字。外语亦勉用义译，〔惟无义
之名，如人名、地名或新发明物之以专名名者自取音〕日人义译语
词于汉文可通用者用之，否则改之。"[②]

关于单字译词"不便于用"的现实，严复在翻译《天演论》时
已经遭遇。例如 right 译为"直"，但又不得不根据上下文调整为
"民直""天职""公职"等。译词的单双字问题直至《穆勒名学》
（1900～1902）时，严复仍未给予特别注意，书中大量使用单音节术
语，如：德 property、意 concept、觉 percept、识 memory、信 belief、
原 data、委 conclusion、端 term、意 feeling、觉 consciousness、感
sensation、情 emotion、思 thought、健 active、顺 passive、志 volitions、
为 actions、质 matter、敬 devout、鬼 superstitious、睿 meditation、品
quality、神 mind、形 body……这些单音节的术语其后均遭淘汰。

但是 1905 年严复做《政治讲义》的讲演时对这一现象似有所察
觉（是否受讲演这一口头语言形式的影响不得而知）。根据戚学本的
研究，[③] 《政治讲义》是以英国历史学家约翰·西莱（J. R. Seeley,

---

① 《荀子》中还有"大小""动静""进退""出入""取舍""曲直"等字符串。但如
　　马真所说，有一些字符串还停留在词组的阶段，不是结合紧密的复合词。参见马真
　　《先秦复音词初探》（续），《北京大学学报》1981 年第 1 期，第 76～84 页。
② 胡以鲁：《国语学草创》，第 124 页。〔 〕内为夹注。
③ 戚学本：《严复政治讲义研究》，人民出版社，2014。

1834－1895）的著作 *Introduction to Political Science*（1885）为底本翻译的。[①] 原著中的 state，nation，organization，甚至连 family 在 19 世纪末 20 世纪初的汉语里都没有固定的二字译词。以 state 为例，严复先从概念上说中国"只有天下，并无国家。而所谓天下者，十八省至正大中，虽有旁国，皆在要荒诸服之列，以其无由立别，故无国家可言"。[②] 在这里严复是用"国家"译 state 的。但是在原著中 family 和 state 对举，是一对既互相区别又互相关联的对峙概念。用"国家"译 state，其中的"家"字似乎令严复深觉不安。[③] 但如果用单名的"国"，文章的节奏和格调势将受到影响。严复在接下来的译文中试图改用"邦国"对译 state，无奈"国家"显然是更一般的词语。因此，严复在后面的译文中不得不先解释说"双称'国家'，单举曰'国'"，提醒听众"国"与"国家"是同一概念的不同表达形式。遗憾的是，对译词的词形可能引起的表达上的限制，严复最终也并未给予应有的关注。

结　语

　　翻译所体现的语言接触总是促成语言变化的重要原因，汉译佛经是这样，19 世纪以后的传教士们的翻译更是如此。如前所述，朱庆之在谈及汉译佛经对中古汉语的影响时指出，双音化是中古汉语词汇发展的重要标志，具体有二：（1）新的概念主要是由双音节形式来表示；（2）原来由单音节词表示的旧的概念大都有了双音节形式。[④] 这一论断同样适用于 19 世纪以降近代汉语词汇的发展实际。

[①] 关于西莱的生平等参见戚学本《严复政治讲义研究》。另，笔者使用的原著为：J. R. Seeley, *Introduction to Political Science*（London：Macmillan & Co., 1896）。

[②]《政治讲义》，《严复集》第 5 册，第 1245 页。

[③]"国家""妻子"这一类型的词，词汇学上称为"偏义复词"，即由两个意义相反的成分构成，其中后一个字并无实际意义。

[④] 朱庆之：《佛典与中古汉语词汇研究》，第 124 页。

即：（1）新的概念用二字词译出；（2）为表示旧有概念的一字词准
备一个（更多的情况下是一组）二字词。① 对于后者，笔者称之为
"单双互通"。这一原则意味着现代汉语词汇体系的建构，不仅仅是
学术用语的获得，还必须包括科学叙事不可或缺的谓词：二字动词、
形容词及区别词。表示新概念的词多为西方近代自然科学、人文社会
科学的术语，需要用二字词形式译出；而"单双互通"同时还是针
对已经存在的动词、形容词、副词等的要求。20 世纪的头十年是汉
语二字词化迅速形成的时期。面对急剧变化的语言，荀子的《正名
篇》成为当时译者们思考译词乃至新词问题的语言资源，其"单足
以喻则单，单不足以喻则兼"等言说，除了黄遵宪以外，刘半农、
傅斯年、章太炎都曾引用过，荀子的话被反复地用来证明二字词的必
要性。时代也对语文工具书提出了新的要求。

　　商务印书馆的《新字典》（1913）和中华书局的《中华大字
典》（1915）都努力对字义的诠释做出改善，但这并不能解决汉语
特有的字辞问题。如严复所说"吾国名物习语，又不可以独字之
名尽也"，故尽管汉字是汉语的基本构词单位和语法成分，但即使
是以"字"为对象的工具书也必然面对一个如何对应复辞的问题。
《中华大字典》在凡例中规定："以两字或重文成义者。与天象、
地理、朝代、国邑、官爵、姓名、动植物，及各科专门名词，均
次于单文各义之后。"这较之商务印书馆《新字典》的"为单字之
字典。凡两字以上之辞语，非音义有关系者（即连绵字——笔者
注），概不阑入，以免举一漏百之弊"是一个实质性的进步。我们
可以说《中华大字典》作为汉语文工具书第一次接近了西方的
dictionary。《中华大字典》具体收录多少复词尚无精确的统计，仅
据笔者粗略的翻检发现实际上所收录的新词和各科专门名词有限，

---

　　①　沈国威「中国語語彙体系の近代化問題——二字語化現象と日本語の影響作用を
　　　　中心として」内田慶市編著『周縁アプローチによる東西言語文化接触の研究と
　　　　アーカイヴスの構築』関西大学東西学術研究所、2017、15～35 頁。

不足数百条。① 这个数量显然太少了，还远远无法满足新学的需要。李家驹在《中华大字典》卷头"叙言"中说"至于学术用语，虽有义可述，然对译一字，畸而不完，<u>必合缀两文，始足一义</u>。若斯之类，字虽固有，谊则新成，自非条举类聚，详为说解不可矣"。《辞源》的编纂者也指出：

> （《辞源》）其旨一以应用，……凡读书而有疑问，其所指者字也，其所问者皆辞也。……故有字书不可无辞书，有单辞不可无复辞。此书仍以《新字典》之单字提纲，下列复辞。虽与《新字典》同一意响，② 而于应用上或为较备至，与字书之性质，则迥乎不侔也。

1918 年傅斯年在《文言合一草议》中就文言文与白话文如何协调使用词语这一问题，提出了 8 项主张。③ 其中第 8 项，傅氏强调指出"在白话用一字，而文言用二字者，从文词。在文词用一字，而白话用二字者，从白话"。对自己的主张，傅斯年解释道：

> 中国文字，一字一音，一音一义，而同音之字又多，同音多者，几达百数。因同音字多之故，口说出来，每不易领会，更加一字以助之，听者易解矣。……尽可以一字表之，乃必析为二者，独音故也。然则复词之多，单词之少，出于自然，不因人之好恶。今糅合白话文词，以为一体，因求于口说手写两方，尽属便利。易词言之，手写出来而人能解。口说出来而人能会。如

---

① 其中一个原因是对是否成词的意识古今不同。即使用现在的眼光看是一个复合词的收录单位，其实也只是一个"字串"。

② 《新字典》虽然比较简单，却满足了"贩竖妇女"读者层的需要，这也是一个不可忽视的群体。

③ 傅斯年：《文言合一草议》，《新青年》第 4 卷第 2 号，1918 年。

此，则单词必求其少，复词必求其多，方能于诵说之时，使人分晓。故白话用一字，文词用二字者，从文词。白话用二字，文词用一字者，从白话。

也就是说，无论白话还是文言，都要尽量使用二字词。把一字词改为二字词，只有这样才能"手写出来而能解，口说出来而人能会"。[①]胡适在与朱经农讨论新国语特征时也说："我所主张的'文学的国语'，即是中国今日比较的最普通的白话。这种国语的语法、文法，全用白话的语法、文法。但随时随地不妨采用文言里两音以上的字。这种规定——白话的文法，白话的文字，加入文言中可变为白话的文字——可不比'精华'、'糟粕'等等字样明白得多了吗？"[②] 胡适的这段话有两层含义，一、双音化为言文一致的国语所必须，二、文言可以提供部分双音词的资源。那么，我们就要问：现代汉语中有多少双音词来自文言？是中国的译者直接从文言中吸收的吗？

西方新概念的翻译，自耶稣会士起就逐渐积累，新教传教士又多有贡献，但是最后的完成还有赖于日本译词的借用。而在单双互通方面，传教士的翻译由于文体上的限制，贡献不多。词汇的二字化是汉语发展的趋势，这一观点已经为学界普遍接受。但正如朱庆之所说，缘于语言本身原因的二字词的形成必将是一个渐进的、缓慢的、长时期的过程。佛经翻译作为外因引起汉语词汇的变化用时以百年为单位计，相比之下，近代翻译促成的二字化，如果以 1919 年五四新文化运动为初步达成期，时间不过十数年而已。可以推断，外部因素起了更重要、更强烈的作用。有关内容将在第五章讨论。

---

① 笔者认为，言文一致首先是科学叙事的问题，而不是文学的问题。小说是用来读的，而不是听的。课堂上的内容才有必要"听懂"。

② 胡适与朱经农的"通信"，参见《新青年》第 5 卷第 2 号，1918 年。着重号为引用者所加。

第五章　译词从东方来：严复与日本译词

小　引

　　如第一章所述，已有的传统典籍、辞书等是译词的主要来源。然而 19、20 世纪之交，译词采用的范围已经逐渐从本国的文献典籍扩大到了中译日书、社会上的各类报刊媒体，乃至各种受日语影响的辞典和术语集上。由于历史和语言上的原因，古老的汉字成为东亚汉字文化圈各国系统地接受西方近代新知识时的唯一选择；在中国以外，大量汉字形式的新词译词也应运而生。新的汉字译词超越了汉语、日语、朝鲜语、越南语等个别语言的框架，成为汉字文化圈概念共享的媒介物。

　　日本的学术用语创造始于江户中期的兰学，1774 年日本的兰学家第一次翻译出版了欧洲语文的解剖学书《解体新书》。这是日本知识阶层第一次以明确的自我意识从事外国语文的翻译。在翻译的过程中日本兰学家认真地思考了译词创造的各种问题。进入 19 世纪后，兰学译籍陆续问世，至 1850 年代，医学（尤其是解剖学、眼科学）、化学、植物学、军事学（近代军事知识、火器制造等书籍的翻译开始于 1840 年代，主要契机是西方国家的军事威胁和国内的动乱）等方面的词语积累已经初具规模。这些翻译活动尤其培养了大批外语人才，确立了一套行之有效的翻译方法和译词的创造模式。

1850 年代初，美国佩里舰队来航叩关，迫使日本放弃了闭关锁国的政策。迅速认清世界大势的幕府，在海外新知识的吸收方面，启动了从"兰学"向"英学"转换的过程；西周、福泽谕吉等众多兰学家都自觉地参与到这一学术语言的转换进程之中。1859 年长崎、横滨开港后，大量的中国汉译西书、英华辞典传入日本，[①] 日本的知识分子借此迅速地掌握了英语；进入明治以后随着义务教育、高等教育体制的建立，一批西方教授（お雇い外国人）开始活跃在日本大学的讲坛上，这一切都使日本有了直接从英语获取知识的途径。兰学未及顾及的人文社会科学领域的译词创造也由此取得了长足进步。

明治 10 年代后半期（1882～1888），重要的英和辞典及各个专业领域的术语集大致出齐；接着《言海》（1889～1891）等大型国语辞典相继刊行，伴随着同时展开的言文一致运动，20 世纪初，日本基本完成了近代词汇体系的建构。

完成了由"一方之言"向"一国之语"转变的日本，从何时开始、怎样实现向汉字文化圈的其他国家地区输出自己的新词语，是个饶有兴味的问题。[②] 以中国论，1874 年创刊的《申报》从一开始就有关于日本的报道和来自日本的新闻消息，只是《申报》并不明言新闻来源。甲午之后源自日本或涉日的报道日益增多。1896 年 8 月《时务报》创刊，旋即开设"东文报译"栏，聘请日本汉学家古城贞吉翻译

---

① 兰学家柳河春三作《横滨繁昌记》（1861？）记录西书经由中国流入日本事。参见沈国威《近代中日词汇交流研究：汉字新词的创制、容受与共享》"语言接触编"，第 2 章 "近代新知识的容受与日本途径——西学从东方来"；沈国威·内田庆市共编著『近代啓蒙の足跡——東西文化交流と言語接触：「智環啓蒙塾課初步」の研究』関西大学出版部、2002。

② 参见沈国威「近代日中語彙交流——逆転への道程」関西大学『中国文学会紀要』24 号、2003、69～90 頁。所谓的新词语不仅包括日制词语，即"和制汉语"，还有在意义用法，乃至流行程度上影响汉语的词。参见沈国威「新漢語に関する思考」『文林』32 号、1998、38～61 頁。

日本报刊上的文章；1897 年 5 月梁启超首次在《时务报》上鼓吹译日本书；①《日本国志》（黄遵宪，1895）、《日本书目志》（康有为，1898）的刊行等，都推动了经日本转口的西方新知识，乃至关于日本本身的知识进入中国社会，也使吸收日本译词成为可能。严复着手翻译《天演论》时，采用汉字形式的日本新词已经零星地在不知不觉中进入中国的媒体，为时人所接受。例如"起点"是当时备受攻击的日本词，严复却不经意地用于《拟上皇帝书》《天演论》《西学门径功用》（以上均为 1898 年的著述）中。随着留学日本的中国人陆续回国，1904 年前后日本译词更是充斥了中国的报章，"泛滥成灾"。《辞源》（1915）卷首的"辞源说略"对 1903~1904 年的汉语词汇状态作了如下描述：

> 癸卯甲辰之际，海上译籍初行，社会口语骤变。报纸鼓吹文明，法学哲理名辞稠迭盈幅。

翻译书籍的出现引起了社会语言的急剧变化，媒体上充满了各种学术用语。1903 年前后的翻译书籍，虽有严复等的数种，主要还是来自日本；当时的很多西方译著其实是从日语转译的，真正译自西方语言要等大批留美学生学成归来之后才成为可能。王国维也敏锐地感觉到了汉语词汇体系的剧变，他在写于 1905 年的《论新学语之输入》一文中指出："近年文学上有一最著之现象，则新语之输入是已。"② 这里的"文学"显然是人文社会科学的总称，因为当时作为 literature 译词的"文学"还未定型。王国维清醒地认识到新词语的出现是时代的要求，是"自然之势"。王国维指出"言语者，思想之代表也。故新思

---

① 以上参见沈国威《近代中日词汇交流研究：汉字新词的创制、容受与共享》"语言接触编"，第 2 章"近代新知识的容受与日本途径——西学从东方来"。

② 王国维：《论新学语之输入》，《教育世界》第 96 号，1905。《王国维遗书》第 5 卷，第 97~100 页。

想之输入，即新言语输入之意味也。① 十年以前，西洋学术之输入，限
于形而下学之方面，故虽有新字新语，于文学上尚未有显著之影响也。
数年以来，形而上之学渐入于中国，而又有一日本焉，为之中间之驿
骑，于是日本所造译西语之汉文，以混混之势，而侵入我国之文学
界"。王国维特别指出这一时期的"新学语"主要来自日本。

关于新名词的自日本传入及国内民众的反应，学界相关研究不胜
枚举，② 笔者也曾作《清末民初中国社会对"新名词"之反应》等加
以探讨。③ 在此根据先行研究及新的资料对这一问题加以重新梳理。本
章分为两个部分，首先分析叙述日本译词和近代中国语言社会的关系，
接着探讨严复对日语借词的态度及自身译词与日本译词的冲突并最终
落败的问题。

一　中国社会与新名词

笔者将经由日本导入西方新知识一事称之为"日本途径"，并曾
对日本途径的开通及其在思想上、语言上对中国的影响等问题做过讨
论。④ 世纪之交随着日本途径的开通，中国传统的语言社会受到了新
名词的强烈冲击。正如王国维所述，所谓"新名词"几乎无一例外
地是指来自日本的词语。柴萼的《梵天庐丛录》卷27中有一篇名为

---

① 此处为日语式表达，意即"新思想的输入，就意味着新词语的输入"。
② 具有代表性的如罗志田《抵制东瀛文体：清季围绕语言文字的思想论争》，《历史
研究》2001年第6期；黄克武《新名词之战：清末严复译语与和制汉语的竞赛》，
《中央研究院近代史研究所集刊》第62期，2008，第1~42页；近期则有张仲民
《"文以载政"：清末民初的"新名词"论述》，《学术月刊》2018年第2期，第
161~171页。
③ 沈国威「清末民初中国社会对"新名词"之反应」『アジア文化交流研究』2号、
2007、105~124頁；「"一名之立、旬月踟蹰"之前之后：严复与新国语的呼唤」
『東アジア文化交流研究』創刊号、2008、311~335頁。相关内容都汇入拙著
《近代中日词汇交流研究：汉字新词的创制、容受与共享》。
④ 沈国威：《时代的转型与日本途径》；王汎森等：《中国近代思想史的转型时代》，
联经出版事业股份有限公司，2007，第241~270页。

《新名词》的文章，这篇不到 900 字的短文，从一个守旧文人的视角对由甲午战败至"五四"前后新名词进入汉语的过程做了较详细的回顾，为我们提供了不可多得的背景材料。兹全文引用如下：

数十年来，吾国文章，承受倭风最甚。向者侯官严复译书，务为高古，图腾、宗法、拓都、么匿，其词雅驯，几如读周、秦古书。新会梁启超主上海《时务报》，著《变法通义》，初尚有意为文，其后遂昌言以太、脑筋、中心、起点。《湘报》继起，浏阳唐才常、谭嗣同和之，古文家相顾惶恐。观长沙王先谦与陈宝箴书可见矣。〔见虚受堂书札中〕

及留日学生兴，游学译编，依文直译。而梁氏《新民丛报》，考生奉为秘册，务为新语，以动主司。吴士鉴典试江西，尤喜新词。解元熊生卷上士鉴批语，直奖其能摹梁文。梁益为世界大势论饮冰室《自由书》，以投时好。〔梁自言为赚钱、益专为考生作也〕湖南则自江标、徐仁铸号为开新，继以阳湖张鹤龄总理学务，好以新词形于官牍。其时督抚，亦招留学生入幕。西林岑春蓂奏移广西省会于南宁，奏称桂省现象，遍地皆匪。南宁为政事上要区，商业上中心。新词入奏疏，自岑始矣。

宪政论起，法政学生多主自治。所拟章程，召绅士讲习。于是手续、目的、机关、规则、场合、但书、成立、取销、经济、社会、积极、消极、有机、无机种种新语，学官搢绅，颇能言其意义。时或误会，亦足解颐。如樊樊山判牍所称引者是也。迨宣统纪元，颁行先朝宪典，则四万万人，见于上谕。闻秉笔者即东海徐世昌也。①

---

① 〔〕内为夹注。原文不分段，在此为了方便讨论做了分段处理。关于此文，笔者管见所及，仅周光庆、刘玮在自己的著作《汉语与中国新文化启蒙》（东大图书股份有限公司，1996，第 101 页）中引用了"端方"以下三句。该书是改革开放以后较早对新名词与中国近代社会互动关系进行探索的著作之一。周光庆其后又有一本新著问世：《汉语与中国早期现代化思潮》（黑龙江教育出版社，2001）。但是关于新名词问题两书的内容相同。

夫文字应时代而生，学术开海禁而变。日本译名，有出于吾书者，长沙杨树达考之最详。其定学名，有雅确于吾国者，海宁王国维称之最甚。即张文襄公深恶新词，至因此谴责幕僚，然其官牍，亦不能尽废。若端方批某生课卷，谓其文有思想而乏组织，惜用新名词太多，人传为笑。惟陈鼎忠作《财政浅释》《宪法精义》，则颇同严复，尽用国文。盖新学者不能读古书，而老生又不解西籍，二者交讥，而倭文乃流行于禹域。日本文学博士服部宇之吉谓日文势力，及于中华，颇讥吾人摹拟无识，吾人能不愧乎。

及至梁启超长法部，乃改取销为撤销，手续为程序，目的为鹄的。然大势所趋，不可挽救。学者非用新词，几不能开口动笔。不待妄人主张白话，而中国语文已大变矣。梁氏作俑，其罪诇可逭哉。[1]

柴氏在文章的一开头就指出，甲午以来汉语受日语的影响最大。柴萼写道，严复译西书极力追求文体、词语的古雅，受到了广泛的欢迎；梁启超主《时务报》笔政，其早期的文章，如《变法通议》还比较注重文彩，但后来开始频繁使用新名词。其他提倡变法的人，如唐才常、谭嗣同等办《湘报》与之遥相呼应，[2] 引起了古文家的恐慌。柴萼在文章中提到了王先谦于 1898 年夏秋致书时任湖南巡抚的陈宝箴指责新名词，要求停止刊行《湘报》的事情。王先谦信的相关部分如下：

自时务馆开，遂至文不成体，如脑筋、起点、压、爱、热、涨、抵、阻诸力，及支那、黄种、四万万人等字，纷纶满纸，尘起污人。我公夙精古文之学，当不谓然。今奉旨改试策论，适当厘正文体，

---

① 柴萼：《梵天庐丛录》第 27 卷，中华书局 1926 年影印本，第 33～35 页。
② 《湘报》1898 年 3 月创刊，戊戌政变后停刊。

讲求义法之时。若报馆刊载之文，仍复泥沙眯目，人将以为我公好尚在兹，观听淆乱，于立教劝学之道，未免相妨。……窃谓报馆有无，不关轻重。此事无论公私，皆难获利。湘报题尤枯窘，公费弃掷可惜。……官评舆诵，莫不以停止为宜。①

其实，从时间上看，叶德辉留下的一段文字是最早对新名词发起攻击的：

自梁启超、徐勤、欧榘甲主持《时务报》《知新报》，而异学之诐词、西文之俚语，与夫支那、震旦、热力、压力、阻力、爱力、抵力、涨力等字，触目鳞比，而东南数省之文风，日趋于诡僻，不得谓之词章。②

两人提到的新名词相似，在戊戌之前是极有代表性的词语。但这些词语其实并不新，如表5-1所示，传教士们的译书中早有用例。③

表 5 - 1　新词使用频次一览

期刊	《闻见录》(1872)	《格致汇编》(1876~1892)	《时务报》(1896~1898)
脑筋	13	9	5
起点	0	1	11
压力	62	224	19

① 王先谦：《虚受堂书札》，文海出版社1971年影印本，第1805~1806页；汤志钧：《戊戌变法人物传稿》（增订本），中华书局，1982，第579~602页。
② 叶德辉：《长兴学记驳义》作于1897年，参见《翼教丛编》，文海出版社1971年影印本，第255页；汤志钧《戊戌变法人物传稿》（增订本），第602~608页。
③ 其实梁启超大量使用新名词是在1898年10月戊戌维新失败亡命日本以后，《时务报》中无"以太"的用例，"脑筋"等的例子也不突出。"以太"多见于谭嗣同的《仁学》(1896~1897)。之所以引起强烈反对，还是如王国维所说，原来在形下之学使用的词语进入了形上之学的缘故。

续表

期刊	《闻见录》(1872)	《格致汇编》(1876~1892)	《时务报》(1896~1898)
爱力	0	31	22
热力	4	0	2
涨力	1	70	6
抵力	10	25	0
阻力	8	60	13

　　柴萼指出改革派的刊物,如《时务报》《湘报》,以及梁启超流亡日本后创办的《清议报》《新民丛报》等都是新名词的推波助澜者。戈公振也说:"清代文字,受桐城派与八股之影响,重法度而轻意义。自魏源、梁启超等出,介绍新知,滋为恣肆开阖之致。留东学子所编书报,尤力求浅近,且喜用新名词,文体为之大变。"① 除了留日学生以外,新名词迅速泛滥的另一个重要原因是科举制度的改革。戊戌年(1898)四月光绪"诏定国是。五月初五日,谕自下科为始,废八股为策论"。② 湖南、江西等省闻风而动,在岁试中加入了新知识的内容。戊戌政变,维新诸政被叫停,但科举改革并未停止脚步。1903 年夏第一次举行"经济特科",同年举行的癸卯恩科乡试和翌年举行甲辰恩科会试虽然未全废八股,但是第二场加试策论,熟知新名词成了取得功名必不可少的手段。考生使用似懂非懂的新名词以投主考官所好,《新民丛报》成了应考的最佳参考书。意在改革的主考官更注重策论的成绩,柴萼提到的江西学政吴士鉴就是一个代表性的例子。③ 吴士鉴在考生熊元锷的卷上加评

---

① 戈公振:《中国报学史》,三联书店,1955,第 131 页。
② 汤志钧:《戊戌变法人物传稿》(增订本),第 598 页。
③ 吴士鉴(1868~1934),浙江杭州人,光绪壬辰(1892)进士,历任提督江西学政,署理湖南提学使等,曾往日本考察学务。吴氏作为古文字学家,文物收藏家也享有盛名。

语，夸奖其文章有梁启超的文风。熊元锷，字季廉，他于 1901 年参加江西岁试，被吴士鉴取为贡生，翌年参加江西乡试中举人（解元）。[①]

　　除了吴士鉴以外，江标、徐仁铸、张鹤龄等改革派官僚也以喜用新名词闻名。[②] 新名词甚至被用于奏折之中，柴萼说始作俑者是岑春煊（1868～1944）。[③] 1906 年清政府宣布预备立宪，关于宪法、自治的知识通过各种报刊开始向普通民众阶层渗透（见第 10 章），"种种新语"也大行其道，甚至进入"上谕"。然而，反对新名词的也大有人在，张之洞算是代表。柴萼写道："张文襄公深恶新词，至因此谴责幕僚。"张之洞抵制新名词是一件有名的公案，具体情况可参见雷颐的文章。[④] 但是尽管如此，张之洞既无法阻止新名词的"泛滥"，甚至在自己的文章中也无法完全避免使用新名词。张百熙、荣庆和张之洞制定的《学务纲要》就是一个既反对新名词又不得不大量使用

---

①　关于严复与熊元锷的交往参见沈国威《严复与科学》第 4 章。

②　江标（1860～1899），江苏元和人，1889（己丑）进士。"甲午，视学湖南……下车之日，以舆地、掌故、算学试士，有能通地球形势及图算、物理者，虽制义不工，得置高等，又许即制义亦可言时事。"徐仁铸（1863～1900），江苏宜兴人，1889（己丑）进士。视学湖南时指示士子订阅《湘学报》，戊戌政变后被革职。参见汤志钧《戊戌变法人物传稿》（增订本），第 426～438 页。张鹤龄（1866～1908），江苏阳湖人，1892（壬辰）进士。官至奉天提学使。张氏"贞敏通博，善属文。既治译书通中外之故，穷极事理，言必可行。岁辛丑，朝廷立大学京师张文达公奏公为总教习，学者倾服。前后奏学堂章程多公，规划天下言学者莫能先，出官湖南巡府，赵公端公大兴学，惟公是倚"。参见《奉天提学使阳湖张公墓志铭》，闵尔昌辑《碑传集补》第 20 卷，文海出版社 1974 年影印本，第 1180～1181 页。

③　应为其兄岑春煊之误。岑春煊（1861～1933），广西西林人，为岑毓英之子，曾任两广总督。先主张变法，后赞成立宪。民国后仍活跃在政治舞台上，参见罗明等编《清代人物传稿》第 7 卷，辽宁人民出版社，1994，第 242～252 页。1906 年时任两广总督的岑春煊和广西巡抚林绍年上《奏移置省会以资治理折》，提出将广西省会从桂林迁往南宁。岑春煊另有独奏密折《密陈南服筹边大计折》强调迁省的重要性。但是这两个奏折中并没有柴文所提到的新名词。

④　雷颐：《从张之洞厌恶日本新词说起》，《光明日报》2002 年 12 月 3 日。

新名词的极有兴味的例证。① 作者首先在纲要性的"学堂不得废弃中
国文辞以便读古来经籍"一节中主张：古文、骈文、古今体诗辞赋
等"中国各种文体，历代相承，实为五大洲文化之精华"，是"保存
国粹之一大端"；在"不妨碍他项科学"的情况下，"各省学堂均不
得抛荒此事"。进而，纲要作者要求"凡教员科学讲义，学生科学问
答，于文辞之间不得涉于鄙俚粗率"。② 紧接着这一条目之后的便是
集中反映了作者们对中国语文以及新词语态度的"戒袭用外国无谓
名词以存国文端士风"一节。为了讨论方便兹全文引用如下：

　　　古人云：文以载道。今日时势，更兼有文以载政之用。故外
国论治论学，率以言语文字所行之远近，验权力教化所及之广狭。

　　　除化学家、制造家及一切专门之学，考有新物新法，因创为
新字，自应各从其本字外，凡通用名词自不宜剿袭换杂。

　　　日本各种名词，其古雅确当者固多，然其与中国为文辞不相
宜者亦复不少。近日少年习气，每喜于文字间袭用外国名词谚
语，如团体、国魂、膨胀、舞台、代表等字，固欠雅驯。即牺
牲、社会、影响、机关、组织、冲突、运动等字，虽皆中国所习
见，而取义与中国旧解迥然不同，迂曲难晓。又如报告、困难、
配当、观念等字，意虽可解，然并非必需此字。而舍熟求生，徒
令阅者解说参差，于办事亦多窒碍。此等字样，不胜枚举，可以
类推。

　　　其实，此类名词，在外国不过习俗沿用，并未尝自以为精理

---

① 张百熙、荣庆、张之洞：《学务纲要》（1903 年 9 月），转引自舒新城编《近代
中国教育史料》，中华书局，1928，第 8～30 页。这个纲要相当于《奏定学堂章程》
（1904 年 1 月 13 日公布）的总纲，共 56 条，近 1.5 万字。舒新城说"清季新教育
之设施少有出此范围者"（第 8 页），可见影响之大。另此文中的"科学"即"各
科之学"义，是当时较普便的用法。

② 舒新城编《近代中国教育史料》，第 13～14 页。所谓"不妨碍他项科学"云云，
已反映出张之洞等在新知识与旧语言之间的两难处境。

要言。今日日本通人，所有著述文辞，凡用汉文者，皆极雅驯，
仍系取材于中国经史子集之内，从未阑入此等字样。可见外国文
体，界限本自分明，何得昧昧剿袭。大凡文字务求怪异之人，必
系邪僻之士。文体既坏，士风因之，夫叙事述理，中国自有通用
名词，何必拾人牙慧。又若外国文法，或虚实字义倒装，或叙说
繁复曲折，令人费解，亦所当戒。倘中外文法，参用杂糅，久之
必渐将中国文法字义尽行改变。恐中国之学术风教，亦将随之俱
亡矣。

　　此后官私文牍一切著述，均宜留心检点，切勿任意效颦，有
乖文体，且徒贻外人姗笑，如课本、日记、考试文卷内有此等字
样，定从摈斥。①

在这段文章中作者所表达的观点可以整理如下：

　　（一）作者认为化学以及其他制造之学方面需要研究新方法、新
产品，因此可以创造新字并使用。② 人文科学的术语则不宜新旧、中
外（主要是日本）混用。此文中化学的例子来自江南制造局翻译
馆。③ 傅兰雅、徐建寅的方法在化学元素命名上取得了一定的成果，

---

① 舒新城编《近代中国教育史料》，第 14～15 页，笔者按照内容做了分段处理。周
　　光庆、刘玮《汉语与中国新文化启蒙》（第 126～127 页）、罗志田《国家与学术：
　　清季民初关于"国学"的思想论争》（三联书店，2003，第 145～157 页）也从新
　　名词的角度对《学务纲要》进行了分析。

② 这里的"创为新字"可以有两种理解，一是如傅兰雅等的化学元素名那样新造汉
　　字，二是组字为新的复合词。当时字、词的区别尚不明确。张之洞似乎将新名词
　　分为体、用，即形上和形下两类。后者需要表达"新物新法"，只好用新词。但
　　把握得并不严格。例如张之洞写于 1904 年的《学堂歌》里，可见德育、体育、智
　　育、热带、温带、寒带、体操、物理、自由、民权、国粹、法律等新名词。参见
　　王扬宗编校《近代科学在中国的传播》，山东教育出版社，2007，第 608～614 页；
　　张仲民《"文以载政"：清末民初的"新名词"论述》，《学术月刊》2018 年第 2
　　期，第 162 页。张之洞晚年对新名词似乎不再宽容（参见本书第十章）。

③ 傅兰雅：《江南制造总局翻译西书事略》。较易参考的文本有张静庐辑注《中国近
　　代出版史料初编》，第 9～28 页。

但是对于其他制造业的术语，江南制造局翻译馆的努力则并没有成功。张之洞等将自然科学和人文科学做了区分，表现了其体用有别的观点。

（二）作者说一些年轻人喜欢在自己的文章中掺杂与"中国文辞不相宜"的"外国名词谚语"。从所举例词看，作者所说的"外国无谓名词"即是指来自日本的词语。作者还说这种词数量"不胜枚举"，这种判断反映了当时语言使用的真实情况。

（三）关于流行的日语词，作者所举例词可以分为三种，即：（甲）日本造的词，如"团体""国魂""膨胀"①"舞台""代表"，这些词"欠雅驯"；（乙）如"牺牲""社会""影响""机关""组织""冲突""运动"等词习见于中国典籍，但日语"取义与中国旧解迥然不同，迂曲难晓"；（丙）日本造的词，如"报告""困难""配当""观念"等，词义可以理解，但是中国已经有表达相同意义的词，所以不必"舍熟求生，徒令阅者解说参差，于办事亦多窒碍"。

（四）日本学问家的汉文著述尚且"取材于中国经史子集之内，从未阑入此等字样"，中国人就更没有必要"拾人牙慧"了。语言文体是关系学术风教的大事。

（五）应该从公私文章中摈斥上述词语。

《学务纲要》对实际教学中语言行为的约束力如何不得而知，当时在京师大学堂讲授心理学的服部宇之吉，在其《心理学讲义》的凡例中为自己使用日本译词做了辩解，说：

---

① "膨胀"并不是日本造的词。据《汉语大词典》（第6册，第1379页），晋张华《博物志》卷2可见："箭长尺余，以焦铜为镝，涂毒药于镝锋，中人即死，不时敛藏，即膨胀沸烂，须臾燋煎都尽，唯骨耳。"明清的文献中亦有"肚腹膨胀"的例子。直至清末"膨胀"应为中医的俗语，不用于政治方面的语境。《辞源》（1915）正编：膨胀，容积之扩大曰膨胀。此语向用之于有形之物。然无形者亦借用之。可知"膨胀"的扩大、增长义是后起的，其间主要受到了日本的影响。

奏定学章程纲要（原文如此——引者注）有不许用新语之
不雅驯者一条，然学术随时而进步，学者随事而创作，新语亦势
所不能免也。……盖传外国之学术、宗教者，自己国语苟无适当
之语，则不得已而为此也。玄奘等所创作之新语，在当时未必皆
雅驯，而今人则不复问其雅驯与否。由是观之，雅驯与否，毕竟
不过惯与不惯而已。今中国正当广求知识于外国之时，而敢问语
之雅驯或因此致阻碍学术之发达，则岂能免颠倒本末轻重之讥
乎。本书所用学语，专据日本学界常用之语，其中或有所谓不雅
驯者，然在日本则既已通行，而在中国又无可代用，毋宁仍用
之，非敢蔑明章也。①

时任湖北巡抚的端方②，在壬寅补行庚子辛丑恩正两科乡试之前，特
意发布"简明章程七条"，指出"近日文体多歧"，"令阅者生厌"的
词语，"如改良、基础、目的、问题、二十世纪、四万万人之类，不可
枚举"。本届科考虽然"中西政艺发言为文不拘一格"，但"文字以雅
正为宗"，尤其是"第一场、第三场，所试史事经义，择言尤宜雅驯"。
端方告诫应试士子"务宜检点，勿致自误前程"。有好事者将端方文告
的部分内容投给《申报》，③ 以期引起他省士子警觉；翌日即 9 月 7
日，《申报》又刊登某人作的长文《书鄂闱文告后》，演绎端方的主
张。④ 作者批评"今日应试之士"，"平日束书不观，迨届场期，则广

---

① "凡例"作于明治 37 年 12 月 1 日，即 1904 年 12 月 1 日。柴尊文中的"日本文学
博士服部宇之吉谓日文势力，及于中华，颇讥吾人摹拟无误"之说不准确，服部
并没有讥讽之意。

② 端方（1861～1911），满洲正白旗人。甲午以后曾参加变法维新活动，政变后即被
治罪。湖北巡府任上积极向日本派送留学生。1903 年湖北派往日本的官费留学生
为 81 人，居全国之首。同年又聘日本保姆 3 人，创办湖北幼儿园于武昌，是中国
第一家幼儿园。参见罗明等编《清代人物传稿》第 3 卷，第 67～76 页。

③ 《鄂闱文告》，《申报》1902 年 9 月 6 日。

④ 《书鄂闱文告后》，《申报》1902 年 9 月 7 日。亦参见张仲民《"文以载政"：清末
民初的"新名词"论述》，《学术月刊》2018 年第 2 期，第 161、163 页。

搜坊肆怀挟之书，满纸陈言，令人可厌；号为知新者，则又矜奇吊诡，刺取《新民丛报》及近人所译和文诸书中各字面，诩诩自得，号为新奇"。其实"迂腐颓废""嚣张谬戾，不特有乖于学术，抑且有害于人心"。作者期望"各省应试士子皆能服膺"端方的告诫。①

其他省份的学政大员自然也不甘落后。《申报》在1903年2月18日刊登了四川学政吴郁生（字蔚若）的《蜀学文告》。吴算是较开明的官员，在文告中说"吾甚佩西学，甚喜览译本书"，但是"中西文字繁简不同，译西书者，但求达彼之意，故所用文字时有别异，如曰组织，曰思想，曰国民，曰发达，曰脑力，曰代表，曰目的，曰剧烈，其譬喻之词，曰压力、抵力、涨力、热力、爱力、能力，曰风潮，曰膨胀，曰起点，曰正比例、反比例，此类不可枚举，其纪年之词，则曰十九世纪、二十世纪"等，不可枚举，泛滥成灾，"浅陋之士，偶见译本西书，不达其事理，而徒学其字句，且以施之经义史论之中，连篇累牍，杂出不伦，举向时钞，袭八股文海之故智，而用以为西学，哀哉"。吴以学政的身份告诫考生"吾中国士夫不宜独忘其本，且此不经见之文字用之场屋，……诸生学为文字，遍览周秦两汉魏秦唐宋之文，求其明于事，而达于理焉可矣，慎毋以译本报纸为口头禅文字障也"。② 数日之后，照例有人随声附和，发文说中国以前对海外列国传来的"新理、新机、新艺、新政"如果是"中国素所无是物，无是名者，始撰一新名名之"，以前的官绅士子"从未有合中国所固有，专务拾人牙后慧，用以立异矫同者"。只是那些"自命为维新党中人"，"华文原未尽通，骤令和文是习，略识日本四十八字母，稍读数卷普通学校教科书，即侈言译书，日从事于舌人之业，因之国民、列史、代表、反

---

① 沈国威：《清末民初〈申报〉载"新名词"史料（1）》，『或問』24号、2013、169～180頁。
② 《蜀学文告》，《申报》1903年2月18日。

对、团体、改良、方针、目的、起点、极点、正比例、反比例之类，种种取憎于人之字面，填塞满纸，几不成文"。[①]

继《书鄂闱文告后》之后，《申报》又刊登了《论近日学者喜用新名词之谬》一文（1903 年 9 月 9 日），这是《申报》上第一篇直接"点名"指责新名词的文章。文章说新名词"如造端则曰起点，根由则曰原因，职分则曰义务，注意则曰目的，变故则曰风潮，经营则曰组织，目礼教之国曰文明，指鄙陋之俗曰野蛮，明明叛乱而变其词曰暴动，明明世界而异其称曰舞台。此外若社会、若代表、若问题、若方针、若澎涨，触处皆然，不一而足。其语类皆庸恶浅近，拾东人之唾余，饮和文之余沥，而无一语为自出机杼"。作者一方面说"我中国自羲轩仓籀以后，文教之隆，无与伦比"，故不需要新名词，另一方面又说新名词"为当世攻击新学者授以口实"。

1904 年 11 月 29 日《申报》刊登长文《说学》。这篇以讨论兴办学校为主旨的文章，严厉批评了混迹于国内学堂的留日学生："及考其所学何如，则华文固一无所知，即年来所习之和文，亦只以国脑、国粹、起点、内容、个人、广告、视线、社会、影响、单简、进步、国民、目的、脑筋、学界、商界、舞台、惨剧诸词头，填砌满纸，不伦不类，似通非通，叩以彼中之经史百家、兵刑礼乐、天文舆地、化电声光，下逮商贾农桑、百工杂技，不特专门学问无一擅长，即所谓普通者，亦大半茫然不知，瞠目无能对答。"

1906 年 6 月 30 日刊登在《申报》上的《论文字之怪现象》，批评当时的文章"往往有一篇之中强半用极陈腐语"，杂以三五实难索解的新名词。同年 10 月 28 日《申报》又发表了《新名词输入与民德堕落之关系》，[②] 文章指出"自新名词输入，中国学者不明其界说，

---

① 《读吴文宗诰诫蜀士文引申其义》，《申报》1903 年 2 月 26 日。

② 本文后转载于《东方杂志》的社说栏里（第 3 卷第 12 期，1906 年，第 239~240 页），转载其他报纸的文章作为自己的社说（即社论），说明问题极具代表性和普遍性。

仅据其名词外延，不复察其名词之内容，由是为恶为非者，均恃新名词为护身之具，用以护过饰非，而民德之坏遂有不可胜穷者矣"。文章列举了"家族革命""地方分权""抵力压力""自由""平等""共产""运动""竞争权利"等例子，严辞斥责了那些"托高尚之名，以放弃己身之义务"的"盗名者"。文章最后高声疾呼"今也欲救其失，其惟定新名词之界说，而别创新宗教乎"。

《奏请章奏禁用新名词》（1907 年 3 月 2 日）则是一篇颇能反映时代脚步的文章。文章说某御史参告"某都督"奏折中多用新名词，与古圣贤背道而驰；又有某部致某抚电文中有"禁锢"一词，而"大清律中并未载有此二字之罪状，致浙抚无从查考"，要求朝廷饬令嗣后于章奏中一概不准擅用新名词，以重国粹。1907 年"新名词"早已不得不用了，连他自己的奏章中也使用了来自日语的新名词"国粹"。如此不识时务的奏章上去，也就只能落得一个被"一笑置之"的下场了。

在批评"新名词"方面，《大公报》也不甘落后。《大公报》1903 年 3 月 1 日、4 月 19 日连续发表《国民文明野蛮之界说》《学魔》等文，批评"我中国今日有一种自诩文明者，不过多读几卷新译书籍，熟记许多日本名词，遂乃目空一切、下笔千言，袭西人之旧理论，作一己之新思想，以狡诈为知识之极点，以疏狂为行止之当然，以新学为口头禅，以大言为欺人术，自高其格曰吾文明也"；"剽窃一二新名词，居然以输入文明、主持教育为己任，思奏社会上震天动地之伟功。究其所得，大都秕糠糟粕，败絮弃丝，于文化之实际精神，扞格而不相入。以如是之新机形式，不惟难增国民继长之程度，亦适以淆国民进化之方针，滥糜学费、虚掷光阴"。

在内陆省份四川发行的《启蒙通俗报》①也在第 16 期（1903 年

---

① 李庆国：《清末的白话启蒙运动与〈启蒙通俗报〉》，『追手門学院大学国際教養学部紀要』6 号、2013、1～16 頁。

8 月）发表"论说"《讲实学不在新名辞》。署名者"热心冷官"，即
《启蒙通俗报》的创办者傅崇榘（1872～1917）。傅在文章中抨击部
分读书人以玩弄新名词来提高身价的不良风气，强调学问真义不在字
眼，而在通晓其中道理，指出"新名辞亦不是用不得，若用得恰当，
亦有好处"，态度还是开明的；同时又说"中东两国各有各的字眼，
意气虽同，字面用得不同耳"。为此他收录"日本新名辞"170 条，
加以解释，列在附录中。如：

> 改良（改好也）、公德（公共之德也）、改革（改变也）、
> 杂志（成册之报书也）、摄影（取影也照相也）、平权（彼此一
> 样也）、营业（执事也）、自由（随自己之便也不是个个胡闹
> 也）、平等（上下一样也）、现象（看得见之像也，亦近况近情
> 也）、组织（联络也，比校也，经营也）、过度（过气也）

释义主要采用日常白话中的近义词或俗语，既不是传统的引经据
典方式，也不是定义式。1903 年春，傅崇榘去日本大阪参加第五
届内国劝业博览会，在教育家伊泽修二与木下广次的陪同下参观
了日本的学校等教育机构，并购置了大量图书、仪器带回国内。
文中提及的对新名词的理解可能是来自他这次出访日本的所见所
闻。考虑到内地风气相对闭塞，傅崇榘对新名词的认识，颇能反
映当时内陆中下层知识人对新名词和新知识的理解。这群人和当
时沿海通商口岸的中下层知识人对于日本新名词的认识存在着一
定的差异，与留日学生也有所不同。如上所示，傅氏的理解并不
十分准确。①
　　其他报刊，如《盛京时报》1906 年 12 月 19 日的论说《论报馆与国
民之关系》写道："就怕那些假文明，学了几句新名词，什么合群拉、团

---

① 参加笔者讨论课的邢鑫、齐灿等提交的学年研究报告对本段的叙述均有贡献。

体拉、运动拉，其实全为自私自利起见，那一头风硬，就往那一头跑。"

《国民白话日报》于 1908 年 8 月 16 日发表天僇生的题为《中国人没有道德》的文章，说某些人"动不动便招出自由、平等些新名词，来做他的护身符、遮战牌，这种恶俗传染起来，比那瘟疫流行，还要快几十倍!"

另一篇较有影响的文章是刊登在《汇报》上的《新名词评议》，[①] 作者大木斋主，即李杕（字问渔，1840～1911）。李在文章中指责滥用新名词的人是"甚矣，东施效颦，不知其丑"。李说"故一国有一国之刑章，一国有一国之衣饰。他如俗习素风、语言文字，均有其所独，不与他国同。虽欲同之，必不可得"。在对当时的社会氛围、文化现状做了一番批评之后，李氏说：

> 蒙所欲议者，犹不在是。欲议者何，新名词也。……物有新出，名不得不新。欧美西学盛行，日有进步……古无是物，自无是名，不得不撰新名以指新物。我华仿行西制，日益广传，于是有轮车、铁路、纱厂、电车、电话、气灯等名目，依义取名，大都切当。所谓新名者，我无间言也。惟新词不然。分为二种：一可解者，一不可解者。曰方针、曰组织、曰义务、曰内容、曰表面、曰代表、曰基础、曰团体、曰起点、曰缺点。词虽新，犹可解也。其不通者，如札面书"大至急"，人名下书"样"字、"殿"字，无论报章尺牍，以"的"字代"之"字，此类尚多，不胜缕述。……问所从来，则曰日本式；问其义，则曰不知。不知其义，而徒作依样葫芦，非明理者所为也……法国素尚文学，数百年来，设有文学一院……将近人所撰新词新籍，详行考验。见有不文者斥之，违理者禁之，善则录之奖之，其文风至今不堕，彼院功也。比来我中国报馆林立，日出数万言，新词新书亦

---

① 《汇报》第 79 期，1908 年 11 月 7 日，第 1249～1251 页。

复不少，安得亦设文院，以名翰林充之，专以稽查文词为务，将
近来不通之词，一扫而空之，则士林幸甚。

李氏所指的来自日本的新名词有两种，一种是"词虽新，犹可解"者，
另一种是完全不可解者。前者即笔者所说用于科学叙事的词语，这部
分词后来成为汉字文化圈的共同词汇；而后者尽管采用的是汉字形式，
但意义、用法都是日语特有的，利用以中国典籍为基础的汉字知识也
无法解读，这些词又被称为"和文奇字"，被认为是日语学习的难点。[①]
为了抵制新名词，李杕甚至建议像法国那样成立一个国家检阅机关。

　　接着《汇报》上刊登了一篇名为《书大木斋主新名词平议后》
（作者公之式）的文章，[②] 对李杕的文章进行补充。文章的大意是：
海禁大开以后，贸易增加，各种外国的物产输入中国。例如，衣类有
"哔叽""哆呢""法兰绒""席法布"，食品有"布丁"、"咖啡"、
"冰及林""弗立透"（fritter），大的有"来福枪"、"格林炮"、"阿
姆士庄"（Armstrong gun）、"爱乞基矢"（Aegis gun），小的有"雪茄
烟""香饼酒"，以及"德律风""爱格司光"等，都是以前中国所
没有的，也就使用了外国的名字，几十年也未曾更改。不料戊戌以
后，一些少年好事之徒，开始炫耀新名词。其实所谓的新名词不过是
日本报章、小说里的"俚俗字句"，并非新词，都是日本古已有之的
词语。留学日本的人一见有与中国不同的词语就沾沾自喜，用来向不
懂日语的人炫耀。其实，"日本名词与中国不同者，正复无限"。如
正门曰"玄开（关）"，后屋曰"奥间"，竹篱曰"生垣"，玻璃曰
"硝子"，凳曰"腰挂"，屏曰"衝立"，皮笥曰"鞄"，被窝曰"夜
着"，算斗曰"芥取"，酒卮曰"猪口"，尺曰"物指"，裤曰"股

---

① 梁启超《和文汉读法》认为只要掌握了颠倒读之、断句、和文奇字这三点就算是
学会了日语。当时的留学生编辑了多种名为《和文奇字解》的学习书。参见沈国
威《关于和文奇字解类的资料》，『或問』14 号，2008、117～128 頁。

② 《汇报》第 91 期，1908 年 12 月 19 日。

引"，屦曰"下驮"，轿曰"驾笼"，海滨码头曰"波止场"，市中小巷曰"横町"，绸缎肆曰"吴屋"，衣服铺曰"古着屋"，市杂物者曰"八百闻"，为人薙发者曰"女牀"，倡家曰"贷座敷"，傲慢曰"横柄"，有趣曰"面白"，事竣曰"仕舞"，无误曰"左样"，要事曰"肝要"，致谢曰"有难"，慰问曰"御见舞"，伶人曰"役者"，缝人曰"仕立"，瓦工曰"左官"，裱匠曰"经师"，搬演戏法者曰"净瑠璃"，轮船引港者曰"水先案内"。彼凡此种种，不可胜数。但日语终究不是汉语，如果知道这个道理，就不会对"方针""组织""义务""内容""表面""代表""基础""团体""双方""方面""起点""缺点""正动点""反动点""视线""目的"等日语词大惊小怪了。至于有人寄函面书"大至急"，称名下曰"殿"、曰"样"则完全是洋泾浜的用法。其实日语词有一些很雅驯，如谓战后行成曰"媾和"（见《史记·虞卿传》），谓对众宣讲曰"演说"（见《北史》及《般若金刚经》），谓学堂曰"学校"（义取《孟子》"校者，教也"），谓抽水机曰"唧筒"（见《种树书》"凡木宜早，夜以唧筒唧水其上"）等就是极好的例子。其他如官有名"纳言"者（义取《尚书》"敷纳以言"），兵有名"师团""旅团"者（义取《周官》"二千五百人为师""五百人为旅"），开化炮则曰"榴弹"，自火则曰"柳燧"，巡捕所吹号则曰"警笛"，厕所则曰"雪隐"，戏团则曰"芝居"等。这是因为日本有知识的人都精通中国的古典。

　　清末法律体系更新过程中也遇到了作为术语的"新名词"的问题。据《清代续文献通考》："刑法则聘用日本博士冈田，举历代旧律、大清条例一概废除，全依日本法修订，名曰新刑法，不惟文义名词尽仿外洋，并举历代之服制名分礼教一扫而空，草案一出，举国哗然，内则九卿科道，外则各省督抚，群相诟病，纷纷奏参。"①

---

① 刘锦藻编撰《清朝续文献通考》卷247《刑考六》，台湾商务印书馆1987年影印本，第9859页。

如两广总督张人骏复奏：

> 臣读刑律草案，参互考订，具见苦心，惟中外风俗异，宜文词各别，专事仿效，窒碍滋多。约举数端，一曰正文义。法律者，所以范围天下，必须官民共喻，然后共知遵守。今草案悉仿东瀛，名辞新异，语复拗折，如所谓行为、结果、执行、身分、地位、着手之属，皆中国衢巷俚俗之谈。又如犹豫行刑、假出狱，与夫精神疾病，暨视能、听能、语能、机能、阴鸷之类，以特议一代之宪章，乃全袭他人之文法，似非政体所宜。①

安徽巡抚冯煦奏：

> 至于名词文法，似宜精益求精，不宜专采日本。日人以西书名词翻我国汉字，有渊源，故书而确有考据者，有摭拾俗字而失其真义者。我国修订法律，取舍之间，应有权衡。典雅之字，不妨相仍；桀骜之词，概宜屏去。若条文词义与本国文学相背戾，解释不易，奉行遂难……若似中非中、似西非西之日本文法，断不可摹仿，使其侵入我国。倘更编诸法典，恐舞文弄法者又将利用此等文法自便私图，流弊不可胜言。②

闽浙总督松寿奏：

> 又各新律名词，悉仿照日本，按其文义，拗折难通，凡所谓

---

① 刘锦藻编撰《清朝续文献通考》卷 247《刑考六》，第 9924 页。亦参见罗志田《国家与学术：清末民初关于国学的思想争论》，第 169 页。但是可以说，法律名词是一个较特殊的现象。日本法律术语有一部分取自中国的"好书"，如《福惠全书》等。参见沈国威『近代日中語彙交流史：新漢語の生成と受容』笠間書院、1994、222 ~ 245 頁。

② 刘锦藻编撰《清朝续文献通考》卷 248《刑考七》，第 9924 ~ 9925 页。

精神病、视能、语能、听能、即能、阴阳等类，中国本有明白晓畅字义，何必袭取外国俚俗之文，致多费解，此则文词尤宜更定也，总之中外礼教不同，未可削足适履。[①]

凤俦在《汉口中西报》上发表文章，回应张人骏等对《大清新刑律草案》的责难。凤俦说：

　　首列各种新名词，如行为、效果、执行、假出狱、提起公诉权、时效等，为不合于中国之向称，当援引故典，酌加改定大意云云。窃以为过矣。夫新编之刑律，多出于中律之所无。新名词所以发明其原理也，刑律新则名词新。犹之人类初生，必各有独立之名字，以便称谓。见人之名字以为觇见，而随意干涉之，欲其舍所名，以名我之所案习，天下古今有是理耶。且名词一属于刑律之故，而仍于吾之故，吾之故又刑律之新也。刑律之所不受也。刑律不受，而袭之以受，是刑律之原则。且蹂躏于名词，名词之光线生刑律之屈折也。谓名词不合于古义即不可用，然宋人之语录些子，凭的视行为、效果等之训义若何，何以无害于道学之编辑也。则些子云云者，一代人语也；行为云云者，亦一代人语也。谓新名词，辞义艰涩，颇难讲解。酌依故典改之，则如经济学之改称计学，图观察之便也。抑思刑律之学，既于法政，法政之学今后定例大小人员所应普习也。普习之则名词者，科学之建筑料，以数年之修习习于耳者，顺于心，不改之便，改之不便也。况如今世之所谓政治学者，其名词本自希腊语，由市府文字脱化而成，后世沿其旧称。即用为国家学之研究，不再更易其名目。则据于此而刑法上之新名词，虽有所误，亦可不易，仍惯称也。虽然上项之新名词咸定之于日本，日本人之定此名词也，合

---

① 刘锦藻编撰《清朝续文献通考》卷248《刑考七》，第9943页。

全国之心力。设为论理学之专科以相讨论，非猝定也。凡所刱立之名词，必有特具之质性，其辞义无躲闪也，无游移也。骤视之以为不确不难，更易遽易之以他之名称，则转愈不合，转愈难更。而此之所难更者，转愈见其适合确定而不可更易。此固作者留学时代百征而不妄者也。抑犹有言者，日本人对于西洋输入之学理与器物，一切名词罔不悉仍其故称，虽至繁难不避也。其不避者非喜于其烦也，非喜于其异也。喜于其渐得称述之习惯，为后日学习西语之所根据也。吾国之新译家，多好为义理之迻译。而人物之名则尤译为省音，以便国人之讲读。究之国人异日再习西文西语，而此项之译名反生记忆力之障害。嗟乎！此则吾国民知识锢蔽之一大原因，日本之所屡为言者也。不然且更证之于书。《书经》者唐虞三代法政之丛编也，列圣之所相乘，以心法为授受，宜其规定之名词统无异也。然典谟训诰，其词各不相袭，则抑何故耶。盖时易则事易，事易则所典经略乎一世者。条例易而名词亦易，则谓不可易者，是新莽之制，辞粤若钦哉，徒增古拙之可厌也。然关如安帅者，其亦但期新刑律之实行，共图法律改良下国家收回治外法权之基础。一新名词之不合可无计也。[①]

柴尊提到的另一个反对派人物是张之洞的学生樊樊山。樊樊山即樊增祥，共有判牍两种行世：《樊山判牍》[②] 和《樊山政书》。《樊山政书》中有两篇文字谈到了新名词。一为卷六《批学律馆游令课卷》（详后），一为卷十《书王令景莪试卷后》。前篇有云"今之少年，稍猎洋书，辄拾报章余咳生造字眼，取古今从不连属之字，阗合为文，实则西儒何曾有此，不过绎手陋妄造作而成。而新进无知，以为文中

①　凤传：《论粤督之奏驳刑律引用新名词》，《汉口中西报》1908 年 7 月 30 日。
②　樊楚才编《樊山判牍正编续编》，大达图书供应社，1933。

著此等新语即是识时务之俊杰。于是通场之中，人人如此，毕生所作篇篇如此，不惟阅者生厌，作者自视有何趣味乎？去年鄂闱端中承详加戒谕，如改良、起点、反映、特色之属，概不准阑入卷端。该令岂未之见？去腊大学堂季课卷，因榜首用文明、野蛮字，经本司严批痛斥；近南郑稟牍用起点字，又经抚宪切责。该令岂未之闻？而此文辄复自鸣得意，以起点二字示其学有本原，实属为吾辈之耻。中国文字自有申报馆而俗不可医，然犹不至于鹦鹉改言从靺鞨，猱猴换舞学高骊也。迨戊戌以后，此等丑怪字眼始络绎堆积于报章之上，无知之物，承窃乞余，相沿相袭，本司在陕誓以天帚扫此垢污。法所不及，令所不行，则亦已矣。该令在陕服官，谊当入境问禁，而竟贸贸为此，亦云不智。以后凡有沿用此等不根字眼者，本司必奋笔详参，绝无宽贷。此卷幕友原取第一，特置榜末示儆，盖矫枉不嫌过直也"。①

后篇中有"新学家皆曰今日是过渡时代。夫所谓过渡者，由此岸达彼岸方及中流之时也。全国之人方半济于风涛之中，半立于崩沙之上，而欲学彼岸之人之坦行捷步，正坐危言"的调侃，② 即柴萼所说的"时或误会，亦足解颐"。其实这里隐藏着更加深刻的问题，即新学人士不懂古典中的旧词，受过旧式教育的人也不懂新词，新名词

　　① 樊增祥：《樊山政书》第6卷，第481～483页。

　　② 樊增详：《樊山政书》第10卷，第863页。有人曾在《申报》上撰文批评樊增祥的轻佻，参见《樊藩司批词失体陕西》，《申报》1905年11月16日。"沔县李令寿昌其详各宪称，民人金来娃因奸谋同奸妇苟氏之父，致死本夫李检娃，经陕西藩司樊增祥批云：……夫女既适人，则其身己在本夫势力范围之内，此非可随时改良者也。乃为之岳者，竟欲开为公共马头，许其迭相占领，奸其女，老亦遂视为长江流域，可以彼此通商，彼本夫自有之权利。一旦奸妇欲自由，奸夫欲平权，不惟损其名誉，亦复大违公法。是以得其影响，立形冲突，愤然有革命流血之思想。而其岳与奸夫本有密切之关系，不甘以身为牺牲，闻此风潮立成反对，逞其野蛮手段，必欲达其目的而止。而本夫李检娃遂立毙杖下矣。奸妇李苟氏供称，通奸属实，谋杀不预，犹恐狡供避就，仰再研讯确情。按拟招解，仍候督宪暨臬司陕安道批示。缴。按，地方有司，往往于风流案牍，出其文人绮习，判以俪青妃白之词。然亦须矜而不佻，方为得体。若如樊藩司此批，满纸新学名词，而譬喻尤为失当，不徒以顽固之旧态，有意亵渎新名词而已。外间传言曹抚颇不悦于樊藩司，殆非无故。"

在短时间内大量出现，使语言的交际功能受到损害。然而社会在进步，新名词也是不可阻挡的，宣统即位后，连上谕等都充满了新名词。新名词造成了新旧知识的断绝，也引起了强烈的民族主义情绪。

"新名词"作为一个有所专指的名称——即来自日本的学术用语，通过报纸杂志进入一般读者的视野。在扩散新名词上起推动作用的媒体，同时也引来了"泥古者"对"好奇者"的激烈抨击。新名词使报纸杂志处于既必须使用之以表达新内容、获得新读者，又不得不发表批评言论以维系传统的文章秩序这样一种尴尬的局面。

除了报刊等的批评外，还有人著书、编词典讨论新名词问题。中国是汉字的宗主国，曾是日本之师，但同时又是甲午战争的战败国，这种历史与现实的落差，使人们对日语词具有更复杂的心情。作为抵制日语词的一种方式，一些人向词源学寻求帮助，试图通过词源考证证明新名词并非源自日本，而是中国古代早已有之的古典词。① 很多人热衷于这种"西学中源说"在中日词汇交流上的翻版。周商夫编《新名词训纂》（上海扫叶山房 1918 年石印本）和王云五编《王云五新词典》（商务印书馆，1943）就是有代表性的尝试。

《新名词训纂》全书 44 页，共收词 615 条，分四类：政之属第一 216 条，学之属第二 97 条，语之属第三 247 条，物之属第四 55 条。对每条词列出中国古籍的出典，不加释义，但有的词条下有按语，对成词之理据进行说明。按语共 125 条，在这里对涉及日语的按语举例如下：

入金　按，日语，凡存入收入之金，皆曰入金。
在勤　按，日语，以在公为在勤。
徽章　按，此言旗帜。今列国徽章准此，日本变言纹章。
出张　按，日本以因公出外曰出张，供张之所曰出张所。

---

① 追求词源的一般性动机还在于人们相信：正确的词源知识帮助使用者更好地记忆和正确地理解、使用新词。

格式 按，日本朝章多作式，有延喜式诸名。

商标 日语谓市招为看板，登录于官者为商标。

裁可 按，制诏自秦称制曰可始，日本则曰裁可。主国者于议会议定之法律，署名钤玺，公布施行。

律外 按，谓条例以外也，日语以科条以外之事为例外。

大藏 按，此释典之大藏，而日本以为官名，犹汉水衡。

心得 按，今日本人以须知为心得。

亲等 按，日本民法，有三亲等、四亲等、六亲等诸名。

切目 按，日语谓切断之痕迹曰切目。

占有 按，日语以不问其物之属己属人，得以随意使用其物之权利者，曰占有权。如借他人所质之物、用他人存寄之品皆是。

取缔 按，日语取缔犹吾语具结。

取消 按，日语又有抹消，谓涂抹而消灭之，则沿我古语之抹杀也。

区别 按，区分也。日语以分途处谓之区间。

支店 按，支店亦日语，谓分店也。

独占 按，日语以专利为独占。

手续 按，日语以办理之规则次弟谓之手续。

庖丁 按，今日语竟以厨刀为庖丁。

支柱 按，日语以木支撑房屋垣墙防圮塌倒者，曰支柱。

《王云五新词典》则是一本规模更大的词源辞典。王云五在自序中说：

> 近来我国流行的许多新名词，国人以为传自日本者，其实多已见诸我国的古籍。日人的文化本由我国东传，久而久之，我国随时代之变迁而不甚使用者，日人却继续使用，但亦因时代之变迁与国情之殊异，表面虽仍其旧，意义却多有变更。近数十年间又由日本回流于我国，国人觉此类名词之生疏，辄视为日本所固有。似此数典而忘祖，殊非尊重国粹之道。……此外类是者不胜枚举。其意义或与我国古籍相若，或因转变而大相悬殊。
>
> 且不仅日本名词如此，即国内新流行的许多名词，在未尝多读古籍者视之，非认为初期传教士与译书者所创用，则视若著作

家或政治家之杜撰，其实追溯来源，见于古籍者不在少数；但正
如日本名词一般，其意义有与古籍相若者，有因转变而大相悬殊
者；且古今应用不同，名同而实异者亦比比皆是。

该词典的体例如下：

> 【市价】市面上通行的物价。（孟子·滕文公）从许子之道，
> 则市价不二。
> 【市长】古官名。 （史记·太史公自序）无泽为汉市长。
> ［今］市区的行政长官。

编者对古今词义悬殊的词，冠以［今］字，以示区别。［今］字
的词有 1239 条，这些词大多如上例所示，古、今词义之间引申、派
生上的关联并不显著，更多的是受日语影响的结果。

从用法上对新名词加以最激烈抨击的要属彭文祖的《盲人瞎马
之新名词》。这本 1915 年由东京秀光舍出版的小册子现收藏于东京都
立中央图书馆的实藤文库里。实藤氏最早从近代中日文化交流的视角
对这本书做了深入的考察，[1] 使这本小册子现在的名声远远大于出版
当时。同时由于实藤较详细的引用，使无缘披览原书的人也可以对本
书的内容有所了解。这本书是我们所知的 20 世纪初叶以批评新名词，
即日语借词为主要内容的书。

《盲人瞎马之新名词》共 188 页，封面署名"将来小律师彭文
祖"。书中有批评"大律师"的章节（第 35 段），可知彭的署名是带
有讥讽之意的。彭文祖生平不详，版权页姓名前有"黔南"两字，
知其为贵州人。另根据"通例"和正文中的文字又可知彭文祖曾在

---

① 实藤惠秀：《中国人留学日本史》，谭汝谦、林启彦译，香港中文大学出版社，
1982，第 213～216 页。

北京的法政学堂学习法律，其后去日本留学。[①] 全书由"通例"和
60 段正文构成，各段小标题如表 5 - 2 所列：

表 5 - 2　《盲人瞎马之新名词》各段小标题

新名词	支那	取缔
取扱	取消	引渡
样	殿	∅
哀啼每吞书	引扬	手续
的	积极的/消极的	具体的/抽象的
目的	宗旨	权利/权力
义务	相手方	当事者
所为	意思表示	强制执行
差押	第三者	场合
又ハ	若クハ	打消
无某某之必要	动员令	手形
切手	大律师	律
代价	让渡	亲属
继承	片务/双务	债权人/债务人
原素/要素/偶素/常素	取立	损害赔偿
各各/益益	法人	奸非罪
重婚罪	经济	条件付之契约
働	从而如何如何	支拂
独逸/瑞西	卫生	相场
文凭	盲从	同化

　　该书从第 2 段"支那"起，到第 58 段"文凭"止，共讨论了 57
项 65 条词。[②] 如著者在"通例"和第 1 段"新名词"中所述，该书
的宗旨在于批评当时社会上新名词的泛滥和误用。彭文祖所谓的新名

---

①　京师法政学堂成立于 1907 年，是一所以培养政治、法律人才为目的的大学。彭文祖
　　说大学的讲坛为留学日本的人和新式人物所占领。作为教材使用的中国法律条文，也
　　是在日本顾问的指导下，参考日本法律制定的。彭在谈到写作该书的动机时说，其在
　　北京读书时，为那些难懂的新名词所困惑，对使用这些新名词的留学归来的教员甚至
　　有一种敬畏的感觉。但是来日本以后，对这些所谓的新名词有了较多的了解，才察觉
　　到那些教员不过是对外国知识囫囵吞枣，遂深感愤慨，利用暑假的时间，草成该书。

②　含日文书写符号。第 1 段"新名词"、第 59 段"盲从"、第 60 段"同化"相当于
　　前言和结语，并没有讨论具体的词语。

词就是当时的报刊和翻译书籍上频繁出现，学校教科书、法律文本也大量使用的新词语和新的表达方法。著者指出，"溯我国新名词之起源，于甲午大创以后，方渐涌于耳鼓，此留学生与所谓新人物［如现之大文豪梁启超等］者，共建之一大纪念物也"。著者说辛亥以后"新名词弥漫全国，小学蒙童，皆以竞谈新名词为能事，留学生与新人物独占教坛第一峰"，"交谈者句句带以新名词［如手续、取缔等名词］，来往信札，十句有六句为新名词［如目的、宗旨、绝对等名词］"。可见新名词在中国社会语言生活中的地位。彭说新名词"为鬼为祟，害国殃民，启亡国亡种之兆"。彭意欲纠正这些错误，"以区区之意报效国家社会于万一"，① 于是就有了该书。

但是，如著者自己所言，全书"言词譬喻拉杂不伦，固知不成体统"，"以报效痛恨四字为主眼，言词不无过于激烈之处"，无法作为一本学术书来对待。著者在"新名词"这一名目下，收入了如"樣""殿""〆""又ハ""若クハ""各各""益益"等翻译过程中临时性的词和符号，还有"意思表示""强制执行""無某某之必要""損害賠償""條件付之契約""從而如何如何"等比词大的单位。词条的选择、收录似无严格的标准，较杂乱，叙述的角度也不统一。② 例如，著者没有从词汇学的角度展开讨论，而是对当时的社会现象，以及对这些词语所代表的新事物的社会价值取向加以评论；或者从启蒙的角度对词语的意义进行说明。著者在书中还收入了诸如"样""殿""〆""働""独逸""瑞西""支拂"等留日学生小范围内使用的符号性的成分和由于翻译能力不足造成的误译、误用的例子。③

那些批评或反对借自日语的新名词的人，其理由大致可以归纳为

---

① 以上内容见第 1 段"新名词"。［］内为夹注。

② 毫无疑问，关于"词"以上成分的借用也应该从语言接触的角度进行考察。例如，外来的表达方式、句式等都有必要加以调查整理。

③ 关于该书的详细情况请参见沈国威《近代中日词汇交流研究：汉字新词的创制、容受与共享》"语言接触篇"。

以下几点：

第一，日本词不雅驯。《学务纲要》认为新名词"文字怪异"
"鄙俚粗率""固欠雅驯"；樊增祥斥新名词为"丑怪字眼"；此外
《国粹学报》的"东洋文体粗浅"、刘师培的"东籍之文，冗芜空衍，
无文法可言"也都是相同的意思。[①] 可知不雅驯成为新名词不可接受
的致命伤。然而何谓雅驯，如何达到雅驯？或换言之，不雅驯是如何
造成的，雅驯与否为何如此重要？

"雅驯"作为一个语词层面的问题时，是说文章中所使用的词
语应该字字有来历，即可以在中国权威性的典籍中找到出处。那些
不见于经典著作中的词语被称为"阑入之字"，是造成不雅驯的主
要原因。关于阑入之字，叶龙写道："方苞尝语沈廷芳：古文中不
可有语录中语、魏晋六朝人藻丽俳语、汉赋中板重字法、诗歌中隽
语、南北史佻巧语。又答程夔州书云：传记用佛氏语则不雅，即宋
五子讲学口语，亦不可入散体文。"他列举了不可阑入散文的词类，
指出这是"桐城古文之能以雅洁名世"的原因。[②]《学务纲要》称
赞日本的学问家"所有著述文辞，凡用汉文者，皆极雅驯"，是因
为他们的词语"仍系取材于中国经史子集之内，从未阑入此等字
样"，做到了字字有出处。吴郁生告诫不宜以此不经见之文字用之
考场；樊增祥则说新名词是"生造字眼，取古今从不连属之字，阄
合为文"。[③] 如笔者曾在前著《近代中日词汇交流研究》中指出，
"雅驯"也是日本兰学家在翻译荷兰书时同样必须面对的重要问题。
大槻玄泽在《重订解体新书》中说耶稣会士译著中的"显微镜"，
"余窃译曰廓象镜。……虽不雅驯，恐是切原名"。但是大槻最后还

---

① 樊增祥：《樊山政书》第 6 卷，第 481 页；《论近世文学之变迁》，《国粹学报》
　 1908 年第 3 期。樊增祥以下史料均承教于罗志田《国家与学术：清季民初关于
　 "国学"的思想论争》。
② 叶龙：《桐城派文学史》，第 9~10 页。
③ 樊增祥：《樊山政书》第 6 卷，第 481~482 页。但是樊增祥把责任推给了辅助西
　 人翻译的中国人，说"实则西儒何曾有此，不过绎手陋妄，造作而成"。

是"袭用汉名"了，因为"显微镜"更雅驯。[1] 日本兰学家认为"杜撰"，即"取古今从不连属之字，阄合为文"是从事翻译时要极力避免的失误。例如宇田川榕庵译述《植学启原》（1834），把 botany 译为"植学"，而"植学"不见于中国典籍，其好友箕作虔（阮甫）在卷头序言中特意为其做了一番辩解。[2]

　　新名词何以不雅驯？吴郁生认为原因是"彼课西书者取达意而已，非求工于文也，非以供学士文人之采撷也"；《申报》也说"原夫新名词之初入文字也，在译东西书之学子一时翻译华文，无恰当之名词以易之，故仍而不改"。如果都像严复那样"一名之立，旬月踟蹰"当然没有问题，但大多数译者既没有时间，也没有能力这样精雕细琢。

　　尽管"字字有出处"极为重要，但是如同日本兰学家业已清醒地认识到那样，西方的某些概念无法用既有的旧词来对译。加之既有词与旧语境紧密相连，影响新知识的准确表述。如果要用既有词表达新的意义，必须经由一个"去旧"的过程。这是一个漫长、艰难的过程，尤其是像汉语这样意义与书写元素紧密相连的语言。《学务纲要》的"牺牲、社会、影响、机关、组织、冲突、运动等字，虽皆中国所习见，而取义与中国旧解迥然不同，迂曲难晓"一段如实地反映了这种新旧的格斗。而"生造字眼"，即字的新组合虽然可以赋予词崭新的意义，但是一则难免"杜撰"之讥，更重要的是，如上所述，由于汉字是意义与书写的基本单位，汉字紧密相连的语言，旧的意义顽固地附着在"生造字眼"上，如"报告、困难、配当、观念等字，意虽可解，然并非必需此字。而舍熟求生，徒令阅者解说参差，于办事亦多窒碍"。

　　雅驯的重要性在于只有雅驯才能传达高尚的内容。首倡"信、

---

① 参见沈国威《近代中日词汇交流研究：汉字新词的创制、容受与共享》"新词创造编"，第 1 章"日本的汉字新词创制"。

② 参见沈国威《近代中日词汇交流研究：汉字新词的创制、容受与共享》"新词创造编"，第 1 章"日本的汉字新词创制"。

达、雅"翻译三原则的严复说，"文辞者，载理想之羽翼，而以达情感之音声也。是故理之精者不能载以粗犷之词，而情之正者不可达以鄙倍之气"；他说自己译的书是"学理邃赜之书也，非以饷学僮而望其受益也。吾译正待多读中国古书之人"。①

罗志田指出严复的"这一雅俗之间的选择可能受吴汝纶影响"。②确实如此，如本书第八章所述，吴在《天演论》的序中就已经表达了这种意思，他说在严复之前"惜吾国之译言者，大抵弇陋不文，不足传载其义"；对于粗浅的文章，"有识者鄙夷而不知顾"。

第二，新旧、中外掺杂破坏了文体的统一性。《学务纲要》说，"倘中外文法，参用杂糅，久之必渐将中国文法字义尽行改变"。"文法"即作文之法，指韵律、对偶等各种形式上的特征。新名词的使用必将破坏"文法"，其后果是"中国之学术风教，亦将随之俱亡矣"。《学务纲要》反映了强烈的危机感。但是我们还须认识到，词语有无出处好像并不是问题的全部。例如，严复的译文使用了新词，但是没有人说其不雅驯。这里显然有一个与古雅的文体相得益彰的问题。严复之所以被认可也就是因为他的译文古雅，得到了桐城派的认可。③

第三，译词界说混乱，使用者无法正确理解词义。这个问题有两个方面：一是新名词字面义与原词概念义之间的冲突；二是某些译者、使用者别有用心，故意曲解。前者反映了新名词中日本式的理据义与中国读者之间的差异；而后者尽管有被新名词反对者夸张之嫌，也反映了一部分事实（王国维对日文翻译者的批评见后文）。张之洞对新名词的反感，固然有个人的好恶因素在内，而更重要的是张认为很多人曲解滥用了新名词。《学务纲要》的作者们警告世人不能"不看全文，而但举其一二字样、一二名词，依托附会"。对当时出现的

---

① 《与梁启超书》，《严复集》第 3 册，第 516 页。
② 罗志田：《国家与学术：清季民初关于"国学"的思想论争》，第 152 页。
③ 严复的"信、达、雅"常被批评为以雅害达。雅一直是词汇更新的一个障碍。参见沈苏儒《论信达雅》，商务印书馆，1998。

种种奇端异说，有人开始把原因归结为对新词意义理解的不准确上。
批评者指责读者对新名词的曲解给社会带来了负面影响，于是曲解滥
用成了重点攻击对象。1904 年《东方杂志》第 11 期上的时评《今日
新党之利用新名词》反映的就是这种观点：新名词是不错的，但是
一知半解，或心怀叵测之徒会"利用"新名词兜售其奸。"利用"一
词非常形象地道出了文章作者的用意。

　　其实，译词本身并没有准确与否的问题。economy 译为平准、计
学、理财、经济；society 译为群、人群、社会，我们都不能说是错误
的，问题是怎样去定义译词以及这种定义如何才能被社会接受、理
解。新名词在引入的那一时刻起就存在一个"界说"，即意义界定的
问题。① 梁启超的文章以及当时其他文章中的大量夹注，都具有界定
词义的功能。《新尔雅》（1903）以及其后出版的一批辞典（大多数
以日本的辞典为底本）的目的都在于此。② 一时间报刊上出现了很多
为新名词做界说，或讥讽滥用新名词的文章，所涉词目如：

　　社会、形而上学、财货　　（《新民丛报·新释名》，第 3 年第 1
号、第 2 号、第 3 号）

　　权利之别解　　（《清稗类钞》第 4 册，讥讽类，第 1716 页③）

　　妻专制妾共和　　（《清稗类钞》第 4 册，讥讽类，第 1720 页）

　　新名词入诗　　（《清稗类钞》第 4 册，讥讽类，第 1724~1725 页）

　　均贫富主义之别解　　（《清稗类钞》第 4 册，讥讽类，第 1728~
1729 页）

　　外交　　（《清稗类钞》第 4 册，讥讽类，第 1738 页）

　　自由解　　（《东方杂志》1905 年第 5 期，第 101~106 页④）

---

① "定义"还有一个用什么样的语言形式去定义的问题，或者说，当时的汉语能够
　完成定义的重任吗？
② 这批辞典主要译自日语。参见沈国威《新尔雅（附解题·索引）》，辞书出版社，
　2011。
③ 徐珂编撰《清稗类钞》，中华书局，1917。
④ 转载自《新民丛报》第 3 年第 6 号。

　　第四，民族主义的情绪。新名词问题的凸显是在甲午之后。对在此之前的传教士们的新词创造，一般人士所知甚少，所以议论不多。及至甲午战败，情况就完全不同了，人们对日本词语持有一种天然的、强烈的民族主义情绪是不难想象的。考虑到严复等的译词创造并没有受到攻击，是否可以说，人们对母语造词者更加宽容？这是社会语言学需要认真探讨的内容，在此不做更多的涉及。

　　新名词受到了众多的指责。那么，1903 年时"此等字样，定从摈斥"的主张是否有可能实现？看了《学务纲要》就知道答案当然是否定的。在这篇近一万五千字的文章中新名词就比比皆是，不一而足。例如在"参考西国政治法律宜看全文"一节里，作者引用日本宪法的条文，对"民权""义务""自由""法律"等词语的意义做了详细的说明。这段文章简直就是日本词语的大展示，谈论宪法等政治话题已经无法绕开日制的译词了。[①]

　　不管是张之洞还是其他人，只要想谈论新的知识，都不可避免地要使用新名词，这是时代使然。像严复"一名之立，旬月踟蹰"那样一个一个地雕琢，"字字由戥子秤出"显然不行，当时环绕中国的国际形势已经不允许了。既然西学假道日本，日本书中所使用的翻译西学知识所必需的一套词语也就无可选择地经由日本进入了中国。所以在一片对新名词的讨伐声中，拥护新名词的也不乏其人。如汪康年指出：

　　　　近年广译日本书籍，遇有日人所用名词，即一律承用，而新
　　名词流入文字者，指不胜屈。甚至公牍用之，甚至诏旨亦用之。
　　而稍涉新学者，尤满口皆是。至文明、运动、改良、特别等字面，

---

　　① 日本宪法于 1901 年由沈纮等译成中文。张之洞的知识来源于此。《学务纲要》说抵制新名词是"保存国粹之一大端"，然而正如有人指出的那样，"国粹"这个词本身就是来自日本。如黄节在《国粹学社起发辞》(《政艺通报》第 3 年第 1 号，1904 年 2 月，第 39 页)中说："国粹，日本之名辞也。吾国言之，其名辞已非国粹也。名从主人，物从中国，吾有取于其义云尔。"转引自范明礼《国粹学报》，丁守和主编《辛亥革命时期期刊介绍》第 2 集，人民出版社，1982，第 327 页。

间巷妇竖，亦动辄齿及。论者大以为病。窃谓此须分别言之。有向本无是名词，而不得不沿用之者，有向来所定名词，不如彼之名词，而改用之者。但求其精确可矣。不必辨其为彼为此也。①

在当时各种批判新名词的文章中反复出现，具有较强烈的"新词意识"的词，有如下所示的例子：

报告	共产	间接	平等	谈判	以太
惨剧	共和	进步	起点	同胞	影响
场合	观念	经济	取缔	团体	有机
成立	广告	精神	取销	唯一	预备科
冲突	规则	竞争	权利	维新	运动
崇拜	国粹	绝对	全体	问题	真理
大剧场	国魂	开化	人格	无机	政事
代表	国脑	困难	商界	舞台	支那
但书	过度	料理	社会	牺牲	直接
地方分权	过渡时代	民主	势力圈	现象	中心
方针	欢迎会	目的	视线	消极	中心点
腐败	机关	脑蒂	手段	性质	主义
改良	积极	脑筋	手腕	学界	自立
革命	基础	内容	手续	压力	自由
革命军	家族革命	配当	双方	要素	自治
个人	价值	膨胀	思想	野蛮	组织

但需要注意的是，这里谈的是新词意识的问题。这些词并不都是来自日本的词语，如"以太"等。在此暂不对具体词语做词源考证。

如柴萼文中所说"其定学名，有雅确于吾国者，海宁王国维称之最甚"。在术语厘定上多有建树的王国维②对于新名词持极开放态度，同时也是最早从学术的角度讨论新名词的人。

---

① 《刍言报》1911 年 5 月 24 日。
② 王国维，著名国学家，精通英语、日语。于 1907 年、1908 年先后翻译出版了《心理学概论》《辨学》，对逻辑学术语的确立多有贡献。1909 年学部成立编定名词馆，严复任总纂，王国维任协修。

对于蜂拥而入的日本造的新词、译词，"好奇者滥用之，泥古者唾弃之"，而王国维则表明了自己的观点："两者皆非也。夫普通之文字中固无事于新奇之语也，至于讲一学、治一艺，则非增新语不可。而日本之学者既先我而定之矣，则沿而用之，何不可之有。"接着，王国维对批评日制译词不精确的观点做了反驳，他指出"日人之定名，亦非苟焉而已，经专门数十家之考究、数十年之改正，以有今日者也"。① 王国维举了很受一部分国人推崇的严复的例子与日制译词相比较，评论说：Evolution 严译"天演"，日译"进化"；Sympathy 严译"善相感"，日译"同情"，"孰得孰失，孰明孰昧，凡稍有外国语之知识者，宁俟终朝而决哉"。王国维的结论是积极的："处今日而讲学，已有不能不增新语之势，而人既造之，我沿用之，其势无便于此者矣。"他认为直接借用日本的译词有两个优点：其一，借用要比自己创造容易；其二，使用相同的术语有利于中日间的学术交流。王国维也承认日本人创造的译词未必"皆精确"，他在文章中对日制译词"观念""直观""概念"等进行细致的分析，指出了这些译词的不足之处。但是王国维问：我们一定能造得比日本人好吗？在这里王国维对于"直观"的分析应该格外引起我们的注意，他说：

　　Intuition 之为直观，其一例也。夫 Intuition 者，谓吾心直觉五官之感觉。故听嗅尝触，苟于五官之作用外加以心之作用，谓之 Intuition，不独目之所观而已。观念亦然。观念者，谓直观之事物。其物既去，而其象留于心者。则但谓之观，亦有未妥，然原语亦有此病，不独译语而已。Intuition 之语源出于拉丁之 In 及 tuition 二语，tuition 者，观之意味也。盖观之作用，于五官中为

---

① 我们应该注意，王国维将日人造词和国人造词完全等同看待了。其实两者之间有较大的分歧。这是需要我们认真分析的。

　　　最要，故悉取由他官之知觉，而以其最要之名名之也。

　　这是最早对日本的译词进行语素层面分析的一段文字。① 如前文所述，要求新名词具有令人信服的理据是汉语和汉语使用者的一个显著的倾向。王国维的分析表明中国人已经尝试把对日制译词理据的探索推进到原词的语素层面。"然原语亦有此病，不独译语而已"所显示的王国维丰富的东西文外语知识使他在作这种分析时游刃有余。

　　对于社会上人们对日语词的反感，王国维认为有一部分是译者能力不足所致。他说"今之译者（指译日本书籍者言），其有解日文之能力者，十无一二焉"，再加上译者汉语素养差，不通西文，为一时的利益所驱使，抢译、乱译；译出来的东西"皆粗漏庞杂、佶屈而不可读"。对于社会上根深蒂固的中国古语比日本词好懂的观点，王国维反驳道："如侯官严氏所译之名学，古则古矣，其如意义之不能了然何。"王对严译的《穆勒名学》似很不以为然，说"以吾辈稍知外国语者观之，毋宁手穆勒原书之为快也"。② 在文章最后，王指出了中日（实际上是严复的译词）译词创造上的重大不同之处，"日本人多用双字，其不能通者，则更用四字以表之。中国则习用单字，精密不精密之分，全在于此"，所以"创造之语之难解，其与日本已定之语相去又几何哉"。可以说，王国维准确地把握了汉语词汇近代化的演进方向。

───────────

①　严复早在 1901 年《译斯氏计学例言》中对"计学"的词源做过分析。这表明严复已经开始追求译词与原语言的吻合问题了。梁启超也是较早讨论日本译词精确与否问题的人物之一。梁在《释革》中说，revolution"日本人译之曰革命，革命二字非确译"，并对"非确译"的理由做了详细的阐述。但是梁的讨论并没有把原词分解到语素层面（《新民丛报》1902 年第 11 号）。

②　王国维 1902 年开始翻译 W. Stanley Jevons 的著作 *Elementary Lesson in Logic*：*Deductive and Inductive*，1908 年以《辨学》为书名出版。"这个译本，被推为'比较忠实地照原文直译'，'书中所用术语的译名，和现在通用的大致相同'，'在过去常被用为教材'。"参见陈鸿祥《王国维年谱》，齐鲁书社，1991，第 108 页。但陈书所说"初由严复节译，署名《名学》。王氏乃据原书重译"，不确。严复译的是 W. Stanley Jevons 的另一本书 *Primer of Logic*，1909 年由商务印书馆出版，书名为《名学浅说》。王国维在这里说的是严复的第一本逻辑学译著《穆勒名学》（1903）。

1914 年语言学家胡以鲁在《庸言》杂志上发表论文《论译名》。这是一篇讨论译词和新词创制的文章，其中有很多精辟的论述。全文可分为三大部分，第一部分列举了当时社会上主张对外来概念应该音译的六种观点并加以批驳；第二部分是胡氏关于应该意译和怎样意译的具体主张，共 20 项；第三部分为专有名词等无法意译的词语，胡氏提示了 10 种情况并探讨了解决的方法。胡文共列举了 36 条，但每一部分重新计数，因此相同的号码所指并不相同。因为这部分与接受日本译词关系较大，本书主要对其第二部分的 20 条进行探讨。以下如无特殊情况，文中的"第某条"均指第二部分的条目。胡以鲁反复强调由于汉语本身的特点在吸收外来新概念时应该"译"，即创造译词，不用或少用借词（即音译词）。胡以鲁是把日制的译词和新词作为"译词"来看待的。那么，对待这些来自日语的、非汉语母语使用者所创制的译词，胡以鲁所采取的是什么态度呢？具体可以分为以下三种情况：

第一，积极吸收。

对于日语的意译词，胡氏认为如果符合汉语造词习惯的，应该尽量接受，他说：

> 吾国未尝著其名，日本人曾假汉字以为译，而其义于中文可通者从之。学术天下公器，汉字又为我固有，在义可通，尽不妨假手于人也。（第 5 条）

胡以鲁列举说："社会""淘汰"等词出于中国典籍；而"主观""客观"等日本人这样译与中国人是"不谋而合"。中日是"书同文"，所以日本的译名"尽可通用"。对于那些不尽如人意的日本译词，胡氏说：

> 日人译名虽于义未尽允洽，而改善为难者，则但求国语之义可通者，因就之名词固难求全，同一挂漏，不如仍旧也。（第 6 条）

也就是说，有一些译名不一定很恰当，但是，暂时还没有更合适的去替换，使用也无妨。在这一点上胡氏与王国维的观点相同。胡以鲁在这里举了"心理学"的例子，说"心理学以心之旧义为解，诚哉不可通"，但是"欲取一允当之新名不可得，则因陋就简而已"。

第二，慎重从事。

有一些译词，在日语中虽然为意译词，但是中日之间终有隔阂。对于以下两种情况，胡以鲁主张应该用中国自制的译词替换日译词。第一种情况是"日人译名误用我故有名者，则名实混淆，误会必多，亟宜改作"（第7条）。在此胡氏举了几个例子。对"经济"一词，他说"经济义涵甚广，不宜专指钱谷之会计，不若译生计之为愈"。对"场合"，他说"场合为吴人方言，由场许音转。其义为处，不能泛指境遇分际等义"。胡氏在这里所说的"名实混淆"在词汇学上称为"同形冲突"或"同形异义词"，即当一种形式具有（新旧）两种意义时会发生冲撞，影响意思交流。但是"同形冲突"的结果往往是旧词义的消失和新词义的确立，所以旧瓶装新酒，即给古典中的旧词赋予新义，这是新词、译词创造常用的方法。例如，为罗存德的《英华字典》作序的张玉堂曾评价罗的译词创造是"重抽旧绪，别出新诠"。需要指出的是，对这种旧词新用的译词创造法，胡以鲁的态度似乎有些前后矛盾。例如在第1条至第4条中，胡氏对固有词的利用做了很多的阐述。他说"吾国故有其名，虽具体而微，仍以固有者为译名。本体自微而著，名词之概念，亦自能由屈而伸也"，"概念由人，且有适应性，原义无妨其陋，形态更不可拘也"。即译名尽管在创制伊始存在缺陷，但是可以在使用中不断充实完善自身。胡氏还说"修废易于造作也"，即利用废弃不用的旧词比创造新词要简便。对那些"故有之名，新陈代谢既成者，则用新语"，即对那些新义已经取代旧义的词，应该积极使用。然而，当事情涉及外人（含日本人）时，胡以鲁的态度则有变化。当然外国人对汉籍古典词的理解和执着自然不能与中国的士子相比。① 在第 8 条中，胡氏指出：
"汽"本来指水涸，用来翻译水蒸气不当，因为虽然现在是废弃的
字，但是当"文物修明之后复见用"时会发生误解。胡氏是不赞成
傅兰雅利用废弃字创造化学名词的主张的。②

　　对于怎样利用旧词创建新词，历来有不同的意见，这里有一个适度
的问题。"译"必须利用本语言中有意义的材料，所以先天性地存在着旧
词新义的问题。即使是新的复合词，字义也会对词义产生一定的影响。
有一种旧词利用的情况其实可以看作"借形"。只不过借的对象不是汉字
文化圈中其他的国家和地区，而是中国古代的典籍。如严复的使用古僻
字译词，井上哲次郎的"演绎"等，所利用的不是字义而是字形。③

　　第二种是日本译词的造词法不合汉语的情况。胡以鲁在第 17 条
中说：

　　　　一词往往有名字、动字两用者，译义宁偏重于名字，所以尊
　　严，名词，概念也，用为动词，则取其它动字以为助。

　　　　例如 Definition 日人译为定义，此译为界说。就吾国语句度
　　言之，名字之上动字常为他动，其全体亦常为动词。定义有兼涉
　　Define 动字之功，然非整然名词也。宁取界说，虽本强而辞正。
　　欲用为动词，则不妨加作为等字。

---

① 组字造词，或袭用旧词时，其所引起的联想，造成的歧义等，日本人远没有中国人那
　么敏感。梁启超在《释革》中的一段文字，很能说明问题的严重性："其所谓变革云
　者，即英语 Revolution 之义也。而倡此论者多习于日本，以日人之译此语为革命也，因
　相沿而顺呼之曰革命革命。又见乎千七百八十九年法国之大变革，尝弑其王，刘其贵
　族，流血遍国内也，益以为所谓 Revo. 者必当如是，于是近今泰西文明思想上所谓以仁
　易暴之 Revolution，与中国前古野蛮争阋所谓以暴易暴之革命，遂变为同一之名词，深
　入人人之脑中而不可拔。然则朝贵忌之，流俗骇之，仁人君子之忧之也亦宜。"（《新
　民丛报》1902 年第 22 号）
② 傅兰雅：《江南制造总局翻译西书事略》，转引自张静庐辑注《中国近代出版史料
　初编》，第 9 ~ 28 页。
③ 参见沈国威《近代中日词汇交流研究：汉字新词的创制、容受与共享》"新词创
　造编"，第 1 章"日本的近代汉字新词创制"。

这里涉及一个中日造词法上的根本区别。日语的向心结构的中心词位于右侧，即右侧的成分决定整个结构的词性。但是，汉语则不然，含有及物动词的结构，中心词在左侧。因此"定义"可以有两种解释，即限定的意义（名词性结构）和限定意义（动词性结构）。胡氏认为"界说"更合适，因为"界说"是名词性的，如果需要动词性的用法，可以加上"作为"。

在第 7 条中胡以鲁也谈到了日语特点的问题，他说：

> 治外法权，就吾国语章法解之，常作代动字之治下。缀以外字者，宜为外国或外人之隐名。若欲以外为状词，其上非常用为名字者不可。①

就是说，"治"后面的"外"常常被理解成"外国"或"外人"的缩略，"治外法权"也就成了治理外国人的权力，与原词意义正好相反。如果"外"字要做"之外"理解，前面必须用名词。所以黄遵宪译作"领事裁判权，故其所也"，胡氏还提出了自己的建议：译作超治法权或超治外法权。

日语严格地遵循向心结构中心词位于右侧的原则（即不管是名词性结构还是动词性结构，中心词都在右侧；而汉语名词性结构的中心词在右侧，动词性结构的中心词在左侧），这可能是中日造词法上唯一的显著差别。定中格 [V + N] 的造词能力，日语远远高于汉语，日语借词中亦不乏其例，如对象、绷带、触角、吸盘、动机、动脉、读本、读物、领土、采光、投影、投资等。② 但是同时我们还应该看到，对复合词的分析意识一般不会进入外来成分的内部，因此，这种结构上的差异并没有对我们接受日译词造成实质性

---

① 例中的"代动字"恐为"他动字"之误，即及物动词。
② 沈国威「［V + N］構造の二字漢語名詞について——動詞語基による装定の問題を中心に、言語交渉の観点から」『国語学』160 号、1991、134～124 頁。

的影响。

胡以鲁第 18、19 条中还提到了日语前缀和后缀的问题。

> 名词作状词用者，日译常赘的字，原于英语之【的】-ty 或
> 【的夫】-tive 语尾兼取音义也。国语乃之字音转，通俗用为名代
> 者，羼杂不驯，似不如相机斟酌也。
> 日语名词有其国语前系或日译而不合吾国语法者，义虽可
> 通，不宜袭用，防淆乱也。

日语中的"的"是作为英语-ty，-tive 对译成分而成立的，[1] 虽然在发
生上取材于汉语的"的"，但是应该看作音译词。胡以鲁认为不雅
驯，建议根据不同的情况分别译出。[2] 以下是胡以鲁的提议：

名学的	→	名理	形学的	→	形理
国家的	→	国家性	社会的	→	社会性
人的关系	→	属人关系	物的关系	→	属物关系
道德的制裁	→	道德上制裁	法律的制裁	→	法律上制裁

有一些日语的前缀，如"相手""取缔"的"相""取"与汉语
意义不同，自然不该使用；另有一些前缀，如"打击""排斥""御
用""入用"等的"打""排""御""入"前缀性成分，虽然不是完
全不可通，但是为了维护汉语的纯洁性，也不应使用（在彭文祖的
书中也有相同的论述）。

第三，拒绝抵制。

对于日语中的非意译词（即非用汉字新构成的复合词），胡以鲁

---

① 広田栄太郎『近代訳語考』東京堂出版、1969、283～303 頁。
② 王国维《论新学语之输入》中有"抑我国人之特质，实际的也，通俗的也；西洋人之特质，思辨的也，科学的也"的日语式用法。而对于"的"，彭文祖的意见和胡以鲁相同。

指出不可采用，他说：

> 既取译义，不得用日人之假借语（日人所谓宛字也）。既非借用，又不成义，非驴非马，徒足以混淆国语也。
>
> 例如手形、手续等，乃日人固有语，不过假同训之汉字拉掇以成者。读如国语而实质仍日语也。徒有国语读音之形式，而不能通国语之义，则仍非国语。读音之形式既非，实质失其依据，则亦非复日本语。名实相淆，莫此为甚。（第15条）

"手形"即票据一类的证券类，是日本江户期以来的固有词，"手续"一说见于佛教密法抄本，① 不为一般人所知。当时的中国读者在词意理解上均有困难。胡以鲁认为这类词意义与形式（名实）严重脱离，应该加以拒绝。联系到彭文祖的议论，可知中日两语言对汉字理解的差异是一个极具代表性的问题。

胡以鲁把自己关于译词创制的主张归结为以下三点：

第一，在不发生旧词新词同形冲突的情况下，应尽量利用固有语词（固有其名者，举而措之，荀子所谓散名之在万物者，从诸夏之成俗曲期也）；②

第二，没有可以利用的固有语词时，以多音节复合词的形式创造译词（荀子所谓累而成文，名之丽也）；③

第三，如果纯粹的意译确有困难，可以利用外语原词的一、二音节创造混合型译词（无缘相拟，然后仿五不翻之例，假外语一、二音作之，荀子所谓有循于旧名，有作于新名也）。

可以说前两点都为接受日语词打开了大门。

---

① 中国佛教文化研究所编《俗语佛源》，上海人民出版社，1993，第59页。
② 这样，实际上日本创制的，或利用中国古典词改造的译词也可以照此办理。
③ 如王国维所论，日本的译词具有多字的特征。

柴萼在文章结尾处指出，进入民国以后梁启超执掌司法部，此时虽然梁启超想对一部分法律名词做某些调整，例如“取销”改“撤销”，“手续”改“程序”，“目的”改“鹄的”，但“大势所趋，不可挽救，学者非用新词，几不能开口、动笔。不待妄人主张白话，而中国语文已大变矣。梁氏作俑，其罪讵可逭哉”。[①] 《辞源》（1915）的刊行标志着现代汉语词汇体系中，学术用语部分的整备已经完成，其后，人们的注意力开始转向以“言文一致”为代表的文体改革上去了。笔者以往认为，“五四”以后白话文体的确立是以谈论新知识所必不可少的“新名词”的普及、定型为基础的，现在如果需要修

① 关于梁启超的历史作用，钱玄同说：“梁任公实为创造新文学之一人，虽其政论诸作，因时变迁，不能得国人全体之赞同。即其文章，亦未能尽脱帖括蹊径。然输入日本新体文学，以新名词及俗语入文，视戏曲小说与论记之文平等，此皆其识力过人处。鄙意论现代文学之革新，必数梁君。”（《文学改良与用典问题》，《新青年》第3卷第1号，1917年）对此，刘半农反驳道：“钱君以输入东洋派之新名词，归功于梁任公，推之为创造新文学之一人。愚以为世界事物日繁，旧有之字与名词既不敷用，则自造新名词及输入外国名词，诚属势不可免。然新名词未必尽通（如‘手续’‘场合’之类），亦未必吾国竟无适当代用之字（如‘目的’‘职工’之类）。若在文字范围中，取其行文便利，而又为人人所习见，固不妨酌量采用。若在文学范围，则用笔以漂亮雅洁为主，杂入累赘费解之新名词，其讨厌必与滥用古典相同（西洋文学中，亦鲜有采用学术名词者）。然亦未必尽不可用，倘用其意义通顺者，而又无害于文笔之漂亮雅洁，固不必绝对禁止也（此为暂时的。使将来文学界中，能自造适当之新字或新名词以代之，此条即可废除不用）。”（《我之文学改良观》，《新青年》第3卷第3号，1917年）对于刘的主张，钱玄同再度回应：“我以为中国旧书上的名词，决非二十世纪时代所够用；如其从根本上解决，我则谓中国文字止有送进博物馆的价值；若为此数十年之内暂时应用计，则非将‘东洋派之新名词’大搀特搀，搀到中文里来不可。既然 Language 里采用了，则已成为口头常语，又何妨用到 Literature 里去呢？至于先生所谓‘漂亮雅洁’，在我看来，‘东洋派之新名词’，又何尝不‘漂亮雅洁’？‘手续’‘场合’原不必用，若‘目的’‘职工’则意义很对，有何不可用呢？我觉得日本人造的新名词，比严复高明得多；像严氏所造的什么‘拓都’‘幺匿’‘罔两’之类，才叫人费解哩。至于自造新字，或新名词，固无不可；然使造的不好，像‘微生物’一名，某君造了个‘百’字（和千百之百同形异字），某学校造了个‘𥠢’字之类，这不是比日本的新名词差得远了吗？”（《新青年》第4卷第1号，1918年）“𥠢”是微生物义，见于狄考文夫人编 *New Terms and New Idea*，1913。

正，笔者想特别指出，"新名词"不但包括学术用语，还应该有大量的二字动词和形容词。①

二　中日译词之争：严复的挑战与落败

　　19、20 世纪之交是中国社会发生重大变化的转型时期，时代的变化要求语言也随之变化。如王国维所指出，新词急剧增加的主要原因是中外文化交流以及西方近代新知识的传入。"新造名"是吸收新知识的第一步。佛经翻译之后，作为西学东渐的第一波，16 世纪末来华的耶稣会士向中国介绍了西方的地理学、数学、天文学等新知识，并在引介的过程中创造了相当数量的新词、译词。但是耶稣会士引介的西学知识传播范围较小，其中的新词也没有引起一般中国社会的注意。其后，19 世纪初新教传教士来华，是为西学东渐的第二波。传教士们在文书传教以及其他翻译出版过程中创造了大量的新词、译词；美国传教士卢公明的《英华萃林韵府》（1872）就收入了传教士们编纂的 19 个术语集，展示了至 19 世纪中叶为止传教士们创造新词、译词的阶段性成果。② 如前所述，1880 年代以后科技术语的创制、统一问题日益重要，传教士及其有关团体为此付出了不懈的努力，③ 其中医学术语的厘定工作持续到 1930 年代。④ 但是传教士们的努力并没有

---

① 1908 年 3 月 1 日的《盛京时报》上有一条短讯《张中堂禁用新名词》："闻张中堂以学部往来公文禀牍，其中参用新名词者居多，积久成习，殊失体制，已通饬各司，嗣后无论何项文牍，均宜通用纯粹中文，毋得抄袭沿用外人名词，以存国粹。"此时距离张之洞"谴责幕僚"等已经四五年，新名词的势头仍无法遏制。

② 沈国威编著『近代英華華英辞典解題』。

③ 王树槐：《清末翻译名词的统一问题》，《中央研究院近代史研究所集刊》第 1 期，1969，第 47~82 页；王扬宗：《清末益智书会统一科技术语工作述评》，《中国科技史料》1991 年第 2 期，第 9~19 页。

④ 沈国威「近代における漢字学術用語の生成と交流——医学用語編（1）」『文林』30 号、1996、59~94 頁；「近代における漢字学術用語の生成と交流——医学用語編（2）」『文林』31 号、1997、1~18 頁。

取得成功，他们创制的译词最终都被来自日本的词语所取代。同样的，严复的译词也没能胜出，最终被来自日本的词语所取代。

笔者曾就中国人何时开始接触、阅读来自日本的汉文书籍这一问题进行过探讨。①《遐迩贯珍》（1853～1855）、《六合丛谈》（1857～1858）中已经有来自日本的各种消息，但其信息源主要来是英语媒体。② 光绪之前，日本书对汉语的影响几乎可以忽略不计，但新媒体的出现改变了这种状况。严复开始从事翻译工作时，日语词汇已经悄然进入如《申报》《万国公报》《时务报》及天津的《直报》等中文媒体，汉语不再是"纯洁"的状态了。如前一节所述，源自日本的新名词引起了全国性的声讨是在 1903 至 1904 年（癸卯甲辰）之间。严复执笔时论、翻译《天演论》是在 1895 年以后，其主要译著如《原富》《群学肄言》《社会通诠》《群己权界论》《穆勒名学》等基本是在日本名词影响最为炽烈的这段时间内完成的。以输入西学为己任的严复是怎样对待日本新名词的？本节分别从三个方面展开讨论，即：（1）严复对日本译词的态度；（2）严复的著述、译文中使用了哪些日本译词；（3）严复的译词和日本译词有哪些冲突，最后结果如何。

（一）严复对日本译词的态度

从总体上说严复是反对日本译词的，其原因大致有三点：首先，他认为日本是一个后来的学习者，而不是知识的本源；其次，日本译词不雅驯，多为阑入之字；最后，也是最重要的是严复认为日本译词与原词对应不准确，即译词造得不够好。以下分别讨论之。

严复于 1902 年 5 月投书给《外交报》，对该报所载《论中国语言变易之究竟》一文加以批驳。那篇文章的作者英国传教士"利君"

① 参见沈国威《近代中日词汇交流研究：汉字新词的创制、容受与共享》"语言接触编"。
② 沈国威编著《遐迩贯珍（附解题·索引）》；《六合丛谈（附解题·索引）》。

在谈到日本改造语言接受西方新知识的情况时，指出中国应该向日本
学习（详第九章）。对此严复很不以为然，说：

> 吾闻学术之事，必求之初地而后得其真，自奋耳目心思之
> 力，以得之于两间之见象者，上之上者也。其次则乞灵于简策之
> 所流传，师友之所授业。然是二者，必资之其本用之文字无疑
> 也。最下乃求之翻译，其隔尘弥多，其去真滋远。今夫科学术
> 艺，吾国之所尝译者，至寥寥已。即日本之所勤苦而仅得者，亦
> 非其所故有，此不必为吾邻讳也。彼之去故就新，为时仅三十年
> 耳。今求泰西二三千年孳乳演迤之学术，于三十年勤苦仅得之日
> 本，虽其盛有译著，其名义可决其未安也，其考订可卜其未密
> 也。乃徒以近我之故，沛然率天下学者群而趋之，世有无志而不
> 好学如此者乎？侏儒问径天高于修人，以其愈己而遂信之。①

笔者曾经指出这段话里暗含着弗朗西斯·培根的直接观察自然、获取
真理的主张。② 从书本中获得知识已经隔了一层，遑论经日本转译的
书了。西方两三千年的学术积累，日本开始接受也不过三十年而已，
译词并不准确，向日本学习是偷懒，无异于"侏儒问径天高于修
人"。

同年 8 月 15 日，清廷公布了《京师大学堂章程》，这个由管学
大臣张百熙拟定的章程，从课程的设置到名称全面依照日本的制度，
甚至规定"各科均用译出课本书，由中教习及日本教习讲授"。1902
年当时的"课本书"主要译自日语，来华日本教习的人数也极为可
观。对此严复在给熊季廉的信中说：

---

① 《与外交报主人书》，《严复集》第 3 册，第 561 页。原文分两次连载于《外交报》
　　（1902 年 5 月 2 日、5 月 12 日）。
② 参见沈国威《严复与科学》第 1 章"《天演论》时期（1895～1898）的'格
　　致'"。

　　京师大学堂其初颇欲大举，筑室道谋，卒无成算。乃今出其一相情愿之章程，使天下奉为榘彟。至一切新学，则不求诸西而求于东。东人之子来者如鲫，而大抵皆滥竽高门，志在求食者也。吾不知张南皮辈率天下以从事于东文，究竟舍吴敬恒、孙揆陶等之骄嚚有何所得也？①

严复认为包括日本教习在内的来华日本人"大抵皆滥竽高门，志在求食"；张之洞鼓吹留学日本也不过造就了像吴稚晖、孙揆均等寻衅滋事之辈。②

　　1904 年严复在《英文汉诂》的"卮言"中再次表达了对翻译本身的一些看法：

　　居今日而言教育，使西学不足治，西史不足读，则亦已矣。使西学而不可不治，西史而不可不读，则术之最简而径者，固莫若先通其语言文学，而为之始基。假道于迻译，借助于东文，其为辛苦难至正同，而所得乃至不足道。③

不接受西学则已，如要接受最好是通其语言，直接吸收。在给曹典球的信中，严复再次重申了"假道于迻译"已经和真正的知识有了距离，"借助于东文"不过是聊胜于无的观点，他写道：

　　大抵翻译之事，从其原文本书下手者，已隔一尘，若数转为

---

① 《与熊季廉书七》，《〈严复集〉补编》，第 235 页。此信写于 1902 年 9 月 13 日。
② 即在此之前刚刚发生的"吴孙事件"，为入成城学校事，吴稚晖、孙揆均等去清使馆抗议，被东京警视厅以妨碍治安罪将吴、孙驱除出境。十年以后，严复被迫辞去京师大学堂校长后，给熊元锷从弟熊纯如写信说："方今吾国教育机关，以涉学之人浮慕东制，致枘凿不可收拾。"（《严复集》第 3 册，第 607 页）对日本的影响仍耿耿于怀。
③ 《英文汉诂·卮言》，《严复集》第 1 册，第 156～157 页。

译，则源远益分，未必不害，故不敢也。颇怪近世人争趋东学，
往往入者主之，则以谓实胜西学。通商大埠广告所列，大抵皆从
东文来。夫以华人而从东文求西学，谓之慰情胜无，犹有说也；
至谓胜其原本之睹，此何异睹西子于图画，而以为美于真形者
乎？俗说之悖常如此矣！①

从逻辑上讲，西学知识来自严复的翻译和日人的翻译，并无本质上的
区别。只是严复认为西方的东西由日文译到中文，多了一道手续，故
更加失真。另外，由日文转译者，无论是专业知识还是语言能力都无
法胜任翻译工作。严复在给熊元锷的信上说得极不客气：

> 上海所卖新翻东文书，猥聚如粪壤。但立新名于报端，作数
> 行告白，在可解不可解间，便得利市三倍。此支那学界近况
> 也。②

这种评价与王国维等相同。同时，除了汉语译者的问题外，严复认为
日本人所创造的译词也存在着不够雅驯和不准确的问题。我们下面看
几个例子。

经济 严复说："计学，西名叶科诺密，本希腊语。……日本译
之以经济，中国译之以理财。顾必求吻合，则经济既嫌太廓，而理财
又为过狭。"③ 1862 年刊行的《英和对译袖珍辞书》已经把 Political
Economy 译作"经济学"了；1893 年东京大学开设经济学讲座，"经
济（学）"已经普及定型。而在中国，光绪二十七年四月十七日诏谕
开经济特科，"经济"成为全国性的关键词，词义是中国典籍上的
"经邦治国"，即国家治理层面上的问题，而不仅仅是 economics 的内

---

① 《与曹典球书三》，《严复集》第 3 册，第 567 页。此信写于 1906 年 1 月 13 日。
② 《与熊季廉书八》，《〈严复集〉补编》，第 237 页。此信写于 1903 年。
③ 严复：《译事例言》，《原富》，第 7 页。

容，所以严复说"太廓"。新旧义发生冲突，这种情况在词汇学上称作"同形相撞"。所幸"经济特科"只举行了一次，科举制度旋即废止，"经济"有了表示 economics 的可能性。

个人　严复说："东学以一民而对于社会者称箇人，社会有社会之天职，箇人有箇人之天职。或谓箇人名义不经见，可知中国言治之偏于国家，而不恤人人之私利，此其言似矣。然仆观太史公言《小雅》讥小己之得失，其流及上。所谓小己，即箇人也。"① 即社会有社会的责任，个人有个人的责任，有人说"个人"不见于中国典籍，这说明"中国言治之偏于国家，而不恤人人之私利"；但严复认为这只是表面的现象，《史记》里有"小己"。出于《史记》的"小己"显然比"个人"要雅驯。作为 individual 的译词，"个人"最初以"一个人"的形式用于福泽谕吉的《文明论之概略》（1875，卷五，三十九页下），《哲学字汇》要到第二版（1884）才收入"一个人"。"一个人"省略定型为"个人"是在明治 20 年代（1887～1897）以后。用俗语"一个人"译西方的大词 individual，严复不满也是理所当然的了。

宪法　如第四章所论，关于"宪法"，严复曾表示不满："按宪法二字连用，古所无有。以吾国训诂言仲尼宪章文武，注家云宪章者近守具法。可知宪即是法，二字连用，于辞为赘。今日新名词，由日本稗贩而来者，每多此病。"② 当时受到责难的新名词，如"崇拜""简单""范围""基础""价值""竞争""困难""膨胀""思想""调查""组织"等并列结构的译词在严复看来都属于"赘辞"。（详见第四章）

有机/无机　严复在《天演论》中首次涉及了有机和无机的概念："晚近生学家，谓有生者如人禽虫鱼草木之属，均有官之物，是

---

① 严复:《群学肄言译余赘语》，《群学肄言》，第 xi 页。《严复集》里用了"箇"，其他文本是"个"。
② 《宪法大义》，《严复集》第 2 册，第 238 页。

名官品；而金石水土无官曰非官品。无官则不死，以未尝有生也。"①
这里的"官品"还是"生物"，尤其是"动物"的含义，而动物以
外称之为"非官品"。如下所示，《原强修改稿》（1897 年 10 月前
后）和《保种余义》（1898）中的例子也与"动物"的概念相关联：

> 盖群者人之积也，而人者官品之魁也。②
> 英达尔温氏曰，生物之初，官器至简……人者，今日有官品
> 中之至优者也，然他日则不可知矣。③

以上两篇都是 1898 年之前的文章，严复这时似乎还没有受到日语的
影响。在《原强修改稿》中还有人与国家"二者皆有官之品"（第
18 页）的论断。在《与外交报主人书》中，严复使用的是"具官之
体"："一国之政教学术，其如具官之物体欤？有其元首脊腹，而后
有其六府四支；有其质干根荄，而后有其支叶华实。"④ 国家为有机
体是斯宾塞的学说，在《群学肄言》（1903）中，开始出现"有机/
无机"，并与"官品"同时使用。严复在使用"官品"时加了一条注
释："官品，东学称为有机。"⑤ 两年之后，在《政治讲义》中，严
复对译词"有机/无机"和"官品"的得失做了详细的讨论：

> "有机"二字，乃东文取译西文 Organism。其字原于希腊，
> 本义为器，又为机关。如桔槔乃汲水之器，便事之机关。而耳目
> 手足，乃人身之器之机关，但与前物，生死异耳。近世科学，皆
> 以此字，命有生者。其物有生，又有机关，以司各种生理之功用

---

① 严复：《天演论》，第 51 页。
② 《原强修改稿》，《严复集》第 1 册，第 17 页。
③ 《保种余义》，《严复集》第 1 册，第 86 页。
④ 《严复集》第 3 册，第 559 页。
⑤ 严复：《群学肄言》，第 250 页。

者，谓之有机体。不佞前译诸书，遇此等名词，则翻官品。譬如
人为官品，以其在品物之中，而有目为视官，有耳为听官，手为
司执，足为司行，胃为消化之官，肺为清血之官，皮肤为出液之
官，齿牙为咀嚼之官，百骸五脏六腑，无一不有其形矣。有形即
有其用，此两间品物中，机官之最为茂密完具者也。官品云者，
犹云有官之品物也。有机体云者，犹云有机关之物体也。禽兽之
为官品，与人正同，特程度差耳。故曰，人之异于禽兽者几希。
降至昆虫草木，亦皆官品。如一草，其中必有根荄，为收吸土膏
之官；必有皮甲，为上布水液之官；叶司收炭吐养，花司交合结
子，是官品也，是有机之体也。官品、有机体二名，原皆可用，
然自不佞言，官品二字，似较有机体为优。盖各种木铁机器，可
称有机之体，而断不可称官品。然则"官品"二字，诚
Organism 之的译矣。①

严复认为"官品"比"有机"要好，因为各种机器虽然无生命，但
也是由机械零件构成的，也可以称之为"有机体"，这样就容易混淆
了。日本的兰学译籍里已经有"有机""有机体"了，如《病学通
论》（1849）：有机体；《舍密局必携》（1862）：有机性体（动物、
植物）；《化学入门》（1869）：无机体（化学）、有机体（化学）。
organ 可以译成"机（关）"也可以译成"器（官）"，但在日语里
"机"训作"机械"（shikake；karakuri），"器"训作"器皿"
（utsuwa），所以"有机"更符合日本人的汉字使用（造词）习惯。
《化学入门》受来华传教士丁韪良的《格物入门》（1868）卷六"化
学"的影响，② 但是丁韪良书中并没有有机化学、无机化学的内容。

　　哲学　严复在《原富》中第一次使用来自日语的"哲学"对译

---

① 《政治讲义》，《严复集》第 5 册，第 1255 页。下波线为引用者所加。
② 在此之前日本称为"舍密学"，在汉译西书的影响下，改为"化学"。参见沈国威
　　《近代中日词汇交流研究：汉字新词的创制、容受与共享》。

philosophy。亚当·斯密在《国富论》中曾详细介绍了西方学术体系演变的历史。斯密指出希腊古哲学（philosophy）分为三个部分，即：物理学（Physics，又称为自然哲学 Natural Philosophy）、伦理学（Ethics，又称为道德哲学 Moral Philosophy）和逻辑学（Logic）。

　　哲学（哲学，括号内为严复的译名，下同），下含：
　　一、物理学，又称自然哲学（物性之学）
　　二、伦理学，又称道德哲学（人道之学）
　　三、逻辑学（名理之学，或名学）

　　希腊古哲学后来在欧洲的大学里分成了五个部分，主要是物理学，即自然哲学一分为三：①

　　哲学（philosophy）：
　　一、物理学，或自然哲学（物理之学）
　　　1. 物理学（物理之学，或形下之学，形气之学）
　　　2. 形而上学，或精神学（神理之学，或形上之学，出形气之学）

———————

① 斯密在解释其中原因时说："在古代（自然）哲学里，关于人的精神和神的性质的课程是物理学体系的一部分，是解释宇宙这一伟大体系的本原和演变的科学中极为重要的两个章节。但是在欧洲，那些将哲学仅仅作为神学的一种辅助课程而开设的大学里这两部分内容更受重视。于是，所谓的形而上学或精神学说被放在与物理学对立的位置上，产生了两门截然不同的科学。前者被看作更崇高，对某些特定职业更有用；而试验和观察的科学（物理学），尽管通过细心的关注可以产生许多有益于人类生活的发明，反而被完全忽视了。物理与神理被置于相互对立的位置之后，又产生了第三种学科，即'本体论'。本体论原来的目的是研究物理学与神理学两者之间共同的性质和属性，但是，实际上其绝大部分内容来自形上之学或精神学（metaphysics or pneumatology），所以本体论也同样被称为形而上学。"（参见亚当·斯密《国富论》，谢祖钧译，新世界出版社，2007，第585~588页）严复说"上古为学，不甚知形上形下之殊"，"中古欧洲"形上、形下渐分。（《原富》，第627~631页）参见沈国威《严复与科学》，第92~101页。

　　　　3. 本体论，有时也称形而上学（元学）
　　二、伦理学，或道德哲学（人道之学）
　　三、逻辑学（名理之学，或名学）

在《原富》中，严复使用"哲学"指称的是上位范畴，对其所涵盖
的下位学科，严复使用了不同的译名。但在《穆勒名学》中，情况
似乎发生了变化。穆勒在自己著作的"引论"第七节中阐述了逻辑
学的定义，特别分析了逻辑学与形而上学（metaphysics）的区别。严
复在翻译时使用了"理学"指称 metaphysics："哈德礼、李一德、洛
克、汗特之数公者，皆兼精于名、理二学者也。顾其所异同，皆在于
理学。而一入名学之域，则匪所纷争焉。不佞所以严名、理二学之界
者，正以为吾名学之精确不易故耳。"也就是说，严复认为，哈德礼
等人对逻辑学和形而上学都很精通，他们的学说在形而上学方面有所
不同，但在逻辑学上则相同。这也是严复对两门学问严格定义的理
由。哈德礼是心理学家，李一德（托马斯·理德）、洛克、汗特（康
德）在今天都是哲学家，但是穆勒的原文使用的是 metaphysician，今
译"形而上学家"。严复在这里加了一个夹注："理学，其西文本名，
谓之出形气学，与格物诸形气学为对，故亦翻神学、智学、爱智学。
日本人谓之哲学。顾晚近科学，独有爱智以名其全，而一切性灵之学
则归于心学，哲学之名似尚未安也。"① 严复的困惑是，既然"哲学"
（直译爱智）在晚近的学术体系中是上位概念的名称（以名其全），
日本再用来指称下位概念"形而上学"，就会发生混乱。其实，这不
是日本译词的问题，而是 philosophy 一词在西方的意义变化问题。②
接着穆勒讨论了逻辑学和形而上学的关系，严复的译文如下：

---

① 严复：《穆勒名学》，第 12 页。
② 例如在厦门传教的英国传教士山雅各（James Sadler）于 1904 年翻译出版了《哲学源流
　　考》（Sir Oliver Lodge，*The Pioneers of Science*，transl. by J. Sadler，Amoy：Lawkang Press，
　　1904），全书分为 18 章，均为天文、地理等自然哲学的内容。

　　然而名学固无待于理学，而理学欲无待于名学则不能也。盖
理学之无待于名学者，惟其言觉性、元知，事取内观，辨证道断
者耳。自此以降，但有原、委之可言，证、符之足论，则必质成
于名学，而一听名学之取裁焉。由是观之，则名学之视理学，犹
其视他诸学矣。不能以一日之长让理学，亦不得谓名学于理学
近，而于他学远也。故名学之不可混于理学，犹其学之不可混于
他学。理学与他学容有未定之疑义也。

名学和理学是"哲学"的下位并列概念。

　　名学　严复在《原强》中指出，要想学好"群学"，首先要学习
数学和名学。此处的"名学"即对译西文的 logic，以后一直没有改
变。严复在《穆勒名学》的按语中说："逻辑最初译本为固陋所及见
者，有明季之《名理探》，乃李之藻所译，近日税务司译有《辨学启
蒙》。曰探，曰辨，皆不足与本学之深广相副。必求其近，姑以名学
译之。盖中文惟'名'字所涵，其奥衍精博与逻各斯字差相若，而
学问思辨皆所以求诚、正名之事，不得舍其全而用其偏也。"① 又在
《名学浅说》中写道："惟日本谓名学为论理学，已极浅陋，而呼连
珠为三断，窃以为不及吾译。因所汇三词，仅成一断，名为三断，转
或误会。不可以东学通用而从之也。"② 说日本的译名"论理学"
"极浅陋"，"三段论法"也不如自己的"联珠"准确，整个过程只
有一个判断，说成"三断"难免造成误会。其实正是严复误会了，
日语不是"断"，而是"段"，意为三个步骤。

（二）严复使用的日本译词

　　严复都使用过哪些日本译词，其意义用法与日语是否有差别？对

---

①　严复：《穆勒名学》，第 2 页。

②　严复：《名学浅说》，商务印书馆，1981，第 43 页。严复的"名学"被音译词
　　"逻辑学"所取代。参见第三章。

严复译著中的日本词语情况，朱京伟的考察最为详尽。① 唯朱的考察是抽样调查，有一定的随机性，并仅限于严复的 8 种翻译著作，未能顾及严复的时论。而时论属于自由创作，不受原文的束缚，更能反映严复的词汇使用情况。笔者以《严复集》（含《〈严复集〉补编》）、严复译著 8 种为对象，找出了被当时报刊媒体所批评的新名词 203 个：

爱力	分子	简单	曲线	同意	原理
报告	风潮	健全	取缔	投票	原因
暴动	腐败	交换	取消	团体	圆满
比例	改革	觉悟	取销	完全	运动
标本	改良	结果	权力	唯一	杂志
表面	感情	进步	权利	维新	责任
参考	感染	经济	全球	伟人	涨力
惨剧	干涉	经验	全体	文明	哲学
场合	革命	精神	缺点	问题	真理
成立	革命军	竞争	热力	无机	正比例
程度	个人	剧烈	人格	舞台	证明
冲突	公德	距离	人群	物理	支那
崇拜	公理	决裂	商界	物质	直接
出品	公例	绝对	商业	吸力	直线
出现	共产	开化	社会	希望	殖民
代表	共和	困难	摄影	牺牲	殖民地
代表者	观念	理想	神经	现象	中心
单简	光明	历史	生徒	消极	中心点
但书	广告	蛮野	世纪	性质	种族
党派	规则	密切	世界	学界	主要
国粹	民主	试验	压力	主义	国家
民族	视线	研究	注意	抵力	国民
名称	手段	眼帘	状态	地位	过度
目的	手腕	演说	姿势	独立	过渡
脑筋	手续	要区	资格	对照	过渡时代

---

① 朱京伟：《严复译著中的新造词和日语借词》，《人文论丛》2008 年卷，中国社会科学出版社，2009，第 50～81 页。

内容	双方	要素	自立	多数	黄种
能力	思想	野蛮	自由	二十世纪	活动
排斥	四万万	遗传性	自治	发达	机关
排外	谈判	以太	阻力	反比例	
膨胀	特别	义务	组织	因果	
反动力	积极	平等	特点	引力	
反抗	基础	平权	特色	营业	
范围	价值	破坏	调查	影响	
方面	间接	普通	同胞	有机	
方针	检查	起点	同情	黑暗	

也就是说，成为当时批评对象的新名词，绝大部分可以在严复的著述、译文中发现，没有用例的只有"场合""检查"二词。严复1902年以后的译著、文章，如《穆勒名学》、《政治讲义》、《教授新法》（又名《论今日教育应以物理科学为当务之急》）等都"混入"了大量日本译词。这说明了虽然严复对日本译词颇为严厉，但实际上无法完全拒绝。

（三）抗争与结局

黄克武曾对严复译词与日本译词的抗争做过考察。[①] 严复创制的数以百计的译词，现代汉语中仍在使用的只有"逻辑""图腾""乌托邦"等少数几个音译词，包括"天演"在内的风靡一时的词语都成了历史词汇。可以说在与日本译词的抗争中，严复是一个失败者（这也是黄克武的结论）。在讨论为何会如此之前，我们先来看一些具体的事例。

天演－进化　众所周知，evolution译为"天演"是严复首创（其实"天演"是直译cosmic process得来的，再通过等义传递与evolution发生了联系）。但是，这一风靡一时的译词其后为来自日语

---

① 黄克武：《新名词之战：清末严复译语与和制汉语的竞赛》，《中央研究院近代史研究所集刊》第62期，2008，第1～42页。

的"进化"所取代。

"进化"是向日本介绍达尔文进化论的加藤弘之的造词，最早见于加藤主持的东京大学的学术杂志《学艺志林》。该杂志第 10 册（1878）上刊有一篇学生的翻译论文《宗教理学不相矛盾》，其中有"进化"的用例，同时使用的还有"化醇"，因为进化总是意味着向更完善、复杂的形式变化。"进化"其后作为 evolution 的译词被收入《哲学字汇》（1881），成为学术用语并迅速普及定型。

在中国最早见诸文字的"进化"是《时务报》。1897 年 1 月 13 日（光绪二十二年十二月十一日）出版的第 17 册上刊登了古城贞吉译自日本《朝日新闻》的社论《社会の容量》（论社会的宽容——笔者译），①古城译为《论社会》。这样，一篇论述生产力急速发展后的社会需要更多的宽容性的文章（即社会发展过程中的伦理问题）经过古城的译笔变成了鼓吹进化、否定退化的文字。这篇文章里的"进化"与"开化""进步"同义。

商务印书馆 1931 年出版的《天演论》的解题说："《天演论》的本书原名为 *Evolution and Ethics*。Evolution 一词，严氏译为天演，近人撰述，多以进化二字当之。赫胥黎于本书导言二中，实尝有一节立 Evolution 之界说，谓为初指进化而言，继则兼包退化之义。严氏于此节，略而未译，然其用天演二字，固守赫氏之说也。"②赫胥黎在定义的部分加了一条脚注："任何一种进化的理论，不仅必须与前进发展相一致，而且必须与同一条件下的恒久持续性以及与倒退变化相一致。从 1862 年以来直到现在，我一直反复地坚持这一论点。"③可知赫胥黎的 Evolution 理论既包括进化，也包括退化，从这

---

① 参见沈国威《近代中日词汇交流研究：汉字新词的创制、容受与共享》"词汇交流编"，第 2 章"古城贞吉与《时务报》的'东文报译'"。

② 严复：《天演论》，第 1 页。

③ 译文引自赫胥黎《进化论与伦理学》，第 3 页。"前进发展"的原文为 progressive development。

一点上讲，严复的"天演"寓意"自然的变化"，并没有人为地规定
"进"与"退"，与赫胥黎暗合。严复在《天演论》及其他政论文章
中数次谈到了"由繁至简"，即所谓的退化现象，但严复更关心的无
疑是进化（由简至繁），尤其需要我们注意的是《天演论》中包括小
节题目在内，多次使用了"进化"。全数举例如下：

　　1. 最后第五书，乃考道德之本源，明政教之条贯，而以保
种进化之公例要术终焉。（导言一，复案）
　　2. 此洞识知微之士，所为惊心动魄，于保群进化之图，而知徒
高睨大谈于夷夏轩轾之间者，为深无益于事实也。（导言三，复案）
　　3. 由是而推之，凡人生保身保种，合群进化之事，凡所当
为，皆有其自然者为之阴驱而潜率。（导言五，复案）
　　4. 天演之所以陶钧民生，与民生之自为体合（物自变其形，
能以合所遇之境，天演家谓之体合）。体合者，进化之秘机也。
（导言十五，复案）①

这 4 条是严复加的按语，不属于翻译的范畴，"进化"也可不作译词
看待。"进化"主要在讨论"群"，即社会问题的语境中使用。在
《救亡决论》（1895 年 5 月）中可见"必为我自由，而后有以厚生进
化"的句子，例子中的"进化"与"治化将开"同义，是人类、或
社会文明化的意思。严复的这种人类"向化"的观点来自斯宾塞。
严复在《原强》中说"其书……宗天演之术，以阐人伦治化之
事"，②又说"（游牧民族）虽然强矣，而未进夫化也。若夫中国之
民，则进夫化矣，而文胜之国也"。③进化通文化。下面的译例都反

①　例 1 的第五书即 *The Principles of Ethics*，今译《伦理学原理》。可知严复试图用
　　"道德"来表示 ethics 的意义。
②　《严复集》第 1 册，第 16 页。
③　《严复集》第 1 册，第 10 页。

映了严复对"化"的把握：

　　5. 夫以人事抗天行，其势固常有所屈也。屈则治化不进，而民生以凋。（导言八，乌托邦）

　　6. 盖天地之大德曰生，而含生之伦，莫不孳乳，乐牝牡之合，而保爱所出者，此无化与有化之民所同也。方其治之未进也，则死于水旱者有之，死于饥寒者有之。（导言九，汰蕃）

　　7. 天良生于善相感，其端孕于至微，而效终于极巨，此之谓治化。治化者，天演之事也。（导言十四，恕败）

　　8. 前论谓治化进则物竞不行，固矣。（导言十六，进微）

　　9. 是故人治天演，其事与动植不同。（导言十六，进微）

　　10. 治化愈浅，则天行之威愈烈。惟治化进，而后天行之威损。（论十六，群治）

　　11. 坐不知人治、天行二者之绝非同物而已。（论十七，进化）

　　12. 然溯太古以迄今兹，人治进程，皆以此所胜之多寡为殿最。（论十七，进化）

　　13. 是故善观化者，见大块之内，人皆有可通之方，通之愈宏，吾治愈进，而人类乃愈亨。（论十七，进化）

　　14. 然则言化者，谓世运必日亨，人道必止至善，亦有不必尽然者矣。（论十七，进化）

　　15. 前言园夫之治园，有二事焉：一曰设其宜境，以遂群生；二曰芟其恶种，使善者传。自人治而言之，则前者为保民养民之事，后者为善群进化之事。善群进化，园夫之术必不可行，故不可以力致。（导言十八，新反）

《天演论》的论十七题目为"进化"，在原著中是讨论"进化论和伦理观"的部分，内容涉及社会进化与生物进化的不同之处以及人类社会伦理观的发展进步。严复的"化""进化"的用例也主要集中在这一部分。上述例句中的"化"与原文中的 civilized，civilization，ethics process 等相对应。严复倾向于用"天演"译 evolution，以自然界为对象；用"进化"译 civilization，ethics process，以人类社会为对象。

如上所述，从词的理据上看，"天演"表达的是生物在自然界的变化，而"进化"（包括"退化"）则给这种变化加上了一个"西方"的价值的视角，即单方向的进步观："以人为论，由孩提以至［长］大成人。以国为论，由野蛮以至于开化。"人类社会是"由初民而野蛮，由野蛮而开化也"，这就是"一国一群之进化"。① 为了表达的"天演"具体情况，严复使用了"浅演""初级浅演社会""深演""深演国家"等术语。② 严复在 1913 年发表的《天演进化论》中写道：

> 天演西名"义和禄尚"，最先用于斯宾塞……有达尔文所发明之二例：其一即天择，所谓各传衍最宜者存；其二则先世所习传为种业。至今学者于第一例翕然承认，以此为天演最要功能，一切进化皆由于此。③

文章中严复以妇女、宗教等为例，讨论了"人群社会之进化"的问题。严复认为"天择"是"天演"最重要的功能，其他的"进化"都源于此。严复的"人群"与"社会"是否为同义反复尚需讨论，而"天演"与"进化"却不可以简单地当作同义反复，其用法反映了严复对"义和禄尚"的理解，或具有深刻的思想史上的内涵（例如严复的"进化"都包含哪些内容）。严复一直着重强调的是人群（社会）的进步。如在《阳明先生集要三种·序》中严复写道："此天演之所以进化，而世所以无退转

---

① 《严复集》第 1 册，第 91~92 页。
② 《政治讲义》，《严复集》第 5 册，第 1252 页。
③ 《严复集》第 2 册，第 309 页。原编者注：《天演进化论》，本文发表于 1913 年（民国二年）4 月 12 日至 5 月 2 日北京《平报》，分十二次载完。

之文明也。"① 文明总是向前的，不可退转。总之严复的"天演""进化"应该从思想史的角度重新加以整理，而我们在这里可以做出的结论是：《天演论》等早期译著中的"进化"与日语并无直接关系。如图 5-1、图 5-2 所示，在新闻媒体上，"天演"从一开始就处于下风。

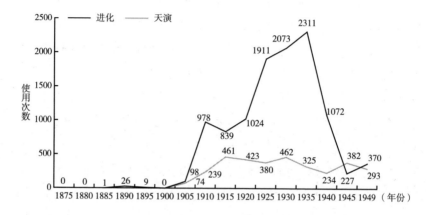

图 5-1　《申报》中"天演"和"进化"的出现频率

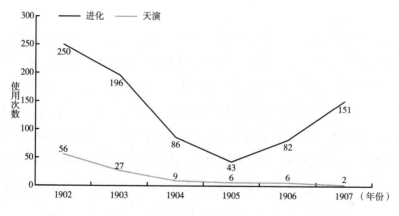

图 5-2　《新民丛报》中"天演"和"进化"的使用情况

① 《严复集》第 2 册，第 91~92 页。

植民－殖民地　　"植民"也是一个有趣的例子。"植民"摹借于荷兰语 volkplanting（当时的拼写法）。最早介绍西方关于殖民概念的是本木良永，他在《阿兰陀地球图说》（1772）中写道，美洲新大陆发现以后，欧洲人"全地球ノ国土豊饒ノ国々ニホルコ　プランティギンノ術ヲ建テシ也"（建立向全球国土丰饶之国家植民之策略——引者译）。本木良永把这种政策解释为"人民蕃育ノ術"。而复合词"植民"则首见于志筑忠雄的《锁国论》（1801）"幾程なきに現前の利に誘われ大に是地に植民し"，使用的是动词形式。志筑对此加以注释"人を植ること彼等が国の習なり、人を其地に渡し住しむるといへり"（植人是彼国习俗。乃使人住往他国之谓——引者译）。其后的兰学书相续介绍了植民的概念。例如，《和兰通舶》（1805）的"衆ヲ植ル"，《坤舆图识》（1845）的"人種を移す"等。最终在《坤舆图识增补》（1846～1847）上首次出现了名词性汉字熟语形式的"植民"。深受兰学译词影响的《英和对译袖珍辞书》（1862）首见"Colony 殖民"，将"植民"改为"殖民"，似乎是想突出"繁殖"的意思。"殖民"通过《附音插图英和字汇》（1873）在日语中普及定型，并于 1897 年前后通过《时务报》中的《东文报译》传入我国。但是，日本在大正时期（1912～1926）出于与原词对应的考虑，又将"殖民"改回"植民"，这一改动遂造成了现代中日语之间的词形不一致。

赫胥黎的原著是讨论生物进化和殖民地伦理的文章，"殖民（地/者）"可以说是一个关键词，colony，colonist 在原著 *Evolution and Ethics*（1894）的讲演部分没有出现，在导论中使用了 21 次。但是这个对于中国读者来说全新的重要概念并没有被导入《天演论》，严复只在两处形容为"新地"，其余都是跳过不译。直至《原富》，严复才在《丁部篇七论外属》中附加了一条说明：（外属）亦译殖民地，这是严复首次在自己的译著中正式使用"殖民"一词。此时，中国为列强瓜分，殖民地化刺激了国民的危机意识，来自日

语的"殖民"成了必不可少的时代关键词，严复本人也开始使用
"殖民"了：

1. 法人得滇、粤、海南，则其欲在亚洲开拓殖民地，与夺
英人商利之愿亦偿矣，固无所用其战。①

2. 殖民之使者四出，倡劝其民，令东徙。②

3. 优之于劣，使其势便力裕，则公然收之，名曰为启文明，
而实则自固其围，抑为通商殖民地耳。③

4. 他日或以航路，或以渔业，或以边界之纷争，或以运私
之辎辖。殖民传教，骄气阴谋。④

5. 南洋各岛，中国侨民最多。盖自明季、国初，即已先至
其地，始则辛勤启辟，继乃休养孳生。质而言之，固吾国之殖民
地也。⑤

6. 当此之时，日本乃从容出其余力，以覆德人山东之租地，
回舟南指，而诸岛中德人之殖民地尽矣。⑥

计学－经济（学）　在严复初期的文章里，"经济"用的是"经
邦济国"的古典义，如"若夫词章一道，本与经济殊科"（《救亡决
论》）、"光绪廿八年，始罢帖括为策论，且令各省举经济才"（《熊
生季廉传》）等。严复本人对其所拟定的"计学"也颇有信心。但在
后期的文章中也不得不接受日本译词"经济"：

武汉发难，以政治种族二主义呼噪天下，顾外人旁观觇国，

① 《书本馆译报后》，《严复集》第 2 册，第 478 页。
② 《原败》，《严复集》第 1 册，第 157 页。
③ 《一千九百五年寰瀛大事总述》，《严复集》第 1 册，第 170 页。
④ 《代北洋大臣杨拟筹办海军奏稿》，《严复集》第 2 册，第 259 页。
⑤ 《代北洋大臣杨拟筹办海军奏稿》，《严复集》第 2 册，第 260 页。
⑥ 《新译〈日本帝国海军之危机〉序》，《严复集》第 2 册，第 348 页。

则以为纯粹的经济革命。①

恐破产即在目前，政府经济将愈涸竭。②

夫字义本与时代推移，如今日吾国新学家所云经济，其义岂为古有？而使报章言论，数数用之，其义自然渐变。③

小己－个人　在《群学肄言》里，严复用了4例"小己"，而没有"个人"。实例如下：

大抵万物莫不有总有分，总曰拓都，译言全体；分曰么匿，译言单位。笔拓都也，毫么匿也；饭拓都也，粒么匿也；国拓都也，民么匿也。社会之变象无穷，而一一基于小己之品质。④

夫以小己言群，以言其显，犹群之一羊，论其全种之进退也。⑤

独至所论为小己权利所出人，如以英人论印度之反者，或雅美加（牙买加——引者注）之奴工，则向之所以为号者，几于胥忘，其所主者，与为人之义为反对。⑥

至于宗教，尤人人以此自多，然亦病异说之凌杂，谓宜以国教为依归，不得小己自由，各行其意。⑦

《原富》中并列使用"故为政有大法：凡遇公益问题，必不宜毁小己个人之产业，以为一群之利益"⑧。

---

① 《救贫》，《严复集》第2册，第321页。本文原载于1913年4月17~18日的北京《平报》。
② 《与熊纯如书四一》，《严复集》第3册，第651页。此信写于1916年10月间。
③ 《政治讲义》，《严复集》第5册，1906，第1280页。
④ 严复：《群学肄言》，第xi页。
⑤ 严复：《群学肄言》，第58页。
⑥ 严复：《群学肄言》，第134页。
⑦ 严复：《群学肄言》，第166页。
⑧ 严复：《群学肄言》，第158页。

在穆勒的《论自由》里，individual 词频为 168，与 liberty 一样是全书无处不在的关键词。严复在《群己权界论》里，主要使用"小己"，不见"个人"。开篇第一句的译文如下：

> 有心理之自繇，有群理之自繇。心理之自繇，与前定对；群理之自繇，与节制对。今此篇所论释，群理自繇也。盖国，合众民而言之曰国人（函社会国家在内），举一民而言之曰小己。①

以下"小己"共出现 69 次，基本上与原文相对应。但《群己权界论》之后，严复的译著、著述中"小己"逐渐被"个人"取代。

> 画押之胡华、吴德斯不过个人而已，并非有限公司之代表。②
> 至于个人体育之事，其不知卫生者，虽由于积习，而亦坐其人之无所知，故自践危途，日戕其生而不觉。③
> 曰：有全体，无个人；修个人者，所以为全体。个人之善，以有利于全体而后善也。④
> 其未成国也，以个人之利益为最重；其既成国也，以求臻于所祈向之上理为最重。所祈向之上理，思想之所成也。每有欲臻此境，虽牺牲个人之利益而不恤。……国之进者，必以此为鹄，而牺牲其个人之利益以趣之。乃今不然，转牺牲此皇极焉，以为

---

① 这段译文的原文如下：The subject of this Essay is not the so-called Liberty of the Will, so unfortunately opposed to the misnamed doctrine of Philosophical Necessity；but Civil, or Social Liberty：the nature and limits of the power which can be legitimately exercisedby society over the individual.（J. S. Mill, *On Liberty*, 3rd edition, London：Longman, Green, Longman, Roberts & Green, 1964, p. 7）
② 《塘沽草约稿》，《严复集》第 1 册，第 142 页。
③ 《论教育与国家之关系——在环球中国学生会演说》，《严复集》第 1 册，第 167 页。
④ 《续论教案及耶酥军天主教之历史》，《严复集》第 1 册，第 191 页。

个人，以为私家，以为品流。①

　　用社会主义以救个人主义之偏，而后有以泯无艺之不平，息过甚之竞争。是二者之所赅，可谓广矣，而皆持之有故，言之成理，故足以互救其偏。顾其所持者，社会、个人两主义也，而于朝政法度之因革，即同党者又不必其从同。②

　　自由者，惟个人之所欲为。管理者，个人必屈其所欲为，以为社会之公益，所谓舍己为群是也。③

结　语

　　如前所述，严复是第一个认真地思考新词、译词问题，并付诸实践的以汉语为母语的译者。他于 1894 至 1896 年之间直接从英文翻译了《天演论》。"天演"是严复自造的译词，为了表达西方的新概念，严复在《天演论》中还使用了其他不见于中国典籍的词语做译词。④《天演论》于 1898 年刊行后，以其崭新的知识和古雅的文体风靡全国，⑤ 而严复的译词却并没有引起过多的争论，"天演""物竞""群"等甚至成为一个时代的流行词语。与此同时，拥有广大读者的新媒体，如《时务报》《湘报》《清议报》《新民丛报》等，其刊载的文章中同样也充满了不见于典籍的新词和译词。但是这些被称之为"新名词"的词语却受到了与严复译词完全不同的待遇：拥护者有

① 《述黑格儿惟心论》，《严复集》第 1 册，第 213 页。
② 《说党》，《严复集》第 2 册，第 301 页。
③ 《政治讲义》，《严复集》第 5 册，第 1279 页。
④ 严复在《天演论·译例言》中说"如物竞天择、储能效实诸名，皆由我始"。另卷末的"中西名表"中还可见"物种""生学""涅伏""计学家""人择""乌托邦""群性"等词。
⑤ 王栻：《严复与严译名著》，《论严复与严译名著》，商务印书馆，1982，第 5 ~ 8 页。

之，但更多的是歇斯底里的反对。本章尝试从社会语言学和词汇学（词源学、构词学）这两个层面分析考察人们何时开始明确地意识到新名词的存在，为何以如此不同的心态来对待新名词。

严复创造了很多译词，有些曾风靡一时。黄遵宪称严复是学界的"第一流人物，一言而为天下法则，实众人之所归望者也"，[①] 对严复的影响力寄予极高的期待。1909 年清学部设编订名词馆，严复出任总纂，延揽专家，议定术语。（详见第六章）这是严复在译名方面施展抱负的绝好机会。在审定过程中，严复译词被大量收入，如严复将"学"作为 Science 的学部定标准译词，来自日本的"科学"只被当作新词处理。[②] 但学部制定的标准译词也无法阻挡日制译词的涌入。严复的译词在现代汉语中还在继续使用的只有"逻辑""图腾""乌托邦"等少数几个词，其余的译词在与当时日本译词、以及中国本土自创词的竞争中败下阵来。

新词语只有被语言社会接受以后，才能普及、定型。就是说语言使用者的态度决定新词语的命运。日本启蒙思想家西周、中国的严复等所创造的译词大部分没有保留下来就是语言社会取舍选择的结果。参与这一选择过程的因素多种多样，结果亦难预测。而本章所观察的中国语言社会对新名词的种种态度，就是人们语言生活价值取向的反映。

新名词是时代的趋势，个别人的好恶与反对，乃至造词理据上的缺陷也都无法阻止新名词的普及。

《天演论》以后，严复继续翻译了《群己权界论》（1899）、《原富》（1900）、《穆勒名学》（1902）、《群学肆言》（1903）、《社会通诠》（1903）、《法意》（1904～1909）和《名学浅说》（1908）。翻译的方法和使用的译词上都发生了变化。因为汉语本身已经踏上了

---

① 《严复集》第 5 册，第 1572 页。
② 参见沈国威《近代中日词汇交流研究：汉字新词的创制、容受与共享》"词汇交流篇"，第 4 章 *English and Chinese Dictionary*，1916（官话）及其译词：以'新词''部定词'为中心"。

"国语"化的天演征程，严复无法完全置身于这种变化之外。就严复后来的文章（包括译著）而言，文体上的变化并不显著，但新词的增加，尤其是日本借词的采用却是引人注目的。

中国的近代译词研究几乎从一开始就同日语借词的现象联系在一起。尽管日语也使用汉字，但是日语终究是一种不同于汉语的外国语言，中国知识分子认识到这一事实是在 19 世纪末。这一点与有史以来一直以汉语为规范的日本知识分子完全不同。20 世纪初，中国的知识分子又不得不面对日语二字词大量涌入汉语的这一前所未有的事实。

中日之间的语言接触，以及由此产生的知识大移动，对日语和汉语都产生了重大的影响。笔者近年主张应将日语对汉语的影响分为三种类型：（1）借形词；（2）借义词；（3）激活词。①"借形词"就是词形借自日语的词，具体可以分为两类，一类主要是"哲学""义务""起点""神经""前提""团体""俱乐部"等抽象词汇；另一类是"取缔""打消""场所""场合""引渡"等法律词汇。后者数量较少。借形词是日本人创造的新词，有的学者直接使用日本的术语——"和制汉语"。但是尽管是"和制"，在创制过程中仍然存在着汉语资源（即命名理据）的问题，因为能够用汉字造词的人，对中国的典籍及近代以降的汉译西书都非常熟悉。

"借义词"是这样一类词：在词源上是汉语的固有词语，可以在中国典籍、佛教经典、禅宗语录、白话小说、善书中找到使用例，但是近代以后被日本的译者改造成译词，赋予了新的意义。如"革命""经济""共和""民主""社会""关系""影响"等。

日语借形词和借义词被认为是日语借词的主要部分，也是迄今为

---

① 沈国威「近代の新語訳語と中国語の二字語化——日本語の影響作用を中心として」沈国威・内田慶市共編著『環流する東アジアの近代新語訳語』関西大学東西学術研究所、2014、303～318 頁；沈国威「中国語語彙体系の近代化問題——二字語化現象と日本語の影響作用を中心として」内田慶市編『周縁アプローチによる東西言語文化接触の研究とアーカイヴスの構築』、15～35 頁。

止主要的研究对象。这些词的意义特征为抽象词汇、科学术语、新事物的名称。

"激活词"，或"日语激活词"，是笔者提出的一个新概念。激活词作为词或文字串，在中国的典籍或汉译西书中可以找到用例，在词义上，也具有古今一贯性，即词源上并非"和制汉语"。但这些词突然活跃起来则是在 19、20 世纪之交。激活词有两种，一种如"望远镜""热带""寒带""细胞"等，是 16 世纪以后由耶稣会士，或 19 世纪以后来华的新教传教士创造的译词，由于种种原因，这些词没能直接成为汉语词汇体系中的一员，而是先传到日本，再从日本回流到中国。即是说传教士们造的词和现代汉语之间有一个断层。另一种如"学校""方案""改善""薄弱"等汉语的古典双音节词，其词类遍及名词、动词、形容词、副词。激活词的数量要远远多于借形词和借义词。

"日语激活词"这一概念，拟涵盖截至 19 世纪末使用频率不高、处于休眠状态的汉语词及结合得并不十分紧密的文字串等。这些词在日书汉译过程中，受到日语高频率使用的影响被重新激活，并作为单音节词的对应形式，成为汉语的基本词汇。对"改良""改善""简单""优秀""正确"等数以千计的二字词如何成为现代汉语基本词汇这一问题，无论是从事汉语词汇研究的学者，还是从事近代中日词汇交流研究的学者，都没有给予应有的关注。

关于借形词的研究，首见书证的发现是至关重要的，而借义词则需要仔细地辨别旧词在译书及同时代其他文献中的词义变化；唯独对于激活词而言，传统的研究法（如发现书证、甄别词义变化等）不足以捕捉到语言现象的历史真实。但是，近年迅速发展的语料库以及大数据研究法提供了新的可能性。

无论是文体也好，译名也好，时代所呼唤的新"国语"走上了一条与严译背道而驰的路。今天我们探讨这段历史时，严复及其一系列译著是一个重要的参照值，它引导我们从相反的角度思考近代新词、译词的产生与汉语自身的近代演进的过程。

第六章 严复与科学名词审定

小 引

傅兰雅在谈到翻译西方科学书籍时说，最大的困难是中国"无其学无其名"。[①] 严复早在翻译伊始就遇到了译名问题，他说"新理踵出，名目纷繁，索之中文，渺不可得，即有牵合，终嫌参差"。[②] 后来更加强调说"今夫名词者，译事之权舆也，而亦为之归宿"。[③]

严复在其翻译、著述中多次谈到"学语"，即学术用语与科学的关系，可信手拈来几条：

> 诸公应知科学入手，第一层工夫便是正名。……所恨中国文字，经词章家遣用败坏，多含混闪烁之词，此乃学问发达之大阻力。[④]

---

① 傅兰雅：《江南制造总局翻译西书事略》，《格致汇编》第 2 册，第 349～354、381～386 页；第 3 册，第 19～24、51～54 页。
② 严复：《天演论》，第 xii 页。
③ 《〈普通百科新大词典〉序》，《严复集》第 2 册，第 277 页。
④ 《严复集》第 5 册，第 1247 页。

　　既云科学，则其中所用字义，必须界线分明，不准丝毫含
混。①

　　科学之一名词，只涵一义，若其二义，则当问此二者果相合
否。……然此正是科学要紧事业，不如此者，无科学也。孔子
曰："必也正名乎。"②

　　清末西学翻译第一人的严复，如其所言"一名之立、旬月踟
蹰"，对译词的创制是极其认真的，并多次发表自己的意见。《原富》
出版后，梁启超在《新民丛报》上撰文介绍严复的新译，同时希望
严复能"将所译之各名词，列一华英对照表，使读者可因以参照原
书，而后之踵译者，亦得按图索骥，率而遵之，免参差以混耳目
也"。③ 严复在给梁启超的回信中说："台教所见要之两事：其本书对
照表，友人嘉兴张氏既任其劳。"④ 他已经认识到了译词的统一和普
及与创制一样重要。1903 年严复为京师大学堂译书局草拟章程，对
译词（意译词、音译词）的厘定、统一提出了更具体的设想：

　　局章
　　九、所有翻译名义，应分译、不译两种：译者谓译其义，不
译者则但传其音；然二者均须一律。法于开译一书时，分译之人
另具一册，将一切专名按西国字母次序开列，先行自拟译名，或
沿用前人已译名目 [国名、地名、凡外务部文书及《瀛寰志略》
所旧用者从之]，俟呈总译裁定后，列入《新学名义表》及《人
地专名表》等书，备他日汇总呈请奏准颁行，以期划一。

────────────

① 《严复集》第 5 册，第 1280 页。
② 《严复集》第 5 册，第 1285 页。
③ 梁启超：《介绍新著原富》，《新民丛报》1902 年第 1 号，第 113～115 页。亦见
　《与梁启超书二》，《严复集》第 3 册，第 516～517 页。但二人在这里谈及的实际
　是人名等专有名词的音译问题，而不是一般术语。
④ 《严复集》第 3 册，第 517 页。

....

　　章程条说

　　一、译书遇有专名要义，无论译传其意，如议院、航路、金
准等语，抑但写其音，如伯理玺天德、哀的美敦等语，既设译
局，理宜订定一律，以免纷纭。法于所译各书之后附对照表，以
备学者检阅，庶新学风行之后沿用同文，不生歧异。[1]

即不论是音译词，还是意译词都有一个"一律"（统一）的问题。严
复为之设想了具体的施行办法。但京师大学堂译书局并没有实际开
设，严复关于译词的种种想法要等到他出任学部编订名词馆总纂以后
才有可能付诸实现。本章集中考察严复在学术用语的审定、统一方面
的贡献。

一　严复与学部编订名词馆

　　科学术语一方面需要严格定义，另一方面需要对不同译者创制
的译名加以统一。卢公明编纂的《英华萃林韵府》即是传教士试图
统一译名的一种努力。但实际上直至 19 世纪末，无论是术语的制
定，还是译名的统一，都极大地落后于科学书籍翻译的需要。关于
清末以传教士为中心的术语统一问题，王树槐、王扬宗的研究廓清
了主要事实，[2] 但有关清政府方面所做的工作，还有不少谜团。
1905 年，清政府设置学部（即民国以后的教育部），其工作之一就
是着手解决传教士没有做到的术语创制与统一的问题。1909 年初
冬，学部奏设编订名词馆，拟派严复为总纂。据严复之子严璩的

---

①　《严复集》第 1 册，第 128、131 页。[ ] 中为夹注。

②　王树槐：《清末翻译名词的统一问题》，《中央研究院近代史研究所集刊》第 1 期，
　　1969，第 47～82 页。王扬宗：《清末益智书会统一科技术语工作述评》，《中国科
　　技史料》1991 年第 2 期，第 9～19 页。

《侯官严先生年谱》：

> 戊申（1908）学部新设，荣尚书庆聘府君为审定名词馆总纂。（原注：系在1909年）。自此供职三年，直至国体改革，始不视事。遗稿甚多，尚存教育部。①

"供职三年"是著者的笔误，严复在名词馆实际供职只有两年。关于编订名词馆的详细情况，如人员、组织和具体工作成果等，尚有很多不为人知的细节。清末设学部，学部下设五司：总务司、专门司、普通司、实业司、会计司；总务司下设审定科，"掌审查教科图书，凡编译局之已经编辑者，详加审核颁行"；同时"拟设编译图书局，即以学务处原设之编书局改办。其局长由学部奏派，其局员均由局长酌量聘用，无庸别设实官。并于局中附设研究所，专研究编纂各种课本"。② 编订名词馆（以下简称"名词馆"）是编译图书局的下属机构。下面我们对名词馆的建立做一个简单的梳理。

1909年6月28日的《申报》上首次登出了"名词馆"的消息，内容如下：

> 严几道近曾在学部上一条陈，请设审定名词馆。其办法拟设总纂一员、副纂一员、分纂五六员、汇辑一员、司务一员，取定名词，分翻音、译义两科，并闻有调英国留学生伍君光建充当总纂之请。③

---

① 《严复集》第5册，第1550页。
② 《学部奏酌拟学部官制并归并国子监事宜改定额缺折》（光绪三十二年闰四月二十日），舒新城编《中国近代教育史资料》，人民教育出版社，1961，第280页。
③ 《申报》1909年6月28日。

两天以后的《申报》报道后续消息："学部奏派缪荃孙办图书局，严复办审定学科名词馆。"① 而严复在先前写给夫人朱明丽的信中说：

> 学部又央我审定各科名词，此乃极大工程之事，因来意勤恳，不可推辞，刻已许之。但我近来精力不及从前甚远，若做不好，岂不为笑？学部叫我自寻帮手，而我又想不出谁来，欲调之人，又恐调不动也。②

时为 1909 年 6 月 2 日，这是严复第一次提及审定名词事，建馆尚在拟议中。应该是学部游说严复，在得到严复允诺后，以严复名义上奏朝廷的。③ 严复在另一封信中告诉朱明丽：

> 学部设立正辞馆，已定九月十六日出奏，该馆即在学部街考棚内，离我们京寓却甚近。④

这个奏折即《学部开办编订名词馆折》半个月后由《申报》刊出：

> 学部奏云，本年闰二月二十八日（4 月 18 日——引者注，下同），臣部具奏分年筹备事宜单开，编订各种学科中外名词对

① 《申报》1909 年 6 月 30 日。
② 《严复集》，第 3 册，第 747 页。这封信写于 1909 年 6 月 2 日。
③ 《申报》（1910 年 3 月 21 日）传递北京的消息《严几道己允充名词馆总纂》："学部设立名词馆，业已草创开办，所调外务部各员，亦经陆续到馆，按照各国文字分纂一门，惟总纂一席，不易得人。客岁曾经各堂公举严君几道充任此职，未经允诺，盖严君以大著作家自命，其所担任教育上之责成，较诸他人独重，故无暇担任此职。但各堂屡次磋商，意竟无他人，近日荣相复又面恳再四，嘱托以为吾国审订名词一事，洵为信今传后之举，若非严君总其大成，势难尽美尽善。严君得此赞美勉励之词，无可再辞，已当面认可矣。该馆自开办后所有应用缮写人员，拟于举贡生监或有中学程度。""以大著作家自命"应是坊间传闻，但学部大臣荣庆"面恳再四"与严复信中的"来意勤恳"可互参。
④ 《严复集》第 3 册，第 749 页。这封信写于 1909 年 10 月 27 日。

照表，择要先编以后，按年接续。又五月初六日（6 月 23
日——引者注），臣部奏请以候选道严复在臣部丞参上行走，令
其编订学科名词、各种辞典。均经奉旨允准，自应钦遵办理。查
各种名词不外文实两科，大致可区六门：一曰算学，凡笔算、几
何、代数、三角、割锥、微积、簿记之属从之；二曰博物，凡草
木、鸟兽、虫鱼、生理、卫生之属从之；三曰理化，凡物理、化
学、地文、地质、气候之属从之；四曰舆史，凡历史、舆地，转
音译义之属从之；五曰教育，凡论辩、伦理、心灵、教育之属从
之；六曰法政，凡宪政、法律、理财之属从之。惟各种名词繁
赜，或辨义而识其指归，或因音而通其假借，将欲统一文典，昭
示来兹，自应设立专局，遴选通才，以期集事。拟暂借臣部东偏
考院，作为办公之地，名曰编订名词馆。即派严复为该馆总纂，
并添派分纂各员分任其事，由该总纂督率，分门编辑，按日程
功。其一切名词将来奏定颁行之后，所有教科及参考各书，无论
官编民辑，其中所用名词有与所颁对照表歧异者，均应一律遵
改，以昭画一。九月十六日。奉旨：知道了。

又片奏云：再，编订名词分纂需人，查有准补江苏六合县
知县孙筹，文章雅赡，邃于西学，堪以调充分纂，如蒙俞允，
即由臣部咨行江苏巡抚，饬令该员迅速到差。同日奉旨：知道
了。①

从这篇奏折中可知编订名词馆的主要目的是术语的制定（编定）和
统一（画一）。其实，此前《申报》已经报道了编订名词馆获批的消
息，②并引起了议论。有人在"清谈栏"发文批评名词馆可能会耗资
"太钜"：

---

① 《申报》1909 年 11 月 13 日。笔者认为这个奏折是由严复执笔的。
② 《申报》1909 年 11 月 2 日传北京专电："学部奏设编订名词馆，奉旨知道。"

编订名词馆之价值。学部近奉添设编订名词馆之旨，从学部愿问官某道之请也。某道固长于订名词者，数日定一字，数月译一文，其技固不恶劣也。抑知一馆之设，有重译，有审定，有提调，有总裁，不知又容许多之官吏；容许多之官吏，不知又将费许多之银钱，而每年不知能得几何划一之名词。今当财政困穷之际，而特设此编订名词馆，将以助长教育也。但恐所订名词少，而所委人员多。则此种名词之价值，不免太钜耳。①

教科书所用术语的"审定""划一"是张之洞以来的既定方针。数日后，《申报》再次介绍了名词馆成立的背景：

学部开办审定名词馆。张文襄管学部时，曾拟将学堂教科书内中外名词详加审定，以归划一。现张相已经逝世，该部荣尚书拟继文襄未竟之志，实行办理。现于新筑考棚内开办名词馆一处，遴派司员分任审定，并派严复、常福元二员总理一切，其分纂人员闻已调刘大猷、王国维、王用舟、周述咸、曾宗巩诸人。②

严复继续给夫人写信告知名词馆开始运作：

学部编订名词馆，已于廿开办，月薪馆中及丞参堂两处共京足三百两，略毂京中敷衍耳。……本日所以作此信者，因明日起便须常日到馆督率编辑，每日须有六点钟左右，恐怕没有工夫作信。③

---

①　《申报》1909 年 11 月 3 日。
②　《申报》1909 年 11 月 11 日。
③　《严复集》第 3 册，第 750 页。这封信写于 1909 年 11 月 4 日。

月薪似乎不及严复的期望值，而且须每日到馆工作 6 小时，恐怕连写信的时间都不能保证。1909 年 11 月初起到 1911 年 10 月武昌起事，严复统辖名词馆近两年，那么其具体成果如何？①

严复等在名词馆审定的术语没有公之于众，不为人知。但是后来有人提到了这批术语。王栻在《严复传》中写道：

　　1908 年（光绪 34 年），清政府新添设学部（教育部），学部尚书荣庆聘严复为审定名词馆总纂。自此以至辛亥革命发生，三年时间，严复一直在此供职。② 但他对这项工作仅是应付而已。据章士钊说："（民国）七年（1918 年），愚任北大教授，蔡校长（元培）曾将先生（严复）名词馆遗稿之一部，交愚董理，其草率敷衍，亦弥可惊，计先生借馆觅食，未抛心力为之也。"③

即亲自看过"名词馆遗稿"的章士钊认为，严复在名词馆审定科学

---

①　关晓红说："编译图书局专门设置编订名词馆，至 1910 年已编成几何、代数、笔算、生物、物理、化学、地理、心理、宪法等项，并编辑公布了各学科的中外名词对照表。"（《晚清学部研究》，广东教育出版社，2000，第 379 页）但事实似乎有一些出入。《学部奏陈第二年下届筹办预备立宪成绩折》说："编订名词馆，自上年奏设以来，于算学一门，已编笔算及几何、代数三项；博物一门，已编生理及草木等项；理化、史学、地学、教育、法政各门，已编物理、化学、历史、舆地及心理、宪法等项。凡已编者，预计本年四月可成；未编者，仍当挨次续办。"（《教育杂志》第 2 卷第 5 期，1910 年，章程文牍第 31～32 页）这只是"预计本年四月可成"，"编辑"姑且不论，实际上并没有"公布了各学科的中外名词对照表"。作为有案可查的成果仅有《物理学语汇》（学部审定科编，1908）和《辨学名词对照表附心理学及论理学名词对照表》（编订名词馆，1909?）。前者公开发行，后者如下所述只是印出来而已。参见沈国威《中国近代的科技术语辞典（1858～1949）》，『或问』13 号、2007、137～156 页。
②　王栻：《严复传》，上海人民出版社，1957，第 65 页的脚注：严复实际在名词馆供职仅两年。
③　王栻：《严复传》，第 65 页。

名词不过是"借馆觅食""草率敷衍""未抛心力为之也"。① 从多次给当道权贵写信寻觅官职，② 可推测严复那时需要更多的钱来维持一家的生活。③ 章士钊就是从这个角度来看严复审定名词的。对于章士钊的责难，汪晖在表示赞同的同时还从科技教育体制上着眼，指出："晚清审定名词馆的设定无疑是和西学的传入和教育体制的改革有关，但是，由于没有专门的科学家群体的工作，这项工作仍然具有深刻的官僚和文人性质，严复担任这项工作的上述状况，大致说明了这一点。"④

　　然而，在接触了大量新发现的关于严复的第一手资料后，王栻在《严复传》1976 年改订版第 97 页的脚注 3 中说："关于严复的生活，自 1900 年（光绪二十六年）以后，因为保留了较多的朋友书札及家

----

① 但是王栻并没有说明这段引文出自何处。应该是首见于《青鹤》杂志第 4 卷第 12 期上的《孤桐杂记》（第 4 页）。王遽常《严几道年谱》（商务印书馆，1936）中说："据严谱案。积稿今尚存教育部。《现代中国文学史》云：其后章士钊董理其稿，草率敷衍，亦弥可叹。复籍借馆觅食，未抛心力为之也。"（第 79 页）另据《东方杂志》，1918 年北大开始设立各种研究所以推动研究。研究所简章第十一条为：教育部移交之名词馆稿，依学科性质，分送各研究所，为研究之一部。章士钊为论理学（即逻辑学——笔者注）研究所主任教员。章士钊在《逻辑指要》"定名"中写道："侯官严氏译《穆勒名学》，谓名字所函，奥衍精博，与逻辑差相若……前清教育部设名馆，王静安氏维□欲定逻辑为辩学。时严氏已不自缚奥衍精博之说，谓：'此科所包至广，吾国先秦所有，虽不足以抵其全，然实此科之首事；若云广狭不称，则辩与论理俱不称也。'（此数语，吾从名辞馆草稿得之，今不知藏何处）……"（第 2 页）。但对一个译名加了几十个字的评语，也可见严复绝非草率。
② 《与毓朗书》《与那桐书》中有"前在京，南北洋皆有津贴，略足敷衍，比者因计部裁减一切经费，皆已坐撤，仅剩学部月三百金，一家三十余口，遂有纳屦决踵之忧"之句（《严复集》第 3 册，第 596~598 页）。严复为了维持一家三十余口的生活，希望得到外务部游美留学公所的差事。这两封信写于 1910 年秋冬，此时严复在名词馆工作已经一年多了，但生活仍很拮据。
③ 但王栻指出："严复当时任译局总办、名词馆总纂、资政院议员，总的来说，这一时期，他的生活已逐渐在相当大的一部分上依靠他的稿费，但基本上还是依靠清政府及其达官巨吏们的'借重'与豢养。"（1976 年新一版，第 97 页）
④ 汪晖：《现代中国思想的兴起》第二部下卷《科学话语共同体》，三联书店，2004，第 1135 页脚注 48。

书，并且保留了一部份清末民初的日记，我们所知较多。"① 正是根据这些资料王栻改变了自己的观点，将初版中"但他对这项工作仅是应付而已"一句删去，并对章士钊的"借馆觅食""未抛心力为之"的说法加以反驳："据严复晚年的日记及家书，严复对于馆中某些工作，并不'草率敷衍'。"（第96页）但是在那本小册子里限于篇幅王栻说"此处不能细述"。

在这里让我们沿着王栻的提示，通过翻检严复给亲友的书信和1909至1912年的日记等，② 来了解一下严复在名词馆审定术语的情况。除了前引的3封信以外，严复提到名词馆的信还有以下数通，兹按照时间顺序排列如下：

馆事极繁重，刻须日日到部到馆，即受责任，不能不认真做去耳。（与夫人朱明丽书三十一）③

吾于年假甚想回申一行，但不知学部公事走得开否？名词编订，堂官甚盼早日成功也。（与夫人朱明丽书三十二）④

吾体气尚佳，但部中事忙，日日须行到馆，所好住宅离部不远，中午一点钟可以回寓吃饭，饭后乃再去也。（与夫人朱明丽书三十三）⑤

我实在气苦，今日晨起头痛发烧，自家暗想，真天下第一可怜人也。馆中公事又急，故不能不勉强到部，此信即在名词馆所写。（与夫人朱明丽书四十一）⑥

---

① 王栻：《严复传》，1976年新一版，第97页。
② 《严复集》第5册，第1477～1513页。但是宣统二年（1910年2月10日至1911年1月29日）的日记逸失。
③ 《严复集》第3册，第755页。这封信写于1909年12月9日。
④ 《严复集》第3册，第755页。这封信写于1909年12月15日。
⑤ 《严复集》第3册，第756页。这封信写于1909年12月22日。
⑥ 《严复集》第3册，第762页。这封信写于1910年5月11日。

私信中"若做不好，岂不为笑"，"即受责任，不能不认真做去"等语都表明了严复对审定名词一事的态度。除了夫人朱明丽以外，严复在给其他亲属的信中也多次提到了名词馆：

> 吾自到京之后，身力尚可支撑。编订名词，业已开馆；分纂有八九人，伯琦、幼固皆在内，周庶咸仍充庶务，事体颇称顺手。现年内欲令对照表先成，不知做得到否？（与侄严伯鋆书二）[①]
>
> 名词馆开办后，尚为得手，分纂调聘亦无滥竽；惟部中诸老颇欲早观成效，不得不日夜催趱耳。（与甥女何纫兰书十九）[②]
>
> 舅在京，身体尚健朗，但部中公事极忙，不仅编订名词一宗而已。（与甥女何纫兰书二十）[③]
>
> 信到。舅原拟本廿二日由京汉铁路回申，乃因事为学部挽留，嗣又病颈风，痛楚异常，夜不合眼，经请英使馆医生诊治，但至今尚未大愈。……部事极琐碎，但既来开局，成效未见，故不愿告退；至于升官，吾视若浮云久矣。严范孙侍郎与舅甚要好，近请修墓假，恐未必再来。京中事阴阳怪气，中国人办事，随汝如何，不过如是，似是而非，外方人那里知道。（与甥女何纫兰书二十一）[④]

从严复的这些信中我们可以知道，学部请求严复负责术语的审定工作，而且高层"甚盼早日成功"。尽管严复健康情况并不理想，但是"来意勤恳"，便当即答应了下来；既然答应了就要认真做好。所幸名词馆距离严复在北京的寓所不远，中午可以回家吃饭。从事术语审

---

① 《严复集》第 3 册，第 827 页。这封信写于 1909 年 12 月 13 日至 1910 年 1 月 10 日之间。
② 《严复集》第 3 册，第 841 页。这封信写于 1909 年 11 月 29 日。
③ 《严复集》第 3 册，第 841 页。这封信写于 1910 年 1 月 12 日。
④ 《严复集》第 3 册，第 841~842 页。这封信写于 1910 年 2 月 3 日。

定工作的人员主要由严复自己物色，名词审定的工作量极大，严复须每天到馆，每日工作 6 小时以上，哪怕生病也"不得不勉强到部"。在严复及馆内同仁的努力下，名词馆的工作进展顺利，1910 年内有可能完成一部分术语对照表。

另一方面，严复日记中最早出现名词馆的记载是 1909 年 10 月 13 日："在京师，具正辞馆节略与学部。"① 接着，在 11 月 2 日的日记中记录了开馆的消息（第 1495 页）。

由此至 1910 年 2 月 9 日的两个多月时间里严复日记中有"到馆"的记录达 55 次之多。可见严复的"日日到馆"并非虚言。宣统二年的日记逸失，无法了解严复的行踪。宣统三年的 87 天日记中，"到馆"记录仅有 4 次。1911 年 10 月 10 日武昌起义爆发，严复"到馆"的最后一次记载是 10 月 21 日："到名词馆。"他于 11 月 9 日由京赴津避难，以后日记中也再无名词馆的记录。

从书信和日记所反映的情况来看，建馆前严复制定计划、聘请馆员；建馆后几乎每天到馆，事无巨细，亲自过问，② 对术语审定工作是极其认真负责的。

从 1909 年 11 月 2 日名词馆正式开馆到 1911 年 10 月 21 日最后一次到馆，在不到两年的这段时间里，严复组织人完成了大量的术语审定，赫美玲说有 3 万余条（详后），这不能不说是一个了不起的成果。

名词馆成立前后，严复邀请伍光建参与名词馆的术语审定，被伍婉拒。严复致书伍光建力陈术语审定的重要性，其辞殷殷，可以看出严复对术语问题的真实心情：

---

① 对此，王栻注释：正辞馆，即审定名词馆，为学部下属机关。严复受聘为总纂，进行筹备工作，提出报告书。参见《严复集》第 5 册，第 1494 页脚注 2。

② "我这几日部事极忙，总而言之，凡他人不能做之事，皆须我做。"（《严复集》第 3 册，第 757 页）所谓"借馆觅食"也不确，严复说"我学部编订名词馆，仅二百金，仅敷寓用"（《严复集》第 3 册，第 752 页），可见条件并不是很优越。

前者议以名词馆一席相辱，台端谦抑，未即惠然。弟愚见以
谓，名词一宗虽费心力，然究与译著差殊；况阁下所认诸科，大
抵皆所前译，及今编订，事与综录相同，何至惮烦若此？方今欧
说东渐，上自政法，下逮虫鱼，言教育者皆以必用国文为不刊之
宗旨。而用国文矣，则统一名词最亟，此必然之数也。向者学部
以此事相锤诿，使复计难易而较丰啬，则辇毂之下何事不可问
津？而必以此席自累，质以云乎？夫亦有所牺牲而已。获通门下
日久，余人即不我知，岂执事而不信此说耶？至于贤者受事必计
始终，此说固也；然而量而后入者，亦云力所能为已耳。……如
今人所谓消极主义者，未始非其人之病也。为此，敬再劝驾。①

在翻译的实践中严复认识到"今夫名词者，译事之权舆也，而亦为
之归宿"，②没有译名就没有译事。如此对于译词创制既有自己的理
论，又有自己的方法，很难想像得到了实现自己主张机会的严复会
"草率敷衍"。事实上，严复对自己创造的译词非常认真。通过下一
节中的对部定词的分析，可知在部定词制定过程中，严复坚持了自己
的译词原则，把自己的译词悉数收入。我们可以说，严复绝非"草
率敷衍"；而汪晖的"没有专门的科学家群体的工作"似乎也不准
确。如严复自己所说"分纂调聘亦无滥竽"。例如曾留学英国的王㒟
孙在名词馆任分纂，对哲学、逻辑学等人文科学造诣深厚的王国维亦
在名词馆任协修。

二　关于审定方法及结果

分送北京大学各研究所的名词馆遗稿，其后的下落不得而知，现

---

① 《严复集》第 3 册，第 585～586 页。这封信写于 1910 年 1 月 24 日。
② 《〈普通百科新大词典〉序》，《严复集》第 2 册，第 277 页。

在比较容易见到的是北京师范大学图书馆藏的《中外名词对照表》。这些原本各自独立的对照表被收藏者汇集成一册，加上了《中外名词对照表》的题名，共 325 个对开页，铅字印刷。收录各表简况如表 6 − 1：

表 6 − 1　《中外名词对照表》概况

1	辨学名词对照表	例言 1 页，正文 17 页，术语 210 条
2	心理/伦理学中英名词对照表	引 2 页，例言 1 页，心理表正文 20 页，术语 252 条；伦理表正文 7 页，术语 70 条
3	外国地名中英对照表	例言 3 页，正文 152 页，地名 1000 余条
4	算学/代数中英名词对照表	例言 1 页，算学表正文 11 页，术语 153 条；代数表正文 10 页，术语 126 条
5	形学中英名词对照表	例言 1 页，正文 43 页，术语 437 条
6	平/弧三角中英名词对照表	平面三角，正文 7 页，术语 76 条；弧三角，正文 2 页，术语 23 条
7	解析形学中英名词对照表	例言 1 页，正文 28 页，术语 213 条

如图 6 − 1 所示，对照表分为三栏，分别为"定名""西文原名"和"定名理由"。我们首先来看一下"外国地名中英对照表"。这个表占了《中外名词对照表》的绝大部分。表前面的"例言"说地名表备"中学堂以下之用"，可知与教科书的编纂有关。地名是专名，本无含义可言，即严复所说的"不译者则但传其音"。但是受译者自身方言的影响，选字混乱。严复在这里注意到地名中一部分语素具有实际意义，所以应该"其义意既同则所转之音应从一律"。所举实例如下：

Burg→堡　　　　　Ton→敦　　　　　Sk→斯科　　　　　Stan→斯坦

规定统一的音转写方式，是统一地名翻译所必须的。

《中外名词对照表》表 4 至表 7 是数学术语。这一领域中国素有积累，墨海书馆也多有贡献，并影响了日本。在此主要分析一下辨学、心理学、伦理学译名对照表的情况。

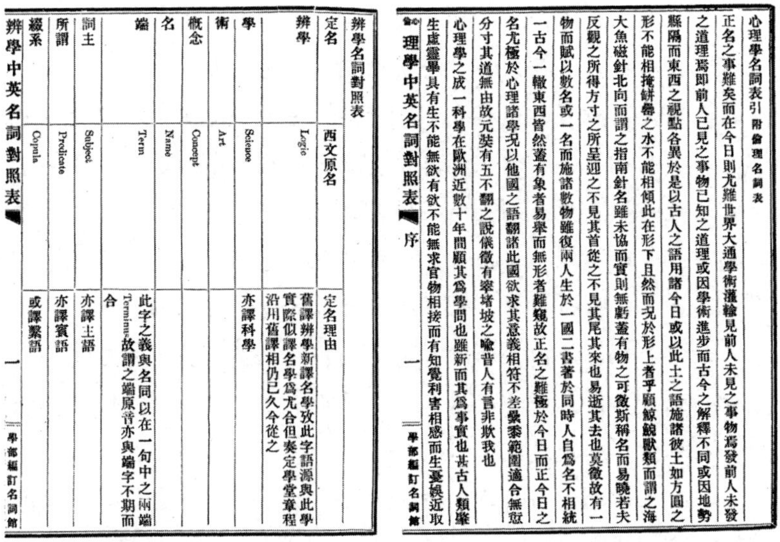
辨學名詞對照表

定名	西文原名	定名理由
辨學	Logic	舊譯辨學新譯名學孜此字語源與此學實際似譯名學爲尤合但奏定學堂章程沿用舊譯相仍已久今從之
學	Science	亦譯科學
術	Art	
概念	Concept	
名	Name	
端	Term	此字之義與名同以在一句中之兩端Terminus故謂之端原音亦與端字不期而合
詞主	Subject	亦譯主語
所謂	Predicate	亦譯賓語
綴系	Copula	或譯繫語

辨學中英名詞對照表　一　學部編訂名詞館

心理學名詞表引 附倫理名詞表

正名之事難矣而在今日則尤難世界大通學術灌輸見前人未見之事物焉發前人未發之道理焉即前人已見之事物已知之道理或因學術進步而古今之解釋不同或因地勢懸隔而東西之視點各異於是以古人之語用諸今日或以此土之語施諸彼土如方圓之形不能相掩缾罍之水不能相傾此在形下且然而況於形上者乎顧鯨鯢獸類而謂之海大魚磁針北向而謂之指南針名雖未協而實則無虧蓋有物之可徵斯稱名而易曉若夫反觀之所得方寸之所呈迎之不見其首從之不見其尾其來也易逝其去也莫徵故有一物而賦以數名或一名而施諸數物雖復兩人生於一國二書著於同時人自爲名不相統一古今一轍東西皆然蓋有象者易舉而無形者難窺故正名之難極於今日而正今日之名尤極於心理諸學況以他國之語翻諸此國欲求其意義相符不差纍黍範圍適合無愆分寸其道無由故元奘有五不翻之說儀徵有塋埆坡之喩昔人有言非欺我也

心理學之成一科學在歐洲近數十年間顧其爲學問也雖新而其爲事實也甚古人類舉生處靈畢具有生不能無欲有欲不能無求官物相接而有知覺利害相感而生憂娛近取

心倫理學中英名詞對照表　序　一　學部編訂名詞館

图 6-1　《辨学中英名词对照表》（左）、《心理学中英名词对照表引》（右）书影

《辨学中英名词对照表》共收逻辑学术语 209 条，“例言”说术语主要取自穆勒的 *System of Logic* 和耶芳的 *Element Lesson in Logic* 二书，“而以耶氏书为多”，中文译名则主要采自严复的《穆勒名学》，但《穆勒名学》只译出了半部，因此自行撰定了一部分，还借用了少量日本译词。

《心理/伦理学中英名词对照表》分别收录心理学术语 252 条、伦理学术语 70 条。表前有一个《心理学名词表引》，中缝鱼尾下标为“序”。兹全文抄录如下：

> 正名之事难矣，而在今日则尤难。世界大通，学术灌输，见前人未见之事物焉，发前人未发之道理焉。即前人已见之事物，已知之道理，或因学术进步而古今之解释不同，或因地势悬隔而东西之视点各异。于是以古人之语用诸今日，或以此土之语施诸彼土。如方圆之形不能相掩，瓶罍之水不能相倾。此在形下且

然，而况于形上者乎。顾鲸鲵，兽类而谓之海大鱼；磁针北向而谓之指南针。名虽未协，而实则无亏。盖有物可征，斯称名而易晓。若夫反观之，所得方寸之所呈，迎之不见其首，从之不见其尾。其来也易逝，其去也莫征。故有一物而赋以数名，或一名而施诸数物。虽复两人生于一国，二书著于同时，人自为名，不相统一，古今一辙，东西皆然。盖有象者易举，而无形者难窥。故正名之难，极于今日。而正今日之名，尤极于心理诸学。况以他国之语，翻诸此国，欲求其意义相符，不差累黍，范围适合，无憾分寸，其道无由。故元奘有五不翻之说，仪徵有窜堵坡之喻，昔人有言，非欺我也。

心理学之成一科学，在欧洲近数十年间。顾其为学问也虽新，而其为事实也甚古。人类肇生，虚灵毕具，有生不能无欲，有欲不能无求；官物相接而有知觉，利害相感而生忧娱。近取诸身皆可观察，百代文学多载其事实，三古哲人或阐其理论，周秦经典，印度律论具穷心性之微，不乏参稽之料。然古人之言大抵有为而发，或传哲学之色彩，或带宗教之臭味，或因一人而施教，或为一时而立言，与近世科学区以别矣。以例言之，如 Reason 一语，以儒家之语译之则当为理；Sensation 一语，以佛家之语译之则当为尘。今览理字不无崇敬之情，观尘字便有鄙夷之意，然二者皆心中之事实，无美恶之可言。望文生义，差以千里，举此一端，余可三反。然使务去陈言，悉资新造，则东西言语本异渊源，彼此范围各有广狭，上文所论，已尽其概。故在今日，有可攻之学，而无尽善之名，盖可识矣。

窃愿今之为学者，毋以其名为也，求其实焉可矣。夫名者，实之宾也，表者，衷之旗也。苟徇名而遗其实，得表而弃其衷，则虽有尽善之名，极精之表，只虚车耳，曷足贵乎。若能内观灵府之奥，外查同类之情，精研人群之现象，周知四国之典籍，则得鱼有忘筌之乐，扣槃无扪日之疑，实既了然，名斯无惑。以此为学，则学日新，以此定名，则名日善，此则学者之责矣。

这篇序不署撰者，但笔者认为这是一篇严复的佚文。理由有以下几点。

第一，严复是名词馆的总纂，此类卷首序言理应由总纂执笔，而且严复对人文科学的术语自有一家之言，必然当仁不让。

第二，严复曾在《穆勒名学》中批评中国自古以来的命名方式的非科学性，说："独中国不然。其训诂非界说也，同名互训，以见古今之异言而已。且科学弗治，则不能尽物之性，用名虽误，无由自知。故五纬非星也，而名星矣；鲸、鲲、鲟、鳇非鱼也，而从鱼矣；石炭不可以名煤，汞养不可以名砂，诸如此者不胜偻指，然此犹为中国所前有者耳。海通以来，遐方之物，诡用异体，充牣于市，斯其立名尤不可通。此如'火轮船'、'自鸣钟'、'自来水'、'自来火'、'电气''象皮'（其物名茵陈勒勃，树胶所制）、'洋枪'之属几无名而不谬。"① 在《心理学名词表》的序中，严复则说："顾鲸鲵，兽类而谓之海大鱼；磁针北向而谓之指南针。"但此时严复似乎认识到了民俗命名法与科学命名法的区别，指出"名虽未协，而实则无亏"。民俗命名法的最重要的特点是形象化。严复接着写道："盖有物可征，斯称名而易晓。若夫反观之，所得方寸之所呈，迎之不见其首，从之不见其尾。其来也易逝，其去也莫征。"意即术语应该把握对象的特点，否则不便于记忆。与此相同的主张见于严复《普通百科新大词典》的序言。在那篇序言中，严复说："今夫名词者，译事之权舆也，而亦为之归宿。言之必有物也，术之必有涂也，非是且靡所托始焉，故曰权舆。识之其必有兆也，指之其必有巇也，否则随以亡焉，故曰归宿。"

第三，序中"心理学之成一科学，在欧洲近数十年间"以下讨论了近代之前的"术"如何成为近代以后的一科之"学"的问题。

---

① 严复：《穆勒名学》，第35～36页；参见沈国威《严复与科学》，第146～174页。

严复称之为成学征程，或"学程"，这一直是严复所关注的问题，也是严复"科学"一词最基本的用法。在其所译的《穆勒名学》"部首·引论"中专门作了讨论。①

第四，这个序通篇几乎没有使用日语词汇，而名词馆很多人都有留日经历，行文中难免流露。例如王国维"抑我国人之特质，实际的也，通俗的也；西洋人之特质，思辨的也，科学的也"中"的"字的用法。②

当然，我们更关心的是审定工作是如何进行的，是否有一以贯之的基准或原则。表中的"定名理由"为我们提供了蛛丝马迹。辨学、心理学对照表中的"定名理由"共有 21 处记述（伦理学对照表没有），先抄录如下，然后我们来做一些分析。

表 6 – 2　《辨学中英名词对照表》的"定名理由"

序号	定名	西文原名	定名理由
1	辨学	Logic	旧译"辨学"，新译"名学"。考此字源与此学实际，似译"名学"为尤合。但奏定学堂章程沿用旧译，相仍已久，今从之
2	学	Science	亦译"科学"
3	端	Term	此字之义与名同。以在一句中之两端故谓之端。Terminus 原音亦与"端"字不期而合
4	词主	Subject	亦译"主语"
5	所谓	Predicate	亦译"宾语"
6	缀系	Copula	或译"系语"
7	察名	Concrete term	案 Concrete 者，有形或具体之意。故译察。察，著也
8	幺名	Abstract term	案 Abstract 义为抽，为悬，又 Abstract term 较察名更为幺远，故译"幺"
9	十畴	Categories or predicament	严译"十伦"。然十伦中之子目 Relatio 亦译作"伦"。殊嫌纲目相混，故改译"畴"，"畴"有区分之意

① 严复：《穆勒名学》，第 1～12 页；参见沈国威《严复与科学》，第 146～174 页。
② 王国维：《论新学语之输入》《教育世界》第 96 号，1905 年。《王国维遗书》第 5 卷，第 97 页。

续表

序号	定名	西文原名	定名理由
10	撰	Property	亦译"副性"。严译"撰",撰,具也,物所
11	寓	Accident	亦译"偶性"。严译"寓",寓,偶也
12	论素	Axion	旧译"公理"
13	前提	Premises	Premises 有大小二种。Major premise 严译"例";Minor premise 严译"案"。而 Premises 则译"原辞",以与"委"对。今依东译作"前提"。合言则云"前提",分言则一"例"一"案"
14	大端	Major term	或云"大名"
15	中端	Middle term	或云"中名"
16	外籀法	Deductive method	此系内籀之一法,故别译

表6-3 《心理学中英名词对照表》的"定名理由"

序号	定名	西文原名	定名理由
1	心理学	Psychs(o)logy	希腊语 Psyche 本训"灵魂",即训"心"。而 Logos 训"学",故直译之当云"心学"。然易与中国旧理学中之心学混。故从日本译名,作"心理学"。旧译"心灵学",若作人心之灵解,则"灵"字为赘旒,若作灵魂解,则近世心理学已废灵魂之说。故从今名。"理"字虽赘,然得对物理学言之
2	内主	Subject	日译"主观",然形容词之 subje(c)tive 不易别。故易此名。下外物一名仿此
3	觉	Consciousness	旧译"意识"。然"意识"义颇深。Consciousness 之义足以该识,而识不足以该 Consciousness。故译"觉"
4	内籀法	Inductive method	日译"归纳法"。然 Induct 一语出于拉丁语之 Inducire,in 训"内",而 ducire 则训"导"。故从上译,下外籀法仿此
5	官觉	Sensation	旧译"感觉",今译"官觉"。拟与"物觉"Perception 较易区别

从上述"定名理由"可知，审定过程中，大致有以下一些原则和特点：

第一，尽量沿用已有的名词，为此宁可忽视词源上的理据。而且权威性的文本必须遵守。如"名学"改称"辨学"，原文词源上译"名学"为尤合，但《奏定学堂章程》上的科目名使用了"辨学"，便加以采用。

第二，重视字的本义，有时不免牵强。如"端"对译 term；"察"对译 concrete，所给的理由是：察，著也。有显露、可观察之义。但《群学肄言》中，concrete science 译为"著学"，并不一致。

第三，开始采用日本译词，如"前提"。虽然没有言明理由，但严复译名的缺点是显而易见的。日语的"前提"及其下位概念"大前提""小前提"具有共同构词成分，便于记忆，而严译相对应的分别是"原辞""例""案"，完全没有类推性，徒增记忆负担。

第四，译词"心理学"的确立过程包含了很多影响因素：首先在与原词的词根对应上，可以译为"心学"，但容易与中国传统理学中的"心学"相混；旧译"心灵学"，这个"灵"字如果作"心"解，"灵"字就是"赘旒"，即严复所说的"于词为赘"；如果作"灵魂"解，科学的心理学已经否定了灵魂说。所以只能采用"心理学"。虽然"理"是羡余成分，但是可以和物理学成对。然而心理学和物理学在今天并不是对峙的概念。通过对影响因素的分析，有助于我们了解造词者的种种造词上的考量。

这两个表中的术语，除了一些来自日本的译词外，如心理学、伦理学、主观、客观、幼儿心理学、知性、印象、积极（后象）、消极（后象）、观念、概念、同情、美感、本能、动机等以外，其他译词都没有留下来。

近年发现的《植物名词中英对照表》是严复审定科学名词的另一个成果。这个材料由黄兴涛教授在国家图书馆发现并介绍给学界，后被收入《严复全集》第 10 卷。黄兴涛把这个材料命名为《手批

〈植物名词中英对照表〉》，撰写了详细的"点校说明"："编纂魏易，总校严复。共 103 个对开页，竖写，每页十行，中缝有'学部编订名词馆'，分为三段，分别为定名、西文原名、简明注释。收词 2600 余条，大部分是植物的名称。这个材料是植物名的中英对照表，不是植物学术语手册，不涉及生物学、植物解剖等新知识，但是在'简明注释'栏中加入了植物科属的信息，这是传统本草中没有的。表中有严复手书的批语，是排印之前的稿本。从藏书印看，是郑振铎的旧藏书。"①

黄兴涛指出，据 1917 年的"北京大学启"，此类资料共有 56 册，遗憾的是，目前我们只见到了这一册。② 关于编订名词馆的术语审定结果，期待着有新的材料问世。

三　名词馆审定术语的去向

如前所述，进入 1911 年以后，严复在日记中只记录了 4 次到名词馆的信息。到馆的记录减少，其原因可能是审定工作已经告一段落，但更重要的原因是经费拮据、政情不稳、人心惶惶。《申报》1911 年 7 月 9 日以"学部仍向度部索款"为题登载了一条消息：

> 又学部以各省协解款项，现时年度已过其半，而汇至者不及八分之一，拟将各局所裁并以为补苴之计。闻拟裁者为编订名词馆、游美学务处及图书局三处，大致本月下旬即可发表，惟各该项人员以禄位将不能保，极为恐慌云。③

---

① 《严复全集》第 10 卷，第 393 ~ 396 页。另据黄兴涛，魏易，字冲叔，杭州人。出身书香门第，幼小接受旧式教育，中文造诣较深。曾就读上海梵王渡学院（即圣约翰大学前身），后与林纾合作翻译《黑奴吁天录》。

② 《严复全集》第 10 卷，第 394 页。

③ 《申报》1911 年 7 月 9 日。

正如黄兴涛所言,其时"处于革命风起、王朝统治临近崩溃的边沿,清廷实际上已经没有耐心、经费和能力,来维持名词编订这样一类带有基础性质的科研工程。其进展和结局,实在也不是严复一个人的博学和负责与否所能决定和改变的"。①

在仅仅 4 条的到馆信息中,1911 年 8 月 12 日的日记:"到名词馆,见赫美玲。"尤其应该引起我们的注意。赫美玲,德国人,1898年进中国海关,先后在汕头、南京、汉口、上海等地任帮办、副税务司、税务司;1905 年任盛宣怀秘书。编有 *The Nanking Kuan Hua*(《南京官话》,1903) 和 *English-Chinese Dictionary*(《英汉字典及翻译手册》,1906) 等书。② 严复在名词馆与赫美玲见面的目的不得而知,从工作性质上看两人并没有交集,如果说有,就是正在编纂英中标准翻译辞典的赫美玲对严复主持审定的科学术语发生了兴趣,而眼见审定完毕的术语无望全面公开的严复,则想借赫美玲之手将名词馆审定的结果公之于众。后续的事态发展似乎表明,两人一拍即合,严复将审定的结果交给赫美玲,由他公布了。③

四　赫美玲与《官话》

正是赫美玲的《官话》这本辞典收录了严复主持的编订名词馆所审定的科学名词。赫氏辞典的全称如图 6 - 2 所示,以下为行文方便,略为《官话》。从书名可知,这是一本为翻译工作者准备的术语手册。赫美玲在序言中告诉读者:对于初学者来说,不能期待这本辞典中的每一个官话词语都可以为所有方言区的人,或受到某种程度教

---

① 《严复全集》第 10 卷,第 396 页。
② 中国社会科学院近代史研究所翻译室编《近代来华外国人名辞典》,中国社会科学出版社,1981,第 201 页。
③ 关于编订名词馆的结局,《申报》1912 年 5 月 1 日上有一条"蔡元培派人接受学部"的消息:高步瀛接收图书局事务;常福元接收名词馆事务。

育的人所理解；同时也不能轻信所有受过教育的中国人能够理解大量的新词、术语等具有的真正的意义，因为理解这些词义需要对西方的思维方式、现代科学有较多的预备知识。我们必须认识到，能够正确理解词义的中国人还不多，而这种知识对于所有科学著作的阅读是必不可少的。这本辞典反映了汉语近代词汇，尤其是以学术用语为中心的抽象词汇的形成进程，对严复的术语厘定以及汉语从日语输入词汇等问题，具有重要的研究及资料价值。

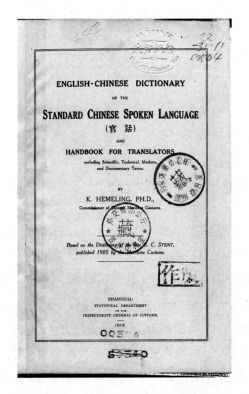

图 6 - 2　赫美玲《官话》辞典书影

说明：笔者架藏本的扉页上端钤有"顾维钧藏"（国民政府前外长）的钢印。

《官话》译词的最大特点是将译词分为四类，即俗、文、新、部定，并在辞典中加以标注（并非全部标出）。赫美玲在序言中对 4 类词做了如下说明：

（1）俗语词使用"俗"标出。

（2）书籍、公文及报刊使用的词语，不用于口语，用"文"标出。

（3）现代词语（modern terms，以下称"新词"）主要来自古典汉语和日语，用"新"标出。赫氏提醒读者注意，这些新词的大部分现在被用于一般的口语。

（4）标准科技语（standard scientific terms，以下称"部定词"），这些词被选作中国大学和学者们使用的词，用"部定"标明。这些词语涵盖了代数、解剖、建筑、哲学、心理学等 51 个学科。

《官话》收录的"俗""文"两类词例词如下：

【俗】　冷孤丁的、发呆、弄合式、颏啦膝……

【文】　经始、伊始、自暴自弃、放恣、致仕、归隐……

"俗"类词较少，前 20 页仅上举 4 例。但是这并不意味着辞典收录的口语词少，大量的口语词没有用"俗"标出。可以断定口语词的主要来源是司登得（George Carter Stent，1833 – 1884）的字典。[①]与"俗"类词相比，"文"类词的数量要大得多，经抽样统计，总数在 6000～8000。编纂者明确地认识到"文"类词不用于口头语言。文俗之别对于传教士来说始终是一个大问题，而言文一致的实现只有在词汇层面做好准备后才有可能。"俗""文"是传统词语在文体上的区别；"新"是当时刚刚出现的尚未定型的现代词语，"部定"是教育部名词委员会选定的标准科技语。大量收录的部定词是《官话》译词的另一个重要组成部分。关于

---

① 司登得，英国人，1869 年 3 月以英国公使馆护送团成员的身份来华，后成为海关职员。先后在烟台、上海、温州、汕头任职，1884 年 9 月 1 日死于台南高雄海关任上。编有《汉英合璧相连字汇》（1871），*A Chinese and English Pocket Dictionary*（1874）等北京口语辞典。

"部定词" 赫美玲在序言中做了如下的说明：

> 标准科学术语（约 3 万条）是中国教育部的一个委员会在 1912
> 年为中国的大学制定的。这个委员会由著名的英语学者严复博士领
> 导，所制定的术语在本辞典中用"部定"标出。这些术语涵盖了以
> 下的学科：算数、代数、几何、三角法、逻辑、心理学、伦理学、
> 经济学、国内法、国际法、宪法、历史、动物学、植物学、有机
> 化学、无机化学、生理学、动植物生理学、地质、物理学（力学、
> 光学、声学、电学、磁力学、热学）、卫生学和医学。所标出的科
> 学术语只是所制定术语的一小部分，因为全部收录这些术语将超
> 过本辞典的范围。由于政治和经济上的困难，这些部定术语在收
> 入本辞典之前没有由政府正式公布。（原序为英文，引者译）

(d) the standard scientific terms (some 30,000) selected for the use of Chinese universities and schools by a commission of the Chinese Ministry of Education (教育部) in 1912 under the renowned Anglo-Chinese scholar, Dr. Yen Fu (嚴復) with the characters 塱 (pu ting). These terms cover the following sciences: Arithmetic, Algebra, Geometry, Trigonometry, Logic, Psychology, Ethics, Economics, Civil, International and Constitutional Law, History, Zoology, Botany, Organic and Inorganic Chemistry, Animal, Human and Botanical Physiology, Geology, Physics (Dynamics, Optics, Acoustics, Electricity, Magnetism, Thermotics), Hygiene, and Medicine. Of the names of places fixed on, only a small selection has been made, as complete inclusion was considered to be beyond the scope of this dictionary. Owing to the intervening political and financial difficulties, these terms have at the time of printing not been officially promulgated by the Government.

图 6 - 3　《官话》关于"部定词"的说明

赫美玲在序言中的 Chinese Ministry of Education 后面加上了中文名"教育部"，但是笔者认为所说的即清学部设立的编订名词馆。"新词"和"部定词"是最能反映世纪之交汉语词汇激烈变化的部分。关于新词的数量，编纂者并没有交待，而关于部定词序言中则说"约 3 万条"。但是据笔者统计，《官话》中"新"与"部定"两类词实际收录数量分别为：新词 12059 条，部定词 16041 条，总词数为28100 条。也就是说，赫美玲最终从严复那里得到了约 3 万条审定

词，但是《官话》只标注了其中的 16041 条。这不排除有标注上的遗漏，但是更主要的原因应该是赫美玲的删减。赫氏所说的"所标出的学科术语只是所制定术语的一小部分，因为全部收录这些术语将超过本辞典的范围"，应该是事实。

《辞源》的"无出典词"总数在 1 万条左右，由此可知《官话》的新词、部定词所占比例之大。下面，我们将对"新词"和"部定词"进行若干考察。

五 关于"新词"

"新词"是表达新概念的词语，作为语体上的特征，这些词既可以用于报刊、书籍等书面语，也可以用于口头表达。下面是 A 词条下部分"新词"举例：

珠算、宰牲厂、屠兽场、男修道院、约分、简字、略号、肚部、光行差、共犯、安然受判断、顺受后果、夺格、非正式*、奇式、医使小产、胎死不坠、游学、留学*、君权无限的政体、脱脂棉*、吸收、电食、理论的*、虚想的*、理论的化学*、抽象的意思*、抽象思索*、科学会*、实业学堂、大青科、棘鳍科、俾腺虫、疥虫、重音号、卫生队*、附属品*、产科士、接生妇、记簿、第四变格、止词、无色差、强水、酸表、酸质本、最高点、病极点、声学、尽义务、化学线*、白刃战*、常备军*、现役军官、联管、演说*、腺炎*、势字、形容字、静字、指实字、暂延国会、认可*、许可*、入场券*、议决*、进击*、跃进*、降临节、疏状字、状字、顾问、顾问官、状师、辩护士*、辩护、鼓吹*、飞行盘、双叶飞行盘、单叶飞行盘、艳丽学、美术学*、牵合力、亲合力、爱力、养老金*、反对*、否决某议案*、表决反对某议案、上古黄金时代、竞争时代*、用石器的时代、主动

力*、议事日表、非现象不认之学派、间遏热*、目的*、新鲜空气、国乐、警报机、营养料*、联邦*、体学士、解剖士……①

"新词"以复合词为主（单汉字词极少），也有一定数量的短语。

《官话》的"新词"来自何处?② 赫美玲说"主要来自古典汉语和日语"，从造词的角度看，主要贡献者应该是来华传教士和日本人。传教士在翻译过程中大量地利用了古典汉语词，也新造了很多译词；同样的造词活动在日本也大规模地展开，这些词在 19、20 世纪之交大量地传入汉语。关于"新"类词当然不能排除赫美玲独自收集、积累的可能性，但是更直接的来源应该是注②中所列的 2、15、16、17 和 1、8、9、10、11 各辞典。前 4 种（高似兰、师图尔、卫礼贤、文林士）主要反映了来华传教士的译词新词创造的成果；后 5

---

① 标有 * 者为借自日语的词条。

② 据《官话》凡例，主要参考文献如下：

1　*English-Chinese Standard Dictionary*，Commercial Press

2　*An English-Chinese Lexicon of Medical Terms*. 1908，Philip B. Cousland

3　*Deutsch-Chinesisches Handworterbuch*，1906，Jentschoufu

4　*English-Chinese Handbook of Business Expressions*，L. de Gieter

5　*A Chinese-English Dictionary*. H. A. Giles

6　*English-Chinese Pocket Dictionary of Peking Colloquial*，1910

7　*K'anghsi Dictionary*

8　*English-German-Japanese Vocabulary of Mineralogical Terms*，B. Koto

9　*English-Chinese Dictionary of Philosophical Terms*，D. MacGillivray

10　*New Terms for New Ideas；A Study of the Chinese Newspaper*，A. H. Mateer

11　*Chinese New Terms and Expressions with English Translation*，Evan Morgan

12　*Manuel de la Langue Mandarine，with English text*，A. T. Piry and C. H. Oliver

13　*Recueil de Nouvelles Expressions Chinoises*，Zikawei

14　*English and Chinese Names of Locomotive and Car Parts*，Tientsin，W. A. S.

15　*English-Chinese Technical Terms*，Geo. A. Stuart

16　*German-English-Chinese Dictionary of Technical Terms*，R. Wilhelm

17　*Dictionary of 3000 Common and Customs Expressions*，C. A. S. Williams

18　*Translations of Dixon's Dictionary of Idiomatic English Phrases*. Dr. W. W. Yen and Chan chi Lan

19　《辞源》

种（颜惠庆、小藤文次郎、季理斐、狄考文夫人、莫安仁）则更多地受到了日语的影响，或接受了日本的译词。从学科分类上看，宗教、军事、政治经济、法律、医学、天文、数学、化学、机械制造等术语为大宗；还有大量的一般人文科学词语。

从造词者的角度看，宗教、机械制造、医学、数学、化学、天文等术语主要出自传教士之手；而军事、政治经济、一般人文社科类术语则更多地来自日语。这些日语来源的词甚至可以在所有的学科领域中找到，而且大部分作为现代汉语的词汇保留了下来。以下是新词中当时日语意识较强的词：

> 演说、入场券、辩护士、目的、否决、表决、议案、会社、武士道、武士气质、社会主义、共产主义、俱乐部、支点、组合、取缔、贷方、借方、动产、不动产、取替、株式取引所、引渡、手续、茶话会、法人、支配、觉书、看护妇、积极、邮便、抽象、常备军、现役、兵站、动员……

传教士系统的词在造词法上的一个重要特征是：新造字词或使用已经废弃的古僻字，尤其是医学术语中有利用部首"疒""肉""血""骨"等创造的大量新字词，或使用从《康熙字典》等字书中收集来的古僻字、异体字（由于印刷上的原因，我们在这里不便具体举例）。这些"千奇百怪"的字严重影响了传教士系统译词的普及和定型。与之相比，日本系统的译词更多地利用已有的语言成分造词，因此能逐渐为中国社会所接受，成为现代汉语词汇体系的一员。在一些词条下传教士的造词和日语词同时并举，反映了当时术语不统一的情况。

六　关于"部定词"

据笔者统计，《官话》所收部定词共 16041 条。与"新词"相比，"部定词"专业术语的色彩更浓，更具有统一的厘定标准。因为，"新词"的来源是不同的报刊、辞典；而部定词则是在一定的原则下审定的——尽管我们对审定原则所知不多，但最后肯定要经过包括严复在内的名词馆决策层的认可，故而随意性相对减少。"部定词"可以说是把编纂各科专业辞典的素材汇于一处的结果。"部定词"中最多的是化学术语，其他运用数量较大的领域是：数学、几何、植物学、经济、医学、物理、逻辑学等学科。"部定词"的来源有三：（1）传教士系统的译词；（2）严复的译词；（3）日本译词。下面分别在传教士系统译词的词条下举例若干：

亚西炭尼利、醋酸一碳完基、醋酸、淡醋酸、冰醋酸、班蝥醋、吐根醋、海葱醋、醋酸基、醋酸基化氯、亚赢质、二碳亚赢质、酸茴、灭色的、针形叶、酸、仙蔻那酸浸水、玫瑰花酸浸水、酸根、酸性反应、一碱性酸、二碱性酸、多碱酸、有机酸、安息酸、硼酸、溴酸、酪酸、氯酸、亚氯酸、铬酸、枸橼酸、拧酸、脂肪酸、蚁酸、没石子酸、锗酸、甘胆酸、氢氯酸、淡氢氯酸、次亚溴酸、乳酸、苹果酸、色差、圆面收光差、并生叶托、偶生、翕收、无茎、磨损、纬距、平加速动、加紧速率、锐三角形、按值、按值税、等加定理、粘合力、不传力线、咨议委员会、入气穴、小气胞、蛋白质
…………

后事、先事、悬（糸）想的、悬（糸）念、悬（糸）数、不名数、独立之名、悬（糸）名、关于读法之怨辞、承收、完全承受、以举动承受、视待承受、无意之承受、无效之承受、心受、酌易承受、承受者、寓、寓德之转对怨辞、原定之不变、臆定之不变、灵动活字、力行动字、完足、完足之知识、自动觉力、自动意识、自动想像
…………

　　领土之弃让、外传神经、能力、购物能力、异常国际法、心
之非常态、绝对值、绝对温度、专制、专制政体、附属契约、不
测保险、承认、音学、默认、领土之取得、行为、陆军制、恶感
之行为、第三方行为、动作、原动、脂肪、行政机关、行政法、
海事裁判所、广告、航空学、美情、美学上之想像、感受、家属
爱情、内传神经、物质爱力、后像、记忆后像、消极后像、积极
后像、代理、商业理事人、外交官、地质力、还元剂、阿烈细曲线、
同意、协约、殖产契约、符合法、空气、气流、营养、有机碱类
　……………

　　从上面的例词中可知，传教士的造词活动主要集中在化学、医学、制
造等领域。部定词中数量最多的是化学术语，这一点与《辞源》的
情况大致相同。化学是江南制造局翻译馆译书的主要内容，以化学元
素名为主的术语创制开展得早，积累丰富。很多在今天来说非常专业
性的化学术语通过"部定词"被收入了《官话》中。

　　严复的译词主要是逻辑学、社会学等人文社科领域的术语。"部
定词"是严复负责审定的，严复理所当然地把自己创造的译词收入
了进去。例如逻辑学的术语，可以说是严复的专长，严复所使用的术
语，如"内籀""外籀""连珠""辨学""瞽辞"以及大量的复合词
都作为"部定词"被收入了《官话》。主要使用日本译词，且对严译
颇有微词的王国维作为协修也参与了术语的审定工作。但是在逻辑
学，甚至包括哲学的术语"部定词"中几乎找不到明显的日语痕迹。
这一方面反映了严复对自己译词的自信和执着，另一方面证明，严复
对于"部定词"的审定并没有放任自流。

　　日本的译词是"部定词"的另一个主要来源。尽管"部定词"
里的日语借词要远远少于"新词"里所收的日语借词，但是在名词
馆审定术语的1909年至1910年间，很多日语词或者是报刊上的常用
词，或者已经成为谈论某一话题时不可缺少的关键词了。"部定词"

中收录了以下的日语词：赤外线、动产、主观、客观、义务、时效、前提、取消、常备军、淀粉、括号、括弧、表决、引合、洗剂、赤小豆、特派员、辩护士、电子、预算、伦理学、邮便……

下面让我们通过医学术语的例子来看一下传教士、严复和日语词之间的冲突。

众所周知，医学术语的创制是传教士开始最早、付出努力最大的方面。《官话》的"新词"部分收录了大量传教士创制的医学术语，其特征是新造字（包括利用已经废弃不用的古僻字）。但是严复主持审定的"部定词"中并没有收录这些新造字的医学术语。唯一的例外是 lymph 的译词，其实际情况如下图所示，即作为"新词"采用了"瀒"或"盡"作 lymph 的译词。这种译法最早出现于传教士编的术语集 *First Report of the Committee on Medical Terminology Appointed by the China Medical Missionary Association*：*Terms in Anatomy*，*Histology*，*Physiology*，*Pharmacology*，*Pharmacy*，时间是 1901 年。编纂者是博医会的名词委员会（Committee of the Medical Missionary Association）。编纂者对这条译词做了如下的说明：

> Lymph. -The character Chin was taken from Kang His and adopted because of its seeming appropriateness in its make up. The meaning is so indefinite it was thought it would not be hard to fix it to mean in our medical books the lymph.

由此可知，编纂者认为《康熙字典》里"瀒"（或其异体字"盡"，字义为"津液"）可以用来表示西医中 lymph 的概念。其后，lymph ="瀒"或"盡"被收入高似兰的医学术语辞典，[①] 成为传教

---

① Committee of the Medical Missionary Association，*An English-Chinese Lexicon of Medical Terms Compiled for the Terminology Committee*，Shanghai，1908.

士系统的正式译词。

　　严复的部定词将"津"简化为"聿",另外加"血"字旁,构成了新字"衊"。这是《官话》中部定词使用的唯一的新造字。可见严复对新造字是有所保留的,但是严复也没有使用日本已经存在的音译词"淋巴"。部定词的医学术语中有很多传统的中医术语,如"胰""胰管""胰液",也有一些来自日语的术语,如"腺"以及包括"腺"的复合词 30 余条、"神经"以及包括"神经"的复合词 25 条。由李善兰创制,但是在中国未能普及的"细胞"及其复合词也收录了几十条。① 此外"内耳""乳糜""结膜""结膜炎""盲肠""十二指肠"等日本的医学术语亦被收入。

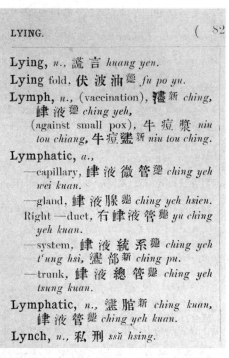

图 6-4　《官话》所收 Lymph 等译词

① 笔者曾对"细胞"由日本回流中国以后逐渐普及的过程进行过考证。参见沈国威『「植学啓原」と「植物学」の語彙』関西大学出版部、2001、68~77 頁。

七　"新"译词与"部定"译词的命运

如上所示，作为英语的译词，赫美玲提供了"新词"和"部定词"两种选择。经过了那个"优胜劣败、物竞天择"的时代，两套译词留下了什么结果？如上所述，严复将自己的译词悉数收入了"部定词"。但是这些词几乎是"全军覆没"，并没有保留下来。那么，是否可以说"新词"战胜了"部定词"？先请看表6-4：

表6-4　《官话》译词变迁一览

原词	《官话》的译词（B=部定词；N=新词）	今译
art	手艺、艺术　*本词条下复合词中还有以下译词：术（B）、美术（B）、雅艺（N）、工艺法术（N）、工业艺术（N）、科学（N）、力学艺术（N）、重学艺术（N）、军术（N）	艺术
barbarous	野蛮	野蛮
biology	活物学（N）、生物学（N）	生物学
botany	植物学（B）、草物学（N）	植物学
chemistry	化学（B）、质学（N）	化学
civilization	教化、文明、文明程度（B）	文明
common sense	常识（N）	常识
concept	意想、概念（B）	概念
culture	教化、文化、教育	文化
democracy	民主政体（N）、平民政治（N）、民政（B）	民主
duty	勤务（N）、义务（B）、职务（B）	义务
liability	责任、负债（B）、契约之责任（B）、从戎义务（N）	义务
economics	富国策、经济学（N）、理财学（N）、计学（B）	经济
enlighten	给……开蒙、给……启蒙，开化	启蒙
environment	外围、时势（B）	环境
evolution	天演（N）、进化（N）	进化
feudalism	封建治制	封建

续表

原词	《官话》的译词（B＝部定词；N＝新词）	今译
freedom	自繇（由）（B）、地方自治之权（N）、宪法自繇（N）	自由
liberty	自由（繇）（B）、法律自由（繇）（N）、道德自由（繇）（N）、自由（繇）行动、民身自繇（B）	
history	历史	历史
ideal	理想（B）	理想
individual	个人（B）、个体（B）	个人
logic	名学（N）、辨学（B）、思理学（N）	逻辑
mathematics	算学、数学（B）、几何学（N）	数学
philosophy	哲学　＊本词条下还有新词：演绎哲学、自然哲学、思辨哲学	哲学
physics	格致学、物理学（B）	物理学
physiology	生理学（B）、体功学（N）	生物学
principle	原本、起点（N）、原理、主义、宗旨	原则、主义
progress	进益、进步（B）　＊本词条下还有部定词：政治之进步、社会进步	进步
religion	宗教、教派、教门	宗教
revolution	大变、变革（B）、革命	革命
right	直、是（B）、权、权利（B）、民直（B）　＊本词条下有新词：公权、名誉权、法权……	权利
science	学（B）、科学（N）	科学
society	社会（B）、人群、会社（N）	社会

　　表6-4中所收的都是代表世纪之交的转型时代的关键词。表中的词可以分为三种情况：（1）既没有标"新词"，也没有标"部定词"，如"野蛮""文明""文化""历史""哲学"等。可以说这些词作为译词已经相当稳定了。（2）标为"新词"的译词，如"常识""经济学""质学"等。在《官话》出版的1916年，这些词还有较强的新词意识。（3）标为"部定词"的译词，如"概念""理想""个人"等。"部定词"反映了严复的取舍倾向。应该引起我们注意的是那些同一原词条下"新词""部定词"不一致的情况。如botany有部定词"植物学"，新词"草物学"；science有部定词"学"，新词"科学"等。这种情况反映了当时不同来源的词语之间

的冲撞。作为现代汉语词汇演变、定型的结果，我们知道不能简单地根据"新词"或"部定词"的分类来推断一个译词的命运，即有时是新词消亡，有时是部定词被淘汰。但是我们可以说，那些保留至今的词大部分是中日同形词。这里暗含了这样一个事实：这些词语的形成是中日词汇交流、互动的结果。

结　语

以翻译英文科学词汇为目的的《官话》记录了世纪之交激烈变化之中的汉语词汇的真实情况。《官话》的译词保留下来了吗？对于传教士系统的译词和严复的译词来说，结论常常是否定的；而大量的日语借词——不管是被收入了"新词"还是"部定词"，相当大的一部分现在仍然在使用。在谈到名词馆术语审定工作时，罗志田指出：

> 1909 年秋，清学部设立编定名词馆，严复为总纂，而王国维任协修。王任此职大约多特罗振玉的援引，固非因此问之作，然其与严复同在馆中如何"编定"名词当必有趣。其实若从新名词的社会使用看，到名词馆成立时，严总纂所代表的"造语"取向已基本大败于王协修所倾向的模仿日本派了。名词馆没能留下多少实际的成绩，亦良有以也。[①]

学部编订名词馆仅维持了两年，审定了 3 万余条术语，其中 1.6 万余条被赫美玲收入《官话》。借助于此，我们可以追思严复的苦心孤诣。当然，大败于日本的不仅仅是严复，还要包括传教士们。《官话》为我们展示了一条失败之路的终结。

------

① 罗志田：《国家与学术：清季民初关于"国学"的思想论争》，第 166 页脚注 1。

第七章　严复与辞典

小　引

外语学习离不开双语辞典,[①] 汉外辞典又是何时开始编纂的？中国自古以来有"字书"而无"辞典",作为 dictionary 译词的"辞典"是进入 20 世纪以后由日语传入汉语的。[②] 在日本 18 世纪末陆续刊行的几种荷兰语日语双语辞典中,有正式名称的有《译键》(1810)、《和兰字汇》(1858),其他如"语笺"(《蛮语笺》,1848)、"便览"(《三语便览》,1854)、"字类"、"字解"等也是当时常用的辞典的名称。"辞书"首见于《译键》,是 concordantje (旧拼写法,意为词汇索引, = 英语 concordance), woordenschat (旧拼写法,意为词汇, = 英语 stock of words, vocabulary) 的译词。1862 年堀达之助编纂出版《英和对译袖珍辞书》,除了书名以外,书中 dictionary 的译词也使用了"辞书",这是 dictionary 和"辞书"第一次建立对译

---

① 本章使用"辞典"作为 dictionary 的译词,除专有名词外,不使用"词典"。

② "辞典"无疑是随着实物进入汉语的。《申报》最早的关于辞典的广告是 1899 年 9 月 9 日的"东洋轮舟运来帝国大辞典"。此后辞典的广告就成了书籍广告的主要内容。

关系。① 其后的一段时间里，作为 dictionary 的译词，"字汇"与"辞书"长期并存。1878 年出版的《日本小辞典》（物集高见编）是日本第一本以"辞典"命名的语文工具书（主要收录日语固有词汇的动词），进入 20 世纪以后，"辞典"一名逐渐普及并扩散到整个汉字文化圈。现在日语口语中还使用"辞书""字引"等词，但正式出版物的名称以"辞典"为主。②

　　在中国最早将"辞典"用于工具书名称的是颜惠庆等编纂的《英华大辞典》（商务印书馆，1908），③ 但这并不意味着在此之前没有辞典编纂的努力。在这里我们有必要首先回顾一下中国双语辞典编纂的历史。汉代以后的大规模译经没有催生汉外辞典，在朝贡体制下的《四夷馆译语》之类最多也只能称为货物对照名称表。16 世纪末来华的耶稣会士们，为了有效地推进在中国的传教，把学好汉语作为第一项任务。用汉语出版宗教性书籍、撰写翻译其他介绍西方概况的书籍也需要其尽快地掌握汉语。所以他们一踏上中国的土地就开始筹划编纂汉外辞典，并为此做出了不懈的努力，④ 如金尼阁的《西儒耳目资》就是一种音韵工具书。但是耶稣会士仅仅留下了几部手稿，

---

① "袖珍"即"袖珍本"，原称"巾箱本"，明代以后"袖珍"多用于书名。马礼逊字典的英华分册 vade mecum 译为"袖珍"，后续的英华字典中 pocket book 均以"袖珍"为译词。日本《英和对译袖珍辞书》第一次将"袖珍"用于外语辞典，但该辞典 pocket book 项下译为"怀中书"并没有"袖珍"。

② 上述以外的日本近代主要外语辞典类如下：本木正荣等《谙厄利亚语林大成》（1814），平文《和英语林集成》（1867），柴田昌吉·子安峻《附音插图英和字汇》（1873），尺振八《明治英和字典》（1884～1889），岛田丰《附音插图和译英字汇》（1887），棚桥一郎等《韦氏新刊大辞书和译字汇》（1888），神田乃武等《新译英和辞典》（1902），《模范英和辞典》（1911），井上哲次郎《哲学字汇》（1881）等。

③ 《申报》1907 年 11 月 2 日就开始刊登《英华大辞典》的预售广告，11 月 22 日以后的广告还误作"大词典"。

④ 有关情况请参见马西尼「早期の宣教師による言語政策：17 世紀までの外国人の漢語学習における概況—音声、語彙、文法」内田慶市·沈国威编『19 世紀中国語の諸相』，17～30 頁；姚小平《早期的汉外字典》，《当代语言学》2007 年第 2 期，第 97～116 页。

他们计划的汉外辞典终于没能正式刊行,①　其中更多的原因是印刷上的困难和信函往还的不便。18 世纪初,清朝施行严厉的禁教和闭关政策,其后,直至 19 世纪初叶新教传教士进入广东时,西学的传播断绝百余年。1807 年新教传教士马礼逊来华,但是由于严厉的禁教政策,马礼逊无法公开进行传教活动,甚至私自学习汉语也被禁止。传教士们只能以书籍传教的方式进行活动(即文书传教)。为此,传教士们印刷出版了大量的布道宣传品。同时,为了破除中国民众的迷信,纠正其蔑视外国人的陋习,传教士们还出版了许多介绍西方历史、地理、文物制度以及近代以来科学知识的书籍。无论是学习汉语,还是文书传教活动都需要语言类工具书,汉外辞典就是在这种语境下诞生的。

　　马礼逊的派遣者伦敦传教会给他的任务之一,就是为接踵而来的传教士们编一本学习汉语的辞典。马礼逊不负众望,在极端困难的条件下编辑出版了三部六册的华英·英华辞典(1815～1823),②开创了汉外辞典编纂出版的先河。马礼逊之后近百年的时间里,以传教士为主体编纂的各种汉外双语辞典大量出版,蔚为壮观。③

　　马礼逊编纂辞典的主要目的是帮助外国人学习汉语。作为外国人,同时也是汉语学习者的马礼逊,其辞典编纂首先是以翻译的形式展开的。他以《康熙字典》和《五车韵府》为翻译底本,并分别把自己的辞典命名为《字典》和《五车韵府》。但是《康熙字典》《五车韵府》中所收的汉字并不都是均质的,其中有很多古僻字、废弃

---

① 麦都思在他的英汉辞典(1847～1848)序言中提到了一本他加以参考的"作者不详的拉丁语·汉语字典手稿"。耶稣会士们的工作对后世的影响也是一个需要廓清的问题。

② 第一部《字典》、第二部《五车韵府》、第三部 *English and Chinese Dictionary*(1822)。2008 年,包括《字典》在内的马礼逊的一系列著作由北京外国语大学、香港大学、澳门基金会共同推出影印版(大象出版社),为今后的深入研究提供了良好的条件。

③ 沈国威编著『近代英華華英辞典解題』。本章所涉及的英华辞典的细节均请参阅该书。

字。这些"字"只是一种遥远年代语言"符号"的化石，而不再是
书写记录汉语的有效成分。同时，汉字的简单排列不等于词，词的简
单相加也不等于句子的意思；在作为语言成分这一点上看，"字"与
word 是完全不同的概念。马礼逊在完成第一部《字典》第一卷后中
断了编写工作，转而编纂第二部《五车韵府》。马礼逊是这样解释他
的行为的："第二部字典编得比第一部字典简洁精炼。作者认为在一
年中完成该字典最为现实。为了向读者提供一部完整的字典，作者决
定中断第一部字典的印刷，先印刷这部现公布于众的字典。"① 《字
典》是根据部首排列的，而《五车韵府》则根据发音排列。马礼逊
说："当一个学汉语的人碰到一个生字时，他无法用按音排列的字典
来查找该生字。因为从汉字上他无法确认它的发音。他必须查找按部
首顺序排列的字典，这时就需要用第一部字典。而当学生听到一个生
字的发音，或者写文章时想起一个字的发音而不知道或者忘了该字的
部首的话，他也无法查找该字。这时就需要使用这部按罗马字母顺序
编的字典了。"马礼逊需要考虑用哪种方式，对哪些学习者更为方
便，同时也有必要尽快地拿出成果向出资者做交代。而从汉字释义情
况上看《字典》和《五车韵府》并没有本质的区别，除了收字规模
外，马礼逊只不过分别提供了两种检字方式，一种称之"字典"，另
一种即所谓的"韵府"。"韵"在汉语里通常指韵母或韵脚，但在这
里是指排列顺序的辅音。在马礼逊之后，编纂者们如麦都思、卫三畏
常常为一本词典同时准备形、音两个检字表以方便使用者，但是正文
的排列方式以音序为主。

　　马礼逊在自己辞典的第三部 *English and Chinese Dictionary* 中，为
dictionary 准备的译词是"字典""字汇"。"字汇"被马礼逊用于他
的另一种辞典《广东省土话字汇》 （1828），英语名称使用的是

----

① 马礼逊：《五车韵府·序言》。译文参见沈国威编著『近代英華華英辞典解題』，
　　下同。

vocabulary。这本《字汇》分三个部分，有 644 页之多。这使我们不得不怀疑"字典"和"字汇"的区别仅仅在于规模。尤其是在《字汇》的第三部，马礼逊以广东话发音、汉字、英语释义的形式收录了大量的按照意义分类的词语及成语、惯用语、格言、农谚、诗句、短语等，篇幅上超过了前两部分的总和。马礼逊可能认识到词组、短语等长单位的形式比"字"更适合于作为学习者掌握和运用汉语的工具。

马礼逊之后，1817 年抵达马六甲的麦都思，到 1848 年时共编纂了三种汉外辞典。① 尽管在其编纂的 *English and Chinese Dictionary*（1847～1848）中，dictionary 的译词已经出现了"字典""字汇"，但是，麦都思从来不使用汉语的名称为自己的辞典命名。麦都思的第一本辞典是 *A Dictionary of the Hok-Keen Dialect of the Chinese Language*，出版于 1832 年。麦都思在解释为何编纂一本方言辞典时说"官话（Mandarin）只在部分信息更畅通的居民中间使用"。"笔者从来没有去过中国，也很少有机会和中国的上层人士进行交谈，但是在最近十四年从与移居到东部海岛的中层和下层人士的频繁交往中得到的结论是：五百个人中都没有一个人能够掌握官话，或者说能够使用官话中十个以上的词进行交谈。"这本辞典按照福建方言的发音检索汉字，收录了很多千奇百怪的方言用汉字。对这些汉字麦都思只给出了简单的英语释义，而对那些非方言汉字的词条不仅有释义，还有复合词或简短的句子。

独树一帜的是美国传教士卫三畏，他将自己的英汉辞典命名为《英华韵府历阶》（1844），但是在他的辞典里 dictionary 和 vocabulary 项下的译词分别只有"字典"和"字汇"，而没有"韵府"。这是继马礼逊的 *English and Chinese Dictionary* 以后的第二本英汉辞典，不过

---

① 麦氏还于 1830 年编纂了一种英和·和英辞典 *An English and Japanese and Japanese and English Vocabulary*。这是一本分类词汇集。麦都思的日语知识来自日本的遇难渔民。

卫三畏辞典里的译词却与马礼逊的有很大不同，是以二字复词为主的，单汉字和数个汉字构成的短句都很少。这也许是他不用"字典"而用"韵府"的原因。"韵府"显然是受了《佩文韵府》的影响，这类韵书主要收录二字复词。卫三畏后来又编纂了《英华分韵撮要》（1856）、《英汉韵府》（1874）。虽然名为"英华"或"英汉"，实际上都是检索汉字（词）的汉英辞典，甚至可以说分别是麦都思福建方言辞典的广东话版和官话版，因为两书都采用了该辞典的版面形式。

传教士罗存德虽为德国人，却编纂了一本 19 世纪最大规模的英汉辞典《英华字典》（1866～1869），他还编有一本《汉英字典》（1874）。罗存德的"字"就是 word。继罗存德之后，卢公明编纂了《英华萃林韵府》（1872），这本辞典的译词 90% 来自卫三畏的《英华韵府历阶》，[①] 并无新意，但是他利用传教士的人际网络收集了 21 种术语集，唤起了人们对术语问题的关注。其后，传教士的辞典编纂开始淡出，取而代之的是日益活跃的世俗西方人。他们因为外交或商业上的原因来到中国，学习汉语，成为汉学家。辞典方面，汉英辞典有司登得的《汉英合璧相连字汇》（1871）和翟理斯（H. A. Giles，1845 – 1935）的 *A Chinese-English Dictionary*（1892，改订版 1912）；英汉词典有赫美玲的 *English and Chinese Dictionary of the Standard Chinese Spoken Language*（《官话》，1916）。

简而言之，马礼逊之后较有影响的辞典是卫三畏和罗存德的辞典，尤其是罗存德的辞典是直接根据韦氏英语辞典选择词条，摆脱了翻译《康熙字典》的束缚，译词更加丰富，释义更加准确并附有较多的英语例句。卫三畏的贡献在于用罗马字母为汉字注音。这些辞典用现在的眼光去看无疑是"前近代"的：英语词条没有国际音标，不标注词类，只

---

① 宫田和子『英華辞典の総合的研究—19 世紀を中心として』白帝社、2010、167頁。

列出简单的译词，尤其是没有任何与汉语有关的词汇或语法上的说明。这一方面与英语辞典本身的发展阶段有关，另一方面是传教士们的英华辞典尽管有为中国人学习英语提供帮助的考虑，主要还是为了欧美的读者，特别是传教士学习汉语提供工具，所以关于英语的信息就完全是多余的了。

　　19 世纪以后，广东一带活跃的中外贸易活动催生了一种被称之为 Pidgin English 的混合语，并有多种简陋的词汇集刊行。① 但最早编纂可称之为英汉辞典一类外语工具书的中国人是自幼在香港公立学校"皇家书馆"学习英语的邝其照（1836 – 1899 以后?）。② 高田时雄指出：邝其照就学时，香港的教育中心已经转移至公立学校。关于邝的入学时期和学习年限没有详细的资料，但是他在这里打下了坚实的英语基础应该是没有疑问的。《英华字典》的编者罗存德于 1857 年 5 月 12 日被任命为香港政府的视学官（government inspector of school），邝其照与他是否有机会相识，以及在辞典编纂上罗对他是否有影响等都不得而知。③ 邝其照把自己的字典更广泛地定位于学习英语的工具书，他的《字典集成》初版正文 326 页，各类附录 100 余页；第二版以后正文部分增加得不多，附录却增至 400 余页；到了第三版，附录竟为正文的一倍以上。在第二版序言中邝其照说："但学英文者，每苦其难，必有音义之可寻始能易于通晓。余曩刻有《华英字典集成》一书，经已通行中外。兹复将其书精究而详辑之，凡日用称名之字及往来酬应之文几于备载。其上段之字典略为增减，中段之杂字添入甚多。并广辑语言文字之要者，刻于后。"添入甚多的"杂字"是与日常生活密切相关的汉英分类词汇、短语表，附有汉字标注的广东话发音。学

---

① 内田慶市・沈国威編著『言語接触とピジン—19 世紀の東アジア（研究と復刻資料）』白帝社、2009."洋泾浜英语"是 1860 年代以后上海的说法。
② 沈国威、内田庆市编《邝其照字典集成（影印与解题）》，商务印书馆，2016。
③ 高田時雄「清末の英学—鄺其照とその著作」『東方学』117 輯、2009、1～19頁。

习者可以通过想要表达的汉语语词检索出英语的说法。邝其照还增补了几百个英语的习语、短语。但是邝其照没有对这些习语、短语进行定义，也没有详细说明用法。对此感到遗憾的邝其照又专门为中国的学生准备了英汉成语词典（*English and Chinese Dictionary of Phrases*）。由于印刷方面的原因，成语词典未能以中英对照的形式出版，邝其照将英语部分独立出来，以 *A Dictionary of English Phrases with Illustrative Sentences* 的书名于 1881 年出版。非母语编者为母语的学生编写辞典，在美国也颇为轰动。另外，邝其照的字典增订至第三版时，收词仅 1.2 万条，没有标注发音和词类，不得不说还停留在前近代辞典的水平上。商务印书馆 1898 年将邝的字典增补到 2 万条词，但是很难说有本质上的进步。① 19、20 世纪之交，为了满足国人英语学习的需要，上海商务印书馆开始着手编纂英汉辞典。1902 年商务书馆出版的《华英音韵字典集成》（企英译书馆增订）、1908 年颜惠庆等编纂的《英华大辞典》相继问世。这标志着中国人开始自主编纂汉外辞典并取得了成功。②《华英音韵字典集成》第一次采用分节标音的方法并加注词类，收词量大增，仅正文就有 1835 页，③ 是邝其照辞典的四倍之多。颜惠庆等编纂的《英华大辞典》，无论在规模上还是内容上都名副其实地实现了从"字典"到"辞典"的跨越。这两本辞典均以国外著名辞典为底本，在译词上吸收了英和辞典的译词，对汉语近代词汇的形成产生了重要的影响。④

① 1903 年商务印书馆又委托颜惠庆增补 1898 年修订过的邝其照的字典。颜惠庆和黄佐廷"详细校勘数阅月而成"。颜惠庆等增补了约 2 万条，标注了词类，但没有标注发音。这本辞典作为袖珍版辞典极受欢迎。
② 继邝其照的《字典集成》（1868）之后，冯镜如等又分别在日本横滨和香港出版了三种英华辞典。参见沈国威《近代英华辞典环流：从罗存德、井上哲次郎到商务印书馆》，《思想史》第 7 册，2017，第 9～45 页。
③ 严复在致张元济的信中批评说："商务《英华字典序》，近已草成，其书取名《音韵字典》，'音韵'二字似不可通，当改'审音'二字，或有当也。"《严复集》第 3 册，第 545 页。参见汪家镕《〈商务书馆华英音韵字典集成〉——国人编纂的第一部大型英汉双解词典》，《出版科学》2010 年第 4 期，第 103～106 页。
④ 参见森冈健二『明治期語彙編』明治書院、1969；沈国威『近代日中語彙交流史』。

　　包括为数不多的中国人编纂的辞典在内，19 世纪的汉外辞典或称"字典"，或称"韵府"，这样实际上"字典""韵府"就成了 dictionary 的对译词。"字典""韵府"是中国传统的名称，在中西语言接触的过程中被传教士赋予了西方的形式和内容，导入了全新的理念。以传教士为主导的汉外辞典编纂，不仅为中西人士——甚至包括日本人的外语学习（英语和汉语）提供了有效的工具，而且还使中国人认识到中国自古以来只有字典，而无辞典的现实。①

　　邝其照、严复等早期学习英语的人是在汉外辞典缺位的情况下掌握英语的，他们的英语可谓地道，但是在把英语转换成汉语时就会面临译词的问题，尤其是在书面语层面。1895 年起着手翻译西方人文书籍的严复清醒地认识到了这一点。进入 20 世纪以后，严复数次为汉外辞典、百科全书撰写序文，本章通过对严复辞典序言的分析，考察其对辞典问题的主张和理念。

一　严复《〈商务书馆华英音韵字典集成〉序》

　　严复第一次谈到辞典是在为《商务书馆华英音韵字典集成》（以下略为"音韵字典"）所作的序中，全文如下：②

---

① 林长民在下文言及的《英华习语辞典》的序言中说："吾国释字之书凡训诂音韵之属，自《尔雅》《方言》《说文解字》以迄《康熙字典》，不可谓不备。其列于小学者，独朱谋㙔《骈雅》得为辞书耳，类书之中摘录字句，以《北堂书抄》为最古，《蒙求集注》《事类赋》《骈字类编》《子史精华》等皆辞书之林也。明徐元大（太）《喻林》则尤与习语辞典为近。然分门隶事，不足以供检字之用。韵府善矣，必使国人先谙音韵而后能检讨则亦有不便者。且其所辑多诗赋语词章之外，鲜有裨补。然则辞书之不完，其为吾国文化病矣。"所论极有见地，可与严复的言说相照。另外，由于编纂力量、印刷条件等的限制，汉外词典一书难求的状态一直没有改变，直至 1908 年《英华大辞典》问世，英汉词典紧张的情况才得到缓解。

② 《商务书馆华英音韵字典集成》卷首。文末署"侯官严复"，未注时间。这本辞典卷首的其他序言落款时间均为 1902 年 3 月，严序也应大致作于此时。另，这篇序言王栻编《严复集》不收。

海禁开，中土之习西文者日益众，而尤以英文为独多。盖商业之盛甲于诸邦，日中之市，人物总至，所以售酤取予，必通其言语，而后有以廉其情而券其利。洎夫同光之际，枢府当轴，沿海疆吏，以交涉之日繁，象寄之才，不可独出于市井，思有以浚其源而澄其流。于是乎京师海上讫于闽粤，所谓同文馆、广方言馆、前后学堂诸制，稍稍兴矣。廿稔以来，中国疆场之事日棘，而政之所宜师资于彼以自辅其所不逮者，亦日以殷。聪强早知之士，审不通其语言，终无以得彼己之实，则往往奋发于旁行斜上之书，考中西政教学术之异同。此西学之号所由昉也。洪惟圣上当阳，历天步之艰难，深知世运方日趋于通，而塗塞耳目，自相婐阿者之终归于无当也。则幡然改易科目，广厉学官。诏求本末兼备之才，与通知外国事者，将尊显之。于是天下之士，咸卉然向风，思自进于时之所宜，而无封于其故。故综而计之，今之治西文习西学者，盖千万于同光之间者不止也，则亦利禄之路然尔。且夫始于微，终于著，始于简约，终于繁富者，天演之道，何适而不然欤。字典者，群书之总汇，而亦治语言文字者之权舆也。尚忆三十年以往，不佞初学英文时，堂馆所颁，独有广州一种。寥落数百千言，而义不备具。浸假而有《五车韵府》等书，则大抵教会所编辑，取便西人之学中国文字者耳。即至晚出数种，虽较前为富，然于一字数义，至夫名物动作区别形况之异用，皆绲而不分。学者叩其所不知，而黮暗愈甚，用以迻译，则事义违反，鼠璞相贸，往往多可笑者。故仆畴曩课教南北子弟，常勖其勉用西文字典，不得以华文字典之译义，望文骈迭为之。初学为此，蹶蹶其难，必迟又久，而后从顺。此皆字典之不精，致成学之难期，而译才之乏至如此也。顷者商务印书馆知时用之所缺，乃延中西淹通之士，即彼中善本，如纳韬耳、罗存德、韦柏士特诸家之著，荟萃缀译，以为是编。虽未谓即臻于精极，要亦不封于故，而知进于时之所宜者矣。上之有以副明诏之所欲为，下之有以佐劬学者之日力。以视坊市前行之数种，逊乎远矣。夫始于微，终于著，始于简约，终于繁富者，天演之公例也。同类争存，存其最宜者，又天演之公例也。然则是编之独出冠时，而为世之所实贵而竞取者，又何疑焉。侯官严复

关于这部辞典的详细情况，笔者已有考证，此不赘述。① 择要而言之，《音韵字典》是中国第一本初具近代双语辞典特征的工具书。严复在序言中说："海禁开，中土之习西文者日益众，而尤以英文为独多。"商业往来、国际交涉都需要外语人才，为此政府开办了京师同文馆、上海、广州广方言馆等外语学习机构，培养翻译人才。有识之士也奋发学习外语，因为"考中西政教学术之异同"都"必通其言语"。所以"今之治西文习西学者，盖千万于同光之间者不止也"。学习外语离不开双语词典，严复说："字典者，群书之总汇，而亦治语言文字者之权舆也。"明确地指出了辞典类的重要性。这完全不同于视文字学为"小学"的传统旧学。严复还回忆说30年以前初学英文时，学校所发的工具书只有广州刊行的一种，词汇仅千余条，而且释义很不完备。严复1867年进福州船政学堂，1871年肄业，英语的学习即始于船政学堂时代。学堂提供的"寥落数百千言"的材料还算不上辞典，最多只是一本术语集。船政学堂的法国教习日意格编有一种法汉英三语的机械术语手册，共收词1962条，严复所言及的可能就是这个手册。② 严复说不久又有了《五车韵府》等书，这应该是上海石印的马礼逊字典的简缩本。这些辞典"大抵教会所编辑，取便西人之学中国文字者耳"。并不适合中国人学习外语。严复进一步

---

① 参见汪家镕《〈商务书馆华英音韵字典集成〉——国人编纂的第一部大型英汉双解词典》，《出版科学》2010年第4期；沈国威编著『近代英華華英辞典解題』；沈国威《近代英华辞典环流：从罗存德，井上哲次郎到商务印书馆》，《思想史》第7册。
② 这个手册后来被卢公明收到自己的《英华萃林韵府》（1872）里。

指出：后出的几种辞典，虽然内容较为丰富，但"一字数义"，释义不明确，又不区分名词、动词、形容词等词类，对外语学习者帮助不大。所以严复告诫其"南北子弟，常勖其勉用西文字典，不得以华文字典之译义"。由于辞典的落后，学习者倍感困难，翻译人才奇缺。商务书馆的《音韵字典》"虽未谓即臻于精极"，但远胜于当时流行的其他数种辞典，严复认为这是因为《音韵字典》延请了中外著名学者编纂，并参考了纳韬耳、罗存德、韦柏士特等人辞典的结果。

　　编纂英语辞典参考纳韬耳、韦柏士特等的辞典并不奇怪，令人感到意外的是严复提到了罗存德。罗存德的《英华字典》在香港出版，并不是外国出的辞典（彼中善本）。《音韵字典》的版权页上写的是"原著人，罗布存德氏"，而不是"罗存德"，严复是根据什么订正为"罗存德"的？笔者曾经指出"罗布存德"是源自井上哲次郎《订增英华字典》（1884）的错误；《音韵字典·例言》第五条则说："释义为字典之全神所注，本书并列华英二解，务求简明，大抵以罗氏为宗，博采前贤以补之，新增字义间取诸日本字典。"也不见罗氏的全名。而且严格地说，"大抵以罗氏为宗"也不是事实。预售价高达30美元的罗氏《英华字典》即使在出版当时，中国国内也很少能见到，遑论时隔30余年之后的1902年。《音韵字典》编者参照的不是罗存德的原著，而是井上哲次郎的《订增英华字典》。[①] 但井上的辞典中并没有人文科学或自然科学的新译词，例如井上氏主编的《哲学字汇》（1881）的译词完全没有反映在《订增英华字典》里。

二　严复《〈袖珍华英字典〉序》

　　1904 年初严复又为商务印书馆的《袖珍华英字典》作序，全文

---

① 参见沈国威《近代英华辞典环流：从罗存德，井上哲次郎到商务印书馆》，《思想史》第 7 册。在《音韵字典》卷首的序言中严复只提到了《五车韵府》，而没有提及《英华字典》这一专有名，据此大致可以断定严复并未见到过实物。

如下：

　　英国字典之盛，近百数十年事也。当乾隆中叶，约翰孙博士始荟萃群籍，依字母次第列八部之言，一一著其音切、义训、源流，书成，一时号渊博，为学界鸿宝。嗣而美之韦柏士特踵而修之，于前书加繁富，是为字书大成。二公皆起穷约，以一人之精力，闭户搜时，多历年所而后成书，固为难也。比者半期以还，国学言语别为专科，遂其学者谓由此可以得治化隆污种类分合之实，盖不徒夸博闻斗多识而已。而诸科之学，有如动植虫鱼之属，举而论者日以益多，如立名字百倍于古。是故今日字典欲为完备，必聚通国学人之力，人主一科，或专数字，合而成之。以比前者约翰孙、韦柏士特之所为，犹以邓林比夸父之杖矣。盖欧美文物其进而益繁如此。虽然，字典之用，所以释义解惑者也。考古者于一字之立，讨本寻条，而常人日用诵读之时，则取了大义，期捷速、简当而已。故字典大者，其籍专车横列数十百卷；而小者如拳如拇，怀挟褚袖之中，以便舟车翻检，夫亦各适其用而已。商务印书馆主人往者有《华英字典集成》一书，既为学旁行者所宝贵矣，乃今酌删繁重，主捷速简当之义，排为袖珍之本，以便肆应者之所挟持，其于学界意良厚已。因其乞言，乃为序之如右。癸卯十一月　侯官严复①

《袖珍华英字典》题名等如图 7 - 1，由南洋公学的吴慎之、胡潜谟编纂，1904 年出版，是中国外语辞典史上第一本冠以"袖珍"之名的辞典，初版 12cm×8.5cm，正文 1273 页，附录等 48 页。

---

① 《严复集》第 1 册，第 143～144 页。《严复集》标题为《〈袖珍英华字典〉序》。《严复集》的注释说：序文末署"癸卯十一月"，当作于 1903 年 12 月 19 日至 1904 年 1 月 16 日之间。字典的卷首除了严序以外，还有 W. W. Yen（颜惠庆）、T. M. Woo（胡潜谟）和 Gilbert Reid（李佳白）的序文，胡序署 1 月 16 日，李序署 1 月 15 日，严复的序也应作于这一时间段。

 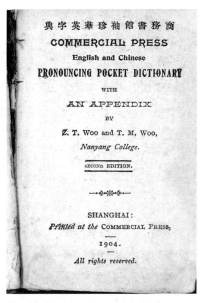

图 7 - 1　《袖珍华英字典》1904 年第 2 版扉页（左）、英语书名页（右）

　　严复在序言中说:"英国字典之盛"也是近百余年的事,乾隆时代中期,英国的约翰逊博士（Samuel Johnson,1709 - 1784）广泛收集例句,按照 ABC 排列,标明词类,对发音、词义、词源做了详细的记述,其后又有美国人韦伯斯特在前人的基础上更加努力地丰富了辞典的内容,使"字书大成"。但是与那个时代相比,现在科学飞速进步,新术语日益增加,编纂辞典需要动员全国的学者通力合作。辞典是为了解决疑惑,学者对词义、词源有较高的要求,而一般读者了解大意即可。所以有大辞典,也需要袖珍的小辞典。商务印书馆不久前出版了《华英字典集成》,大大地方便了外语学习者。这次又推出了袖珍辞典,嘉惠学界。

三　严复《〈英华大辞典〉序》

　　1908 年严复再次为商务印书馆的《英华大辞典》作序,全文如下:

夫西文辞典众矣，以言其卷帙，则自盈握小书，至于数十巨册；以言其说解，则自粗标互训，至于历著异义引伸，与夫其国古今文家所用其字之世殊，乃至里巷谣俗。凡国民口之所道，耳之所闻，涉于其字，靡不详列。凡此皆以备学者之搜讨，而其国文字所以不待注解而无不可通也。今夫中国字书旧矣，自《尔雅》列诸群经，而考者谓为周公之作。降而中车府令之《爰历》。汉人《凡将》、《滂憙》，①　至于浸长《说文》、《五雅》、《三仓》、《玉篇》、《广韵》，代有纂辑，而国朝《康熙字典》，阮氏《经籍纂诂》，集二千余年字书天演之大成，所以著神洲同文之盛。虽然其书释义定声，类属单行独字，而吾国名物习语，又不可以独字之名尽也，则于是有《佩文韵府》以济其穷。字典以部画相次，而韵府则以韵为分，此其嘉惠学者，使自得师，其用意皆可尚也。盖惟中古文字，制本六书，故二者难合。而自葱岭以西，南暨竺乾，西讫欧美，重译殊化，大抵切音。虽以埃及之鱼鸟画形，状若金石款识，而究其实，亦字母也。惟用字母切音，是以厥名易成。而所谓辞典者，于吾字典、韵府二者之制得以合。此其国名物所以降多，而辞典所以日富也。

十稔以还，吾国之民，习西文者日益众，而又以英文为独多。模略人数，今之习西文者，当数十百倍于前时，而英文者又数十百倍于余国。商务印书馆营业将十年矣，前者有《英文辞典》之编，尝属不佞序之矣。此在当日，固已首出冠时。乃近者以吾国西学之日进，旧有不足以餍学者之求，以与时偕进也，则益展闳规，广延名硕，而译科颜进士惠庆实总其成，凡再易寒暑，而《英华大辞典》出焉。蒐辑侈富，无美不收，持较旧作，犹海视河，至其图画精详，迻译审慎，则用是书者，将自得之，

---

① 《爰历》赵高所作，《凡将》司马相如所作，《滂憙》贾鲂所作，均为记录汉字的课本。

而无烦不佞之赘言也。光绪三十四年正月①

如上所述，这是我国第一本以"辞典"冠名的英汉辞典。严复说自己曾为《音韵字典》（1902）作序，《音韵字典》在当时是出类拔萃的辞典。但学术的进步日新月异，译词等已不敷使用。而这次的《英华大辞典》"蒐辑侈富，无美不收，持较旧作，犹海视河"。《英华大辞典》的特点可以归纳为：

1. 采用了分节标音，方便自学者揣摩正确的发音；

2. 标注了词性及术语的学科领域；

3. 有简单的英语释义。当时科技语言尚未完全建立，英语释义在帮助读者准确把握英语词条意义方面发挥了远比今天更为重要的作用；

4. 收录词条广泛、译词丰富。

无论在规模上还是质量上，《英华大辞典》都是划时代的。关于第4点，笔者认为主要得益于其广泛参照了"若干种优秀的英和辞典"。编纂者没有具体说明参考了哪些英和辞典，初步调查可知三省堂的《新译英和辞典》（神田乃武等编，1902）发挥了较大的作用。尽管这只是一本小型辞典，但曾经参与《哲学字汇》（1881）编纂的有贺长雄负责法政、经济、外交、哲学、教育、美术等领域的译词，译词多为汉字形式，使这本辞典有了向中国提供译词的可能性。

严复在序中对中外的辞典在体例、内容等方面的异同做了深入的分析。他称赞西方辞典有数十卷的大型辞典，也有掌握之中的袖珍辞典；不仅种类繁多，而且释义详备。西方的辞典，除了古今学者所使用的特殊词语外，口语俗语、耳之所闻都予以收入，并详细解释。所以西方的古典不借助注释书（仅靠辞典）也可以读懂。相比之下，虽然中国古已有字典，如《康熙字典》等对每一个汉字诠释其字义、

---

① 《严复集》第2册，第253~254页。序文置于辞典其他序言之前，由严复手书。

确定其字音。但是，汉语的词、习语并不都是采用单一汉字的形式。于是就有韵府一类的书对这些（多音节的）词、习语进行解释，以补充字典的不足。西方所谓的辞典集中国字典、韵府的长处，使用方便。严复明确指出了中西辞书由于语言基本单位的不同而存在本质上的差异。

四　严复《〈习语辞典集录〉序》

这是严复应同乡友人卓芝南之请，为卓的儿子编纂的《英华习语辞典》所写的序言，后收入《严复集》第 2 册。《严复集》的解题只作："据《严几道先生遗著》，写作年月未详。"[1] 但是收入《严复集》的似乎只是一篇草稿，与置于《英华习语辞典》卷首的严序有很大的出入，兹对比抄录如表 7-1：

表 7-1　《〈习语辞典集录〉序》与《〈英华习语辞典〉序》的比较

《习语辞典集录》序	《英华习语辞典》序
顷自十余载以还，五洲之交通日密，吾国士大夫憬然幡然，知往者之峻柜〔极〕自封，无补于国势之强弱；乃皆以周知四国之故，为莫亟之先务。然其为此也，必以通其言语文字为之邮，故习读欧文者日益众。其有时或年长，力不足以为其新，则常勖其家之子弟以为此。如吾友卓太守芝南之遣其哲嗣，游学四方，犹此志耳。今夫语言虽极其聱牙，一种之民安之若素；文字虽极其奥衍，一国之士以为至常。然则语言文字固不足以为学，然而非此欲求其所谓学者，则其势不能，此所以其道虽小，而必不可忽也。且求语言文字之通也，岂独一字一音习其散焉者而已。	十余稔以还，东西中外之交通日密，吾国士大夫憬然幡然，知往者之峻拒自封，无补于种之盛衰，国之强弱也。则皆以周知四国之故为莫亟之先务。而其为此也，又必以通其言语文字为之邮。故习读外国文者日益众众。其或时过年长，力不逮志，亦必勖其子弟以为此。如吾友卓太守芝南之遣哲嗣定谋以游学四方也，犹此志耳。今夫语言虽极侏离，一种之民安之若素；文字虽极奥诡，一国之士目为至常。然则语言文字者固不足以尽学。顾舍此而求其所谓学，独欲耕而不资耒耜；欲济而不具舟帆也。此其事所由不可忽也。且求语言文字之通也，

① 《严复集》第 2 册，第 358~359 页。

《习语辞典集录》序	《英华习语辞典》序
往往字与音散则犹是也，而倚合参两焉，其意义乃大异。况乎一种之存，一国之立，垂数千年，则其中必有聪明睿智之民，其思虑知识，所大异于凡民者，会其声而成辞，此其文以见意。而闻者或默以识，或笔于书，而一物之精理以明，一心之深情以达，历世既多，而所积弥富，此吾文字相传之所以称古也。 且吾闻善为学者，在即异而观其同。今夫五洲之民，苟从其异而观之，则诡制殊俗，其异不可以言词尽也。顾异者成牵乎天，或系乎地，又以相攻相感，所值之不齐，而其异乃大著。虽然，异矣，而其中常有同者，则形质不殊，而所受诸大以为秉彝者，莫不一故也。是故学者，居今而欲识古之圣人所谓达道达德者乎，则必取异民殊种，所必不可畔者而观之，所谓达之理著矣。是故彼此谣俗，古今典训，在彼有一焉为其民所传道。迨返而求诸吾国，亦将有一焉与之相当。必识夫此者多，而后能用其文字语言，以通夫吾之意思，此为学之术也，亦即所以为文字语言者也。 卓君禀其父命，学英之文字语言甚勤，见吾国近者有字典之编辑，有文法之译著，其心以为是其为书，皆有助于学者。顾使未知其文，仿语半辞之中，有自为其倚合参两近譬曲喻者，则虽识其散焉，犹不可以为达。又使未知彼之建言谣俗，一一于我皆可以求其同者，将不知二者襟辞之同指也。乃奋其日力，汲汲然为《习语集录》一书，将饷海内，先质其父，其父乃寓书于同里严复曰："为吾儿序之。"	亦岂独一字一音习其散焉者而已。字与音犹是也，而或倚合参两之不同，其义意大异，又岂独造句遣辞治其聚焉者而已。句与辞无定也，而待建言仿语之为用其旨趣乃传。是故学语言文字矣，而徒字典文法之是求，未有能得其似者也。而况其进焉者乎，盖一种之克存，一国之久立，则其中必有聪明睿智之民思虑识知，所大异于凡民者，有所欲云而理不概则托譬成章，比文见义。闻者或默以识之、或笔之于书，物之精，理以明，心之深，情以达。泊历世既多，而所积弥富，如是者谓之习语。习语所从来远矣，则犹吾十口相传之，所以称古也。吾闻善为学者，在即所异以观其同。今夫五洲之民，苟从其异而观之，则诡服殊俗，其异不可偻指也。顾异者非其情或牵于天，或系乎地。又以相攻相感所值之不齐，其异乃大著。虽然异矣，而其中常有同者为之经，则人形不相悬殊，而秉彝之莫不一故也。是故学者欲知古圣人所谓达道达德者乎，取异民殊种，观其所不可畔者而达之理得矣。是故典训谣俗在彼有一焉者，为彼民所传道反求诸我，亦必有一焉以与之相当。此为学之渐也，亦即所以为语言文字之方也。 卓子禀其父命，治英吉利之语言文字甚勤，乃见吾国近者有字典之编辑，有文法之译行，其心以为是其为书，固皆有助于学者。特未知其文虽仿语半辞之中，亦有自为其倚合参两近譬而曲喻者，则犹未可以为达，又使未知彼之谣俗，一一焉皆于此而可得其同也，亦将眩于异而不得其通。乃偕其襟友曾子牖，奋其日力，缀为是书，名曰习语辞典，将饷海内，先以质诸其父，其父寓书于里人严复曰：为是书序之。则序之如此。若夫二子之志，方将用此以博讨遐搜，求所以审列邦之情伪者夫，岂以是自封已哉。光绪三十三年仲冬侯官严复

　　据《商务印书馆出版中外文辞书目录（1897～1963.9）》（商务印书馆资料室编的内部资料，不著时间），《英华习语辞典》由卓定谋、曾㼰编纂，1907年出版，正文553页。架藏本版权页内容如下：

　　　　编译者　闽县卓定谋、曾㼰
　　　　发行所　商务印书馆
　　　　印刷者　羽田恭辅
　　　　印刷所　株式会社　葆光社
　　　光绪三十三年九月廿八日印刷，同十月一日发行

　　"习语"即惯用语，严复在序言中指出语言中单独成分的意思和结合成短语、习语时的意义不同，习语等在日常语言生活中频繁使用，极其重要。卷首除了严复的序以外，还有李佳白（Gilbert Reid，1857－1927）的英文序和同为"闽县"人的林长民的汉文序。[①] 林的序用毛笔书写，洋洋洒洒长达9面。有些观点与严复《英华大辞典》等序言相仿佛，但时间更早，两人之间的交流是一个值得探讨的问题。林氏在序中说："二子方同治英文，搜得此类辞典凡十余种，更取英译日语译本以相印证，成语造句有先例者复采辑而附之，凡万五千余言，其间有不能解者，则就正于英美学者，积一年而编辑如成，不敢谓大备，然常用之语已略有征矣。"可知《英华习语辞典》是以日本的习语辞典为蓝本的。其实，最早编纂此类辞典的是邝其照，邝氏于1881年在纽约出版了 *A Dictionary of English Phrases with Illustrative Sentences*，亦名《英文成语字典》。这本原为中国学生编写的辞典，收有6000个短语，配以相应的例句，卷首及卷末共收录了耶鲁大学校长等17位著名学者、教育家的推荐词（testimonial）。但

----

① 　林序署光绪三十三年六月，李序署 December，1907。而初版刊行时间为"十月一日"（11月6日），时间并不吻合。

由于汉字印刷上的原因，邝其照不得不先将英文部分分离出来，单独出版，以期有益于以英语为母语的年幼的学生。邝其照这本以中国学习者为对象编纂的辞典最终未能出版，但值得庆幸的是 1899 年被译成日文在日本刊行，并于 1910 年再版。《英华习语辞典》短短几年重印了数次，除了质量较高外，严复等的奖掖也是起了作用的。①

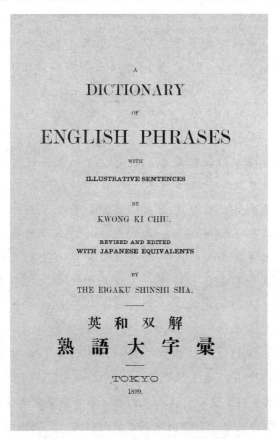

图 7 - 2　邝其照《英文成语字典》书影

---

① 1909 年陈芷兰、颜惠庆将在日本东京大学任教的 James Main Dixon 为日本人编写的辞典 *Translations of Dixon's Dictionary of Idiomatic English* 译成《英汉成语辞林》，由商务印书馆出版。这本辞典例句较多，出版后很受欢迎，多次再版，影响大于《英华习语辞典》。

五　严复《书"百科全书"》

严复的这篇文章全文如下：

　　百科全书者，西文曰婴塞觉罗辟的亚，正译曰智环，或
曰学郭。盖以一部之书，举古今宇内，凡人伦思想之所及，
为学术，为技能，为天官，为地志，为各国诸种有传之人，
为宗教鬼神可通之理，下至草木、禽兽、药物、玩好，皆备
于此书焉，元元本本，殚见洽闻，录而著之，以供检考。泱
漭浩瀚，靡所不赅，唐乎参乎，真人慧之渊海，而物理之圜
枢哉！尝谓方治化之进也，民有余于衣食，则思想问学之事
兴焉。仰观俯察，远物近身，十口相传，阅历斯富。有圣人
作，文学肇兴，变口述而为记载，由是金石而外，东有杀青
铅椠，西有贝叶羊皮，书籍之用斯溥，小学之功日繁。贤者
识大，不贤识小，此民智之所以日辟也。虽然，未已，必剞
劂用以省传抄之劳，绘画行以得物形之似，而图画之功，乃
不胜用尔。且学之演也，常作始于简，成终于繁。而教之神
也，又先为其分，而后期于合。是故西哲有言：自古及今，
凡人类之理想，如银铛然，无一环而特起；又若纲目然，必
联系而相资。此诚见其会通而不刊之论也已。

　　往者龙门太史迁，生西汉之代，承百家蠭起之余，九流分出
之际，创为通史。自谓网罗天下放失旧闻，故纪传世家而外，为
十表八书。其自序也，首载父谈所论六家要指之言，继乃详其述
作之缘起。其意亦曰：古之人方为其分，至于我而后为其合，自
吾书成，一切载籍，学者皆可以不治，必欲为学，治吾书可耳。
是亦中国学郭之权舆也。

　　欧洲学郭之作，发现于十八世纪之中叶。而夷考本始，则希

腊硕师雅里斯多德，已有人类智慧总一拓都而支流节目皆相撢拄之言。近古元明间，英有罗哲尔佩根，德有阿尔思迷，皆斐然述作，事勤文富，有足多者。降至康、乾之间，欧洲文明肇启，旧者宗教之迷信，政法之专制，在在无以协于人心理想之安。于时法国笃生两贤：曰狄图鲁，曰达林白。本英国哲家法兰硕培根之指，号召同志，闳规大起。议造此书，用分功之术。其著论也，人各贡其所知，而两贤司其编辑。当是之时，法有孟德斯鸠、福禄特尔、卢梭、拓尔古、康特什之伦，英有亚丹斯密、休蒙，德有汗德、赖伯聂子，相与矫尾砺角，摧陷廓清。而智环一书，实群言之林府。于是政教笃旧之家，心骇神愕，出死力以与是书抵距。盖其书越二十年而始成，编辑之人，屡及于难。迨成书，而大陆革命之期亦至，其学术左右世运之功，有如此哉！是故言智环者，必以此书称首。

　　顾百年以来，欧洲学术，川增潮长，是以列国各有其书，而数数增修，与时偕极。至于今，虽名仍智环，而所载悉非其故矣。伦敦《泰晤士》者，五洲报章之岱斗也。其为报，常集数十百巨子名公，于天下事靡所不论，其隆富可谓极已。乃今汇而集之，编为是书，以饷学者。学者家置一编备考览，则不出户可以周知天下。上自国家政法兵农之大，下至一名物一器饰之微，皆可开卷了然，究终本始。夫岂馈贫之粮，益智之囊已哉！惜乎，吾国《图书集成》徒为充栋之书，而不足媲其利用也。[1]

《严复集》收录时文章题目中的"百科全书"使用了书名号，似乎是指某一特定的图书，而实际上当时中国并没有这样一本书。该文的写作背景不甚了然，严复的文章中也没有任何与图书刊行相关的文字。

---

[1]　《严复集》第 2 册，第 251 ~ 252 页。

《严复集》编者在解题中说，该文根据的是"中国历史博物馆所藏手稿。此稿与《代提学使陈拟出洋考试布告》手稿同置一束内，所用稿纸亦系 1906 年至 1907 年在安庆高等学堂日记本，故当作于 1907 年（光绪三十三年）"。[①] 极有可能是为安庆高等学堂准备的讲义稿。

严复在这篇文章中简要介绍了欧洲"百科全书"在学术史上的地位和作用，特别谈到了培根在百科全书编纂史上的重要功绩。严复说司马迁的《史记》可以说是"中国学郛之权舆"，但又指出"《图书集成》徒为充栋之书"，不足与西方的百科全书相媲美。日本的西周为弟子作"百学连环"的讲座，对百科全书做了详细的介绍。[②] 百科全书在西方知识体系导入的过程中，是一个重要的内容。

六　严复《〈普通百科新大词典〉序》

1911 年严复为《普通百科新大词典》作序，全文如下：

自欧美学科东渐亚陆，其所扬搉而举似者，不独名物异古已也，即其理想往往为古人之所无。将欲废之乎？则于今日之事，必有所之。将欲倡之乎？则其势且将以蔑古。缅维吾国古先圣王，自庖牺画卦，苍轩造书，下逮籀、斯，历汉、唐、宋、元，暨于昭代，凡所以考文开物，于以造黄人于文明之域者，源至盛大，流至深远。使古而蔑，将吾国之有存者几何？此顷岁以来，尊古忧宗之民，所以皇皇然有保存国粹之说也，于戏仁已！虽然，古不能以徒存也，使古而徒存，则其效将至于不之存。韩愈氏之《原道》也，其言曰：尧、舜、禹、汤、文、武、周公、

---

① 《严复集》第 2 册，第 251 页。
② 沈国威：《严复与科学》，第 1～40 页。

孔子之道，黄、老于汉，佛于魏、晋、梁、隋之间。夫黄老犹吾物也，虽见乘不为患。而佛非吾物也，其入吾土也，起汉魏以迄于今，所为力尝大矣。然而卒不足以夺吾古者，非仅辞而辟之者之功也，亦在用吾古以翕收之以成吾大。此古之道所为变动而弥光明，而转译傅会之功为不可没也。

今夫名词者，译事之权舆也，而亦为之归宿。言之必有物也，术之必有涂也，非是且靡所托始焉，故曰权舆。识之其必有兆也，指之其必有櫱也，否则随以亡焉，故曰归宿。吾读佛书，考其名义，其涵闳深博，既若此矣，况居今而言科学之事哉！夫科学者，举凡宇宙之所有，与人心之所得思，莫不标之以为学。搜秘日广，炫奇无穷，即在凤学，但治专科。至于末学之众，滋无论已，自航业交通，学官广厉。又顷年以来，朝廷锐意改弦，以图自振，朝暮条教，皆殊旧观，闻见盱眙，莫知的义。其尤害者，意自为说，矜为既知，稗贩传讹，遂成故实，生心害政，诐遁邪淫。然则名词之弗甄，其中于人事者，非细故也。

国学扶轮社主人，保存国粹之帜志也，其前所为书，已为海内承学之士所宝贵矣。乃今以谓徒于其故而求之，犹非保存之大者也，必张皇补苴，宏纳众流，而后为有效也。则发心而为普通词典之事，观其起例，其所以饷馈学界、禆补教育，与所以助成法治之美者，岂鲜也哉？出书有日，索叙于余，而仆是时适领名词馆于学部，乐其有以丰佐吾事也，则欣然为弁数语以归之。宣统三年正月晦　侯官严复[1]

《普通百科新大词典》，上海国学扶轮社校印，1911 年刊，编者黄人，字摩西。这是中国第一本冠名"百科"的图书，也是"（大）

---

[1]　《严复集》第 2 册，第 276～277 页。

词典"首次用于书名。关于该书的书名需要做一些说明。第一卷
《总目录》封面题签为"普通百科新大词典",但扉页则为"普通百
科新大辞典",以下各卷均为"大词典"（见图 7 - 3）。严复的序及
编者黄人的序也称之为"大词典",故"词典"应该是正式的名
称。①严复这篇手书序文置于卷首,严序之后是黄人的序,署"昭文
黄人摩西"。

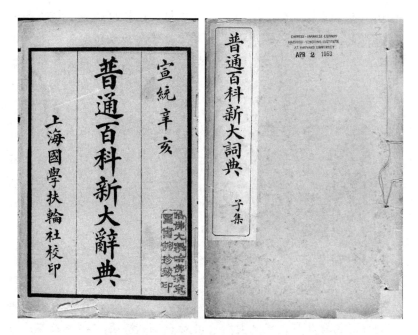

图 7 - 3　《普通百科新大词典》第一卷扉页（左）、子集扉页（右）

　　在序文中严复说,西方的科学技术传来东方,不仅器物与中国古
已有之的不同,很多概念（"理想"）也是中国迄今为止所没有的。
虽然中国的古学"源至盛大,流至深远",但如果排斥西学必将"不
能以徒存"。佛教的流行未能取代孔子之道,不仅仅是抵制者的功

---

　　①　书名中的"普通"也与今义不同,与"专业"相对,是"基础知识"的意思。这
　　　　是当时日本的用法。现在日本中等教育中还有"普通科"。

绩，还在于吸收外域的智慧壮大了自己。在这方面，翻译的功劳是不可磨灭的。术语词汇是翻译工作的开始，也是归宿。没有术语，翻译则无从进行，所以说是开始，术语必须有便于理解的征兆，能"望文知义"，不然转瞬即忘，译文也就无法理解了，所以术语又是翻译的归宿。① 佛典的术语就有这个特点。今天的科学更应当如此。近年朝廷锐意改革图强，知识发生了根本性的变化，词语也与过去不同，更为有害者是错误理解，以讹传讹。严复说自己恰好在学部名词馆负责术语审定的工作，乐见《普通百科新大词典》的刊行对术语审定有帮助。黄人也在卷首的"凡例"中说："一切学语以学部鉴定者为主，余则取通行最广者。"②

结　语

深知无辞典便无法掌握外语、只能望洋书兴叹的严复完全不曾有过编纂辞典的愿望吗？1899 年张元济就术语辞典事请教正在翻译《原富》的严复，严复回复说：

> 此事甚难，事烦而益寡。盖字典义取赅备，故其中多冷字，译之何益？鄙见不如随译随定，定后为列一表，以后通用，以期一律。近闻横滨设一译会，有人牵复入社，谓此后正名定义，皆当大众熟商，定后公用，不得错杂歧异，此亦一良法也。③

但 1909 年，学部成立编订名词馆，严复任为总纂。严复邀请伍

---

① 严复原文使用了"橥"，即"揭橥"，义为揭示、标明、表识。所谓"望文知义"即复合词的"理据"。黄人在序中说"其实词之正义望文可见"，属意相同。

② 清学部审定名词事，前章已述。除了学部审定科编纂的《物理学语汇》（1908）以外，其他审定结果在当时并未公开。不知黄人具体何指。

③ 《严复集》第 3 册，第 528 页。此信写于 1899 年 4 月 5 日。

光建参与术语审定的工作，被伍婉拒。严复致书伍光建力陈术语的重
要性："方今欧说东渐，上自政法，下逮虫鱼，言教育者皆以必用国
文为不刊之宗旨。而用国文矣，则统一名词最亟，此必然之数也。"①
数次为英华辞典作序反映了严复的这种心情上的变化。

　　如严复所言，中国字书古已有之，至"国朝《康熙字典》，阮氏
《经籍纂诂》，集二千余年字书天演之大成，所以著神洲同文之盛"。②
但19世纪以后西人带来了全新的知识体系和辞典（dictionary），中国
也逐渐认识到了作为"群书之总汇""治语言文字者之权舆"的辞典
的重要性。

　　1910年2月17日起，商务印书馆开始在《申报》上刊登预售广
告，代售泰晤士公司印制的"世纪大字典"，③3月26日是预订最后
一天，商务以"今日乃末日"为题发文，再次唤起读者注意。文中
有严复的推荐词如下：

本稘词典评语

　　伦敦泰晤士以五洲第一报馆而兼编书，其所编者，率皆一时
之巨制，如所谓百科全书、万国通史，其为吾国学界欢迎久矣。
比年以来又有本稘辞典之作，共八大帙，其中凡以前辞典之所有
者，莫不有而又新增特色，如其字之原流派别，即详尽矣。而各
科所用新出名词，于他辞典不少概见者，亦皆粲然彪列，具图缀
说。学者读之虽未学之科，于其物之性质功用，十可得其八九，
诚哉，其为英文最备之辞典也。鄙人近于学部方有编订名词之
役，与同馆分纂诸公，日加翻检，是以知其书甚详适，泰晤士代

①　《严复集》第3册，第586页。此信写于1910年1月24日。
②　《严复集》第2册，第253页。
③　*The Century Dictionary: An Encyclopedic Lexicon of the English Language*，The Times，
　　1899. Century译作"稘"是严复的译法。19世纪末，欧美各大出版社相继推出以
　　New Century 或 *Twentieth Century* 命名的大型辞典，此即其中一种。

表麦基君来京，嘱书数言以告吾国之学子，则亦不辞而著其实如此。

　　　　　　　赐进士出身部丞参上行走编订名词馆总纂官严复①

　　这份推荐词虽然不长，也可以算作严复的一篇佚文。1915 年首部近代国语辞典《辞源》出版，1936 年《辞海》出版；汉外辞典则有《综合英汉大辞典》（1928）等。在对从"字典"到"辞典"这一历史过程进行考察时，与传教、出版印刷等文化史课题同等重要的是，在西学东渐的近代知识大移动中，汉语是怎样将西方的新概念变成可资利用的语词资源的，辞典编纂过程中的译词创制等是如何展开的。包括中国英语辞典编纂史、英语学习史在内，在讨论近代知识传播以及中国外语学习史时，汉外辞典的编纂以及对中国的外语教育，乃至汉语本体研究的影响都是值得深入研究的课题。

　　当然，还有一个更重要的问题，就是严复学习英语、掌握西

---

① 《申报》1910 年 3 月 26 日。严复推荐词后是颜惠庆的推介词，简要梳理了西方辞典编纂史。兹抄录如下：

　　尝考欧洲之有辞典，以希腊为滥觞，相传亚力山大在位时，已有辞典出现坊间，惜大半失传，仅闻其名，而不得见其书。厥后卡拖列庚腊丁辞典于千二百八十六年书成，而迟至二百年后方始出版，是为腊丁辞典之鼻祖。亚洲开化最早，字汇之类散见于希伯来、叙利亚、亚喇伯与梵文者甚多，而较之吾国之有说文，其时代已相差至千余年矣。英文字典于千六百二十三年伦敦坊间始有出版，迨后文学盛兴其文字几经变易，日臻完备，而字典亦随之以俱进，以为学者之助，近数十年来，英美文字几可通行全球，不特欧洲士夫鲜有不通，而自欧化东渐，我国学子研究西洋文字者亦以英美文字为用最广，因而学之者尤多，而英美大辞典为学者之所奉为指南者，如韦薄司得、员司得之类，率皆穷数百学子之脑力，费数十万金钱之资本，历数载之久，方克告成，其嘉惠士林实非浅鲜，惟近年来，新智识愈进愈奇，新名辞日新月异。美国纽约城辛拖列印书馆，为英美书业中之领袖，有鉴于是，拟再刊一完备之字典，以补前之所不及，于是辛拖列大辞典于近十年出现于世，书共十大册，前八册为辞典，第九册为地名人名，而第十册附列舆图，其搜罗宏富，解释精详，洵为空前绝后之大辞典。至于印刷之美，装钉之佳，犹其余事，辱承印书馆主人，以书见示，并索启于余，爰书数语，以为吾国学界之介绍云。宣统庚戌上海颜惠庆时寓京师

学使用的是什么辞典，辞典上对那些近代概念是如何定义的。韦伯斯特的辞典在日本被广泛使用，不同时期的版本对译者的正确理解是有影响的。① 而严复如何？还有很多具体问题有待于深入研究。

---

① 参见早川勇『ウェブスター辞書と明治の知識人』春風社、2007；山本貴光『百学連環を読む』三省堂、2016。

第八章　严复与汉语新文体：从《天演论》到《原富》

小　引

严复在《天演论·译例言》中说："《易》曰：修辞立诚。子曰：辞达而已。又曰：言之无文，行之不远。三者乃文章正轨，亦即为译事楷模。故信达而外，求其尔雅。"在译词和句子形式之后，严复意识到了文体的问题。"达辞"与"行远"，有语词上的问题，但更重要的是文体的问题。严复精通英语，对翻译内容也有丰富的知识和深刻的把握。但是，当他一旦决定将英语的文本转换成汉语的文本时，他首先要面临译文采用何种文章体裁这一语言形式的问题。[①]《天演论》的原文——赫胥黎的两篇文章，一为讲演稿，一为帮助读者理解讲演内容的导读性文章。讲演稿的内容被认为更具专业性，故需要

---

① 沈苏儒说："在他拿起《天演论》来翻译的时候，除了'之乎者也'的古文以外，他还能有什么别的文字工具？"（《论信达雅》，罗新璋编《翻译论集》，商务印书馆，1984，第 942 页）。而黄克武则指出：当 1890 年代至 1900 年代，严复从事翻译工作时，在文字上主要有四种选择：一是讲究文藻华丽与对仗工整的骈文；二是科举考试用的八股文；三是从曾国藩（1811～1872）开始，上承唐宋八大家的"桐城-湘乡派古文"，或称桐城派古文；四是刘鹗（1857～1909）、李伯元（1867～1906）、吴趼人（1867～1910）等人在撰写小说时所用的白话文。参见黄克武《自由的所以然：严复对约翰弥尔自由思想的认识与批判》，第 71 页。

一个导言，帮助一般的读者更好地理解讲演的内容。即便是这样一个略显艰涩的讲演，其内容也是可以通过口头语言表达的。而反观汉语当时还不存在演说体。19 世纪以后来华的传教士在中国助手的帮助下用一种被称为"浅文理"的文体翻译圣经和其他传教文书，这种文体具有口头宣讲的可能性。但是自马礼逊始，传教士汉译圣经近百年，"浅文理"并没有成为一种能为士大夫所接受的文章体裁，而对新国语产生重大影响的梁启超的新文体还正在酝酿之中。①

　　"文体"的雅驯与否关系到能否行远，与读者能获取什么样的知识也有密切的关系。严复《天演论》时代的汉语，在文体上有何种资源，或者说，严译在文体上必须受到何种限制？本章以严复和吴汝纶的往还信札为基本素材，就这一问题进行探讨。

一　科学叙事文体的探索

　　我们首先对严吴之间的信札做一些必要的整理。《严复集》共收录严复吴汝纶往还信札 11 通，具体如表 8 - 1：

表 8 - 1　《严复集》中收录的严复、吴汝纶往来信札

序号	发信人	时间	附注
1	吴汝纶札一	1896 年 8 月 26 日	谈及《天演论》
2	吴汝纶札二	1897 年 3 月 9 日	谈及《天演论》
3	严复札一	1897 年 11 月 9 日 *	谈及《天演论》译文的修改
4	吴汝纶札三	1898 年 3 月 20 日	谈及《计学》1 册
吴汝纶《天演论》序戊戌孟夏(1898 年 5 月 20 日至 6 月 19 日)			
5	吴汝纶札四	1898 年 8 月 23 日	谈及《计学》4 册
6	吴汝纶札五	1899 年 3 月 11 日	谈及《计学》4 册
7	吴汝纶札六	1899 年 4 月 3 日	讨论《计学》
8	吴汝纶札七	1899 年 10 月 31 日	与翻译无关
9	严复札二	1900 年 1 月 29 日	谈及《原富》的翻译

① 《时务报》于 1896 年秋创刊，为梁启超提供了新文体的试验场。

序号	发信人	时间	附注
10	吴汝纶札八	1901 年 6 月 4 日	谈及《原富》的翻译
11	严复札三	1901 年 9 月至 12 月间	谈及《原富》与穆勒的《名学》
吴汝纶《原富》序光绪辛丑十一月（1901 年 12 月 11 日至 1902 年 1 月 9 日）			

说明：＊严复函的时间依《严复集》的考证。

　　吴汝纶的信札 8 通，严复的信札 3 通，但是上述严吴各札之间并没有来信与回信的衔接关系，即在文脉上是非连续的。如能从吴汝纶的遗物中发现严复的来信，无疑会有助于我们了解严复翻译过程中的各种问题，但在尚未发现这些材料的今天，我们只能从严复吴汝纶的信札中搜寻一些二人讨论翻译及文体的蛛丝马迹了。[①]

　　《严复集》所收吴汝纶致严复札最早的一通时间为丙申七月十八日（1896 年 8 月 26 日），[②] 这是对严复来信的回复。从信中"尊译《天演论》，计已脱稿"的语句中可知，在此之前两人已有信札往还。两人结识并开始讨论翻译问题的具体时间不详，但在吴的这封信之前，严复至少两次致函吴汝纶谈及《天演论》。从吴信的字里行间可以推测严复在此之前向吴汝纶介绍了《天演论》，而吴似乎并没有理解严复工作的意义，发了一些议论，严复再去信详加解释。通过严复的介绍，吴汝纶对《天演论》的内容、原著者的主张、对当时中国社会的意义以及翻译的进展情况有了较详细的了解，对自己"以浅陋之识，妄有论献"向严复致歉。从信中还可以看出，吴汝纶原来主张西书翻译应当以"外国农桑之书"为主，这是因为"中国士人，未易遽与深语"。在了解了《天演论》之后，反省自己的这种主张是"迂谬之妄见也"。吴汝纶对严复译介西方人文社科书籍的努力开始持赞赏的态度了。

①　《严复集》第 5 册所收"严复日记"始于 1908 年，并无与吴汝纶交往的记录。
②　《吴汝纶致严复书一》，《严复集》第 5 册，第 1559 页。

吴汝纶札二的落款时间为丁酉二月初七日（1897年3月9日），①
与前信间隔半年之久。在这半年中严复继续修改《天演论》的翻译，
并通过吕增祥送给吴汝纶。吴在信中说："吕临城（增祥）来，得惠
书并大著《天演论》，虽刘先主之得荆州，不足为喻。比经手录副
本，秘之枕中。盖自中土翻译西书以来，无此宏制。匪直天演之学，
在中国为初凿鸿蒙，亦缘自来译手，无似此高文雄笔也。钦佩何
极！"吴汝纶称赞《天演论》是西书汉译以来的第一件大事，这不但
是因为《天演论》首次将西方的进化论介绍到中国来，更是由于严
复"高文雄笔"的文章。吴汝纶后来在《天演论》"吴序"（完成于
1898年5月至6月间）中写道：

> 抑汝纶之深有取于是书，则又以严子之雄于文，以为赫胥黎
> 氏之指趣，得严子乃益明。自吾国之译西书，未有能及严子者
> 也。②

可见评价之高。对于严复翻译的目的，吴在信中揣测说："抑执事之
译此书，盖伤吾土之不竞，惧炎黄数千年之种族，将遂无以自存，而
惕惕焉欲进之以人治也。本执事忠愤所发，特借赫胥黎之书，用为主
文谲谏之资而已。"即严复本意不过是借赫胥黎之书，对面临亡国亡
种危机的时局阐发自己的主张而已，所以关于"人治"的观点已与
赫氏有距离了。既然如此，吴汝纶指出"必绳以舌人之法，固执事
之所不乐居，亦大失述作之深恉"，逐字逐句拘泥原著恐怕无法实现
严复的目的。但是吴同时又认为："以谓执事若自为一书，则可纵意
驰骋；若以译赫氏之书为名，则篇中所引古书古事，皆宜以元书所称
西方者为当，似不必改用中国人语。以中事中人，固非赫氏所及知，

---

① 《吴汝纶致严复书二》，《严复集》第5册，第1560页。
② 吴汝纶：《〈天演论〉吴序》，作于1898年初夏，《严复集》第5册，第1317页。

法宜如晋宋名流所译佛书，与中儒著述，显分体制，似为入式。此在大著虽为小节，又已见之例言，然究不若纯用元书之为尤美。"① 吴汝纶指出既然采用翻译的形式，就不宜不分青红皂白地把原著中的人物、地点、事件都改成中国的。吴还特别提到了晋唐以后的佛经翻译，佛经的译者特别注意把佛经与中国儒学著述区分开来。吴汝纶的此种观点与马礼逊、罗伯聃等传教士"文化适应主义"的主张、实践有所不同。例如罗伯聃在翻译《伊索寓言》时使用了"盘古""《山海经》""神农""大禹""嫦娥"等中国的书名和古代传说中的人物名和书名。② 这种被称为"文化适应"的方法可以增进接受一方的亲近感，但是吴汝纶更加重视的是"尤（优）美"，这就需要排除不伦不类。罗伯聃等西士预想中的读者是一般民众，而吴汝纶的对象则是士大夫阶层。

　　严复致吴汝纶的信，现存时间最早的是 1897 年 11 月 9 日的。③ 信中严复提到按照吴汝纶的建议修改了天演论的译文："拙译《天演论》近已删改就绪，其参引己说多者，皆削归后案而张惶之，虽未能悉用晋唐名流翻译义例，而似较前为优，凡此皆受先生之赐矣。"从信中的内容我们可以知道吴汝纶提及的晋唐佛经的翻译也是严复翻译西书时的典范，虽未能全面采用，但也多有模仿。对吴氏答应为《天演论》作序的允诺，严复在回信中说：许序《天演论》，感极。而直到此时，严复仍然对自己的文章不放心，"恳先生再为斟酌"云云。

　　吴汝纶札三落款时间为戊戌二月廿八日（1898 年 3 月 20 日），④ 从此信中可知：严复 3 月 11 日去信告知吴汝纶为《天演论》所作的

---

① 《吴汝纶致严复书二》，《严复集》第 5 册，第 1560 页。严复《天演论》初稿所附的"例言"特意声明"原书引喻多取西洋古书，事理相当，则以中国古书故事代之，为用本同，凡以求达而已。"《严复集》第 5 册，第 1413 页。

② 内田慶市『近代における東西言語文化接触の研究』関西大学出版部、2001、145～164 頁。

③ 《与吴汝纶书一》，《严复集》第 3 册，第 520 页。

④ 《吴汝纶致严复书三》，《严复集》第 5 册，第 1561～1562 页。

序收到，并致谢意。① 吴看了严复的《天演论》修改稿，对严复根据自己的建议把"《天演论》凡己意所发明，皆退入后案"表示满意，称赞译文"义例精审"。但同时又指出各章的篇名还有不够完美的地方：现在所用的"卮言"已经是陈套滥语，（夏曾佑提议的）"悬疏"佛教的意味又太重！吴汝纶还代严复草拟了各章的小标题，如"察变""广义""趋异"等。《天演论》初稿上卷仅为"卮言"一至十八，没有小标题，② 刊本《天演论》中"卮言"改为"导言"并加上了小标题。这是严复采纳吴汝纶建议的结果。

吴在信中还写道："斯密氏《计学》稿一册，敬读一过，望速成之，计学名义至雅训，又得实，吾无间然。"可知在1898年3月之前严复已经译出了《原富》的一部分，不过当时的书名不是"原富"而是"计学"。严复在信中一定解释了"计学"命名之所由，并就此征求吴汝纶的意见。吴汝纶对严复的"计学"译名表示了赞许。

严复后来在与梁启超争辩时说"仆计学之名，似尚有一日之长"，③ 颇显自信，这种自信或来自吴汝纶对"计学"的肯定，亦未可知。旧词新义是译词创制的主要方法，如何去旧赋新则颇费脑筋。吴汝纶等对"卮言""悬疏"的斟酌都反映了这一点。

至此，吴严二人在往还信札中讨论的还只是一些翻译上的细节问题，并没有涉及译文的文体。关于文体问题的详细讨论是在吴汝纶的《天演论》序言中展开的。在序言中，吴首先指出了"文"与"道"的关系："凡吾圣贤之教，上者，道胜而文至；其次，道稍卑矣，而文犹足以久；独文之不足，斯其道不能以徒存。"即中国古代圣贤的学说教诲，上等的道理高尚，文章完美；次一等的道理稍有逊色，但

---

① 吴序日期为"戊戌孟夏（1898）"。《天演论》严复"自序"署丙申重九（1896年10月15日），"译例言"署戊戌四月二十二日（1898年6月9日），两文执笔时间均早于吴汝纶序。

② 《严复集》第5册，第1413～1438页。

③ 《严复集》第3册，第518页。

文章可以使其长久流传；唯独那些文章不好的，其学说也就无法流传下来。这种"文以载道"的传统思维在当时是占据统治地位的。吴接着写道："晚周以来，诸子各自名家，其文多可喜，其大要有集录之书，有自著之言。"吴将文章分为两类："集录"和"撰著"，所谓"集录"就是篇章各自独立，不相连贯，《诗经》《尚书》是这一类书最早的作品；所谓"自著"，是文章都围绕一个主题展开（"建立一干，枝叶扶疏"），《周易》《春秋》则是最早的例子。吴汝纶指出汉代多撰著，最有成就的是司马迁的《史记》和扬雄的《太玄》。前者模仿《春秋》，后者模仿《周易》。这两本书都是有一条主线，文章围绕主线展开。但是到了唐代中叶，韩愈推崇《诗经》《尚书》，社会的风尚变为喜好集录文体，宋代以后也是如此。所以唐宋多集录之文，集录的书多了，撰著的文体则不再多见，偶尔有一些，文采也不好，读者不喜欢。最近传入中国的西方书籍，都是围绕一个主题展开的，这与汉代的撰著文体应该有相吻合的地方。吴汝纶似乎觉察到撰著文体更适合于"宏大叙事"；撰著文体的这一特点同时也与学术，尤其是西方科学的体系性密切相关。吴氏指出撰著与集录在文章体裁上虽然不同，但归根结底是文章的功力。现在有人说，西方的学问都是中国人所不知道的，要想开启民智，最好的办法就是译书。可惜的是现在"吾国之译言者，大抵弇陋不文，不足传载其义"。眼下的士大夫们所崇尚的既不是"集录"，也不是"撰著"，而是时文、公牍、说部，即八股文、官场公牍（例如樊增祥的判牍等——笔者注）和小说逸闻、笔记、杂著之类，除此三种以外几乎无以为文。西书中虽然有很多新知识，但是时文、公牍、说部这样的文体无法胜任翻译西书的重任，也难以引起有识之士的阅读兴趣。吴汝纶指出汉晋佛教传入中国时，中土的学问还没有衰落，那些有才能的人笔录口译者的翻译；口述者笔录者互相切磋，所以译成的佛经自成一体。吴汝纶说，赫胥黎的学说和佛教有何种关系不得而知，但译成中文的赫胥黎要想比肩司马迁、扬雄是一件非常难的事情，即使要和唐、宋两代的文章并驾齐驱，也很不容易。严复正是目睹了传教士等译书的失败，认识到文体是一个亟需解决的受众层面的问题。他在《天演论》中采用了古雅的文体，即走了一条"雅驯"的路。严复通过他的译文不但传达了赫胥黎的学说，更重要的是介绍了生存竞争、优胜劣败的进化论思想，"使读焉者怵焉知变"。能触动读者的文章自然是好文章。吴汝纶在序言中对严复的译文赞赏有加："与晚周诸子相上下。""文如几道，可与言译书矣。"从文章的角度来看，严复的《天演论》获得了巨大成功，如鲁迅所说连"吴汝纶都也肯给他作序"。但是，吴汝纶在对严复的译文推崇备至的同时，又说"予又惑焉。凡为书必与其时之学者相入，而后其效明。今学者方以时文、公牍、说部为学，而严子乃欲进之以可久之词，与晚周诸子相上下之书，吾惧其舛驰而不相入也"。① 吴清醒地意识到了西方新学的内容、严复的译文形式和当时读者的阅读情趣这三者之间存在严重的背离，这种背离势必影响新知识的普及。在使新时代的读者屈就传统的文体，还是使传统的文体适应于新时代的读者这一问题上，吴汝纶说"盖将有待也。待而得其人，则吾民之智瀹矣"。指望大家都写桐城文、读桐城文显然是不现实的，只能期待有人想出新办法来，这也是"赫胥黎氏以人治归天演之一义也欤"，② 万事都在进化中。

　　《天演论》的雅驯满足了当时受众的阅读情趣，但"建立一干，枝叶扶疏"的文体并没有完成。"与晚周诸子相上下"的严译，真的适合西方科学的宏大叙事吗？《天演论》脱稿前后严复已开始翻译《原富》了。这是一部专业性极强的书，其中使用了大量的经济学术语，而（双音节）术语的大量使用势必影响到文体。《天演论》"题

---

① 吴汝纶在给友人的信中还说："《天演论》亦拟排日付印。几道欲倩代为销售，近日阅报者尚不能多，又阅者未必深通中国古学，不过略猎书史，得时务报已拍案惊奇，如几道之《天演论》，则恐'大声不入俚耳'。"（《答吕秋樵》（戊戌正月廿日），《吴汝纶全集》（三），黄山书社，2002，第181页。
② 吴汝纶：《〈天演论〉吴序》，《严复集》第5册，第1319页。

曰达旨，不云笔译"式的译法显然行不通，[1]　译文也难以再现《天演论》的铿锵节奏，这一切都使严复倍感困惑。早在 1898 年春，严复就已经陆续将《原富》的部分译稿寄给吴汝纶，并"数数致书"希望吴汝纶依然能像《天演论》那样提出建设性的意见。

吴汝纶札四的时间是戊戌七月初七日（1898 年 8 月 23 日），[2]　吴汝纶在信中写道："惠书并新译斯密氏《计学》四册，一一读悉。斯密氏元书，理趣甚奥赜，思如芭蕉，智如涌泉，盖非一览所能得其深处。执事雄笔，真足状难显之情，又时时纠其违失，其言皆与时局痛下针砭，无空发之议，此真济世之奇构。执事虚怀谦挹，慇慇下问，不自满假。某识浅，于计学尤为梼昧，无以叩测渊懿，徒以期待至厚，不敢过自疏外，谨就愚心所识一孔之明，记之书眉，以供采择。其甘苦得失，则惟作者自喻，非他人所能从旁附益也。"吴氏对严复新译出《计学》4 册文章极尽褒奖，同时也说自己不懂"计学"，只能在空白处提一些小的建议，这些所谓"一孔之明"如次札所示都"不过字句间眇小得失"而已。

吴汝纶致严复第五札时间为己亥正月三十日（1899 年 3 月 11 日），[3]　距前信有近 7 个月的间隔。在这段时间里，严复继续完成《计学》新译 4 册，并呈吴汝纶乞为之修订。吴汝纶回信说：

> 斯密氏此书，洵能穷极事理，镂刻物态，得我公雄笔为之，追幽凿险，抉摘奥赜，真足达难显之情，今世盖无能与我公上下追逐者也。谨力疾拜读一过，于此书深微，未敢云有少得，所妄加检校者，不过字句间眇小得失。又止一人之私见。徒以我公数数致书，属为勘校，不敢稍涉世俗，上负诹诿高谊。知无当于万

---

① 严复说："是译与《天演论》不同，下笔之顷，虽于全节文理，不能不融会贯通为之，然于辞义之间，无所颠倒附益。"《严复集》第 1 册，第 101 页。

② 《吴汝纶致严复书四》，《严复集》第 5 册，第 1562 页。

③ 《吴汝纶致严复书五》，《严复集》第 5 册，第 1563 页。

一也。独恐不参谬见，反令公意不快尔。某近益老钝，手寒眼滞，朝记暮忘，竟谆谆若八九十。心则久成废井，无可自力。

自己所能贡献的仅是"字句间眇小得失"，一切都是情谊上的不得已而为之。然而吴汝纶笔锋一转突然写道：

因思《古文辞类纂》一书，二千年高文，略具于此，以为六经后之第一书，此后必应改习西学。中学浩如烟海之书，行当废去，独留此书，可令周孔遗文，绵延不绝。故决计纠资石印，更为校勘记二卷，稍益于未闻，俟缮写再呈请是正。

这段文字似颇为唐突，但是如果和前引吴汝纶为《天演论》作的序一起看，就不难了解吴汝纶的用心。吴汝纶认为《古文辞类纂》是集录类图书的最高峰，即使是西学式的宏大叙事，也要靠此打好文辞上的基础。

然而，严复误解了吴汝纶，在收到吴汝纶第五札后马上于旧历二月七日写回信为自己辩解。为了消除严复的误会，吴汝纶于二月廿三日（1899 年 4 月 3 日）致严复第六札。① 从吴氏的回信中看，严复似乎从吴氏推崇《古文辞类纂》感觉到吴在暗示自己的译文没有达到吴所期待的水准，即不够"雅驯"。在二月七日的回信中严复对此辩解道"行文欲求尔雅，有不可阑入之字，改窜则失真，因仍则伤洁，此诚难事"。② 就是说，翻译西方的专业书不得不使用中国典籍中没有的新词，然而这些新词被视为阑入之字，影响译文的雅驯，实难以

---

① 《吴汝纶致严复书六》，《严复集》第 5 册，第 1564 页。本节以下吴氏的议论均引自本札。考虑到当时的通讯条件，两人的信函往还的大致情况是：吴汝纶 3 月 11 日致信严复，严复收到即于 3 月 18 日回复，收到严复信后吴稍作斟酌，于 4 月 3 日去函解释。

② 转引自《吴汝纶致严复书六》，《严复集》第 5 册，第 1564 页。严复的信不存，现在我们只能根据吴的回信推测严复来信的内容。

两全。针对严复的误解，吴汝纶去信解释。这就是吴汝纶致严复的第六封信，也是现存信札中最长的一封。那么，在这封信中吴汝纶对文体问题都发表了什么意见？

吴汝纶首先表示歉意："以校读尊著《计学》，往往妄贡疑议，诚知无当万一，乃来书反复齿及，若开之使继续妄言，诚谦挹不自满假之盛心，折节下问，以受尽言，然适形下走之盲陋不自量，益增惭恧。""某前书未能自达所见，语辄过当。"吴说严复信中"新旧二学当并存具列"的主张"最为卓识"，表示赞同，而自己的"本意谓中国书籍猥杂，多不足远行"。新旧二学并存不可避免，但西学流行以后，学生需要在西学上花费大量时间，再无暇浏览过去那些"无足轻重之书"了。尽管如此，姚鼐选编《古文辞类纂》"万不能废"，应该成为学堂的"必用之书"。"中学之精美者，固亦不止此等"，曾国藩往昔说过，六经之外有七书，即《史记》《汉书》《庄子》《韩愈文》《文选》《说文解字》《资治通鉴》，能通其一，就是大学问家了。吴汝纶说上述典籍以外，还可以加上姚鼐的《古文辞类纂》和曾国藩的《十八家诗钞》。但是这些典籍"必高才秀杰之士，乃能治之"，资性平钝的人即使不学习西学，将全部时间用于此，也"未能追其涂辙"。唯有《古文辞类纂》，哪怕是西式学堂也不能弃而不学，否则中国的学问就要断绝。现在"世人乃欲编造俚文，以便初学。此废弃中学之渐，某所私忧而大恐者"。以上就是吴汝纶对新旧之学关系的基本看法。

对于严复另函所询问的事，吴汝纶自谦道"浅学不足仰副明问，谨率陈臆说，用备采择"。吴说欧洲的语言应该与汉语完全不相同，翻译的时候应该另外创立一种文体。例如，"六朝人之译佛书，其体全是特创"。现在译西文，不但不宜用中国旧有的文体，也不能袭用佛经。吴谦逊地说自己"不通西文，不敢意定"，推测"彼书固自有体制，或易其辞而仍用其体似亦可也。独中国诸书无可仿效耳"。这可以说是"直译"主张的先声了。接着，吴汝纶在信札中回答了严复关于译词雅驯的困惑。"来示谓行文欲求尔雅，有不可阑入之字，改窜则失真，因仍则伤洁，此诚难事。" 对此，吴汝纶发表意见："鄙意与其伤洁，毋宁失真。凡琐屑不足道之事，不记何伤。若名之为文，而俚俗鄙浅，荐绅所不道，此则昔之知言者无不悬为戒律。" 曾文正所说的 "辞气远鄙" 就是这个意思。文章固然有化俗为雅的方法，如《左传》里的 "马矢"，《庄子》的 "矢溺"、《公羊传》的 "登来"、《史记》的 "夥颐" 等，在当时都是鄙词俚语，但入文之后不失为雅。司马迁著《史记》时，一定删除了很多不雅的词，"不然，胜、广、项氏时，必多有俚鄙不经之事，何以《史记》中绝不一见"。吴又说："如今时鸦片馆等，此自难入文，削之似不为过。傥令为林文忠作传，则烧鸦片一事固当大书特书，但必叙明原委。如史公之记平准，班氏之叙盐铁论耳，亦非一切割弃，至失事实也。" 吴氏承认词语的选择应该根据内容来决定，对严复使用新词表示理解。接着吴汝纶再次回到选文的话题，说姚鼐所选的文集似难以为继，唯独曾文正的《经史百家杂钞》能独树一帜；清末王先谦曾编《续古文辞类纂》34 卷，黎庶昌也编有《续古文辞类纂》28 卷，选录清中叶以后散文，都是姚氏选本的续书。对此，吴汝纶说 "似皆未善"，又说 "国朝文字，姚春木（姚椿，1777～1853）所选《国朝文录》，较胜于廿四家，然文章之事，代不数人，人不数篇，若欲备一朝掌故，如文粹文鉴之类，则世盖多有"。吴汝纶说在文章上有贡献的，姚鼐之后，只有梅曾亮（1786～1856）、曾国藩、张裕钊（1823～11894）数人而已，其他都不值一提。

　　在复函的结尾处，吴汝纶说 "来示谓欧洲国史略，似中国所谓长编、纪事本末等比"，如果是那样的话，西方的书就可以用曾文正所说的 "叙记""典志" 二类来翻译。这两类是曾氏新增加到《经史百家杂钞》中去的，姚鼐的《古文辞类纂》里并没有这两类。"叙记" 里收录了《左传齐鲁长勺之战》《秦晋韩之战》等文；"典志" 里收录了《史记天官书》《平准书》《汉书地理志》等。吴汝纶说 "欧洲纪述名人，失之过详"，可以用司马迁、班固的笔法加以剪裁，

"文无剪裁，专以求尽为务，此非行远所宜"。中国偶然有这样的传记，最有名的是班固《汉书》里的《王莽传》。至于"穆天子、飞燕、太真等传，则小说家言，不足法也"。最后吴汝纶说"欧史用韵，今亦以韵译之，似无不可，独雅词为难耳。中国用韵之文，退之为极诣矣。私见如此，未审有当否"。结束了这封长信。

吴汝纶认为汉译西书应该创造一种全新的文体。但这在当时举步维艰。六朝译佛书时，之所以能够创新文体，是因为当时"中学未衰，能者笔受，前后相望，顾其文自为一类"；而"今西书之流入吾国，适当吾文学靡敝之时"，① 19 世纪末，在西学的侵蚀下，中学已是一片衰微破败的景象；加之新文体的建立，"非大手笔不易办也"。吴汝纶把新文体创建的希望寄于严复，说："窃谓以执事雄笔，必可自我作古。"然而仅靠严复的孤军奋战是无法挽回古文派的颓势的，在时务文体和日本新词的夹攻下，严译的命运亦不难预见。

其实这封信的主旨与吴汝纶的《天演论序》是一样的。对于吴汝纶谦逊而又始终如一的态度与主张，严复做了如何响应不得而知。但严复于辛亥（1911）六月到丁巳（1917）二月详阅了《古文辞类纂》，并做了 400 多条批语，似与吴汝纶的建议不无关系。

在这段时间里，严复在给张元济的信中，屡屡提及《原富》的翻译。例如在光绪廿五年八月二十日（1899 年 9 月 24 日）的信中，严复写道："目下亚丹斯密《原富》一书，脱稿者固已过半。盖其书共分五卷，前三卷说体，卷帙较短；后二卷说用，卷帙略长。弟今翻者，已到第四卷矣。"② 在光绪廿五年十月九日（1899 年 11 月 11 日）的信中又写道：

　　《原富》拙稿，刻接译十数册，而于原书仅乃过半工程，罢

---

① 吴汝纶：《〈天演论〉吴序》，《严复集》第 5 册，第 1319 页。
② 《与张元济书五》，《严复集》第 3 册，第 532～534 页。

缓如此。鄙人于翻书尚为敏捷者，此稿开译已近三年，而所得不过如是，则甚矣。此道之难为也……昨晤汪、杨二君，皆极口赞许笔墨之佳，然于书中妙义实未领略，而皆有怪我示人以难之意。天乎冤哉！仆下笔时，求浅、求显、求明、求顺之不暇，何敢一毫好作高古之意耶？又可怪者，于拙作既病其难矣，与言同事诸人后日有作，当不外文从字顺，彼则又病其笔墨其不文。有求于世，则啼笑皆非。此吴挚甫所以劝复不宜于并世中求知己。①

严复在光绪廿五年十月廿八日（1899 年 11 月 30 日），给张元济的信中则说：

> 《原富》一书译者太半……今拟分卷随钞随斠随寄。至于陆续上右刷印，抑俟书成之日全部影点，听凭尊裁……此书开卷当有序述、缘起、部篇、目录、凡例、本传诸作，复意俟成书时终为之。此时倘先将随出者刷印公布，如西人之书之刻法，亦甚便阅观之人；但拟印若干部，须先前定耳。复自诡全书明年春前可竣。②

从这些信中可知，严复已经决定将书名定为"原富"，翻译工作在艰难地进行着，译文的"雅驯"问题还在困扰着严复。他将译稿展示给"汪、杨二君"，却招来了非议；只有吴汝纶才是他的知音。

半年以后 1900 年 1 月 29 日，除夕前一日严复再次致函吴汝纶，信中说："《原富》拙稿，新者近又成四五册，惟文字则愈益芜蔓，殆有欲罢不能之意，以□□之雅，乃累先生念之，岂胜惶悚。"③ 可以看出严复对于自己的译文有一种无可奈何的失望。严复又说："《原富》未译者尚余五分之一，不以作辍间之，夏间当可竣事。而

---

① 《与张元济书六》，《严复集》第 3 册，第 534 ~ 535 页。
② 《与张元济书七》，《严复集》第 3 册，第 536 页。
③ 《与吴汝纶书二》，《严复集》第 3 册，第 522 页。

成书后，一序又非大笔莫谁属矣。先生其勿辞。"恳请吴汝纶为其作序。在此前后，严复又向张元济报告翻译的进度，说：

> 《原富》稿经仲宣倩人分抄，蕆事者已尽前六卷，不日当由仆校勘一过奉上。其续抄之六七册，正在重加删润，日内当可发抄矣。刻已译者已尽甲乙丙丁四部，其从事者乃在部戊论国用赋税一书之约；若不以俗冗间之，则四月间当可卒业。但全文尽译之后，尚有序文、目录、例言及作者本传；拟加年表，不知来得及否。又全书翻音不译义之字，须依来教，作一备检，方便来学。又因文字芜秽，每初脱稿时，常寄保阳，乞吴先生挚甫一为扬搉，往往往返需时。如此则译业虽毕，亦须两月许方能斟酌尽善。甚矣，一书之成之不易也。鄙人于译书一道，虽自负于并世诸公未遑多让，然每逢义理精深、文句奥衍，辄徘徊踯躅，有急与之搏力不敢暇之概。……此书竟成，百家当废；近者吴丈挚甫亦谓海外计学无逾本书，以拙译为用笔精悍，独能发明奥赜之趣，光怪奇伟之气，决当逾久而不沉没，虽今人不知此书，而南方公学肯为印行，则将来盛行之嚆矢云。复顿首（光绪廿六年二月二日夜四鼓，1900 年 3 月 2 日）①

一方面"因文字芜秽，每初脱稿时，常寄保阳，乞吴先生挚甫一为扬搉"，另一方面又颇为自信地说"此书竟成，百家当废"，并借吴之口"吴丈挚甫亦谓海外计学无逾本书，以拙译为用笔精悍，独能发明奥赜之趣，光怪奇伟之气，决当逾久而不沉没，虽今人不知此书，而南方公学肯为印行，则将来盛行之嚆矢云"。这封信或是严复在收到吴汝纶来信，在某种喜悦、亢奋的情绪中执笔的也未可知。而现存的吴汝纶致严复的最后一封信，即吴汝纶札八写于辛丑四月十八

---

① 《与张元济书八》，《严复集》第 3 册，第 537～538 页。

日（1901年6月4日）。①信中说："《原富》大稿，委令作序，不敢以不文辞。但下走老朽健忘，所读各册，已不能省记。此五册始终未一寓目，后稿更属茫然。精神不能笼罩全书，便觉无从措手，拟交白卷出场矣。"

请吴汝纶"扬推"、作序的种种周折，可以从严复给张元济的信中了解一二：

> 《原富》拙稿，未经交文报局寄南。顷得吕君止先生来书，始言经交敝同乡邓太守带去。盖君止入都时，木斋将此稿五册付之挚甫，而是时适邓入都，闻旁人言，其人不久即将南归，君止遂属挚甫将稿检交此人，不图遂尔浮湛至今也。

> 一稿之烦如此，真令人生厌也。刻吴、卢两处均有信去，即今果尔浮沉，当另钞寄，不至中断矣。（光绪廿七年四月二十五日，1901年6月11日）②

> 《原富》原稿五册由吴挚甫处已寄到。其稿所以迟迟者，缘始杨濂甫接盛丞电索，适挚父在幕，知其事，又适卢木斋在都，因嘱木斋迅往唐山取书到京，卢即照办；及书到京，由挚交濂甫嘱速寄沪，濂甫忘之，久阁，寻挚又得书，乃往濂处取回，而于晦若又取去，读久不还；四月初弟又以书向挚问浮沉，挚始于前月之望，向于斋头取出寄津，此辗转迟阁之实在情形也。（光绪廿七年五月二十七日之前不久，1901年7月12日之前）③

> 《原富》之本传、译例、均已脱稿，寄往保定多日，交挚甫

---

① 《吴汝纶致严复书八》，《严复集》第5册，第1566页。吴汝纶致严复第七函（己亥九月廿七日，1899年10月31日）没有涉及翻译事，兹从略。《吴汝纶致严复书七》，《严复集》第5册，1565页。
② 《与张元济书九》，《严复集》第3册，第539~541页。
③ 《与张元济书十》，《严复集》第3册，第541~543页。

斟酌，并乞其一序，至今未得回音，正在悬盼，顷拟信催，俟寄
来即当奉上。渠前书颇言，欲见全书，始肯下笔；如五部均已刷
印，即寄一二分见赐，以便转寄与此老，何如？（光绪廿七年九
月初二夕，1901 年 10 月 13 日）[①]

现存严复致吴汝纶的第三封信，不具落款日期，《严复集》的编者认
为是 1901 年 9 月至 12 月之间的信，[②] 笔者认为大致可以确定执笔时
间在上引信之前。信中严复写道："数日前曾邮一书，并拙作《斯密
亚丹学案》，想经雾照。昨有友赴保，托其带呈甲部两册，兹复呈上
译例言十五条，敬求削政。此二件并序，皆南洋译局所待汇刻成书
者，即望加墨赐寄，勿责促逼也。此序非先生莫能为者。惑者以拙著
而有所触发，得蒙速藻，则尤幸矣！"再次请求吴汝纶为之作序。如
鲁迅的连"吴汝纶都也肯给他作序"的调侃，对严复来说，请私淑
导师赐序远不是略表敬意的客套，只有吴汝纶的序言才能挽救他堕入
俗境的译文。

1902 年《原富》由商务印书馆刊行，卷首有严复的"译事例
言"，落款为 1901 年 9 月 28 日；接下来是吴汝纶的序言，落款为
"光绪辛丑十一月"，即 1901 年 12 月以后。吴终于答应了严复的请
求，为之作序了。

二　严译文体的终结

《天演论》脱稿前后严复开始翻译《原富》，这是一本专业性极
强的书。严复说："是译与《天演论》不同，下笔之顷，虽于全节文
理，不能不融会贯通为之，然于辞义之间，无所颠倒附益。"[③] 这就

---

① 《与张元济书十二》，《严复集》第 3 册，第 545～546 页。
② 《与吴汝纶书三》，《严复集》第 5 册，第 1565 页。
③ 《严复集》第 1 册，第 101 页。

是说《原富》更多的具有"翻译",而不是"翻案"的特点。《原富》中还不得不使用了大量的经济学术语。[①] 这些都使得大获成功的《天演论》"题曰达旨,不云笔译"式的译法无能为力,译文也难以再现《天演论》的铿锵节奏了。极感困惑的严复本人早在 1898 年春,就已经陆续将《原富》的部分译稿寄呈吴汝纶,并"数数致书",希望吴汝纶依然能像对待《天演论》那样提出建设性的意见。吴也为严复"虚怀谦挹,憨憨下问,不自满假"的态度所打动。但是吴汝纶对《原富》这样的专业书同样也是无能为力,只为译文做了一些文字上的修改。吴说自己"识浅,于计学尤为梼昧","所妄加检校者,不过字句间眇小得失",是"愚心所识,一孔之明",仅供严复参考。吴在同一封信中提到了"桐城派"重镇姚鼐所编的古文选《古文辞类纂》。吴对此书大加推崇,说"中学浩如烟海之书,行当废去,独留此书,可令周孔遗文,绵延不绝"。[②] 吴汝纶对桐城派文章的"不经意"的言及,使严复倍感压力,几乎要放弃《原富》的翻译了。然而严复终于完成了原著主要部分的翻译。《原富》出版后,梁启超前引《介绍新著原富》中对严复的译文文体提出了批评,说:

> 吾辈所犹有憾者,其文笔太务渊雅,刻意摹仿先秦文体,非多读古书之人,一翻殆难索解。夫文界之宜革命久矣,欧美日本诸国文体之变化,常与其文明程度成比例。况此等学理邃赜之

---

① 1902 年《原富》前二编由上海南洋公学出版。严复翻译《原富》时,译词"经济学"已经在日本普及、定型。另一方面,中国在严复的《原富》之前也已经有经济学方面的译籍刊行,如同文馆的《富国策》(1880)等。当时中国最一般的译词是"理财",严复在 1895 年的文章中就使用了"理财"来指称经济学。例如"西洋言理财讲群学者","西洋最要之理财一学";在《西学门径功用》等文章中也使用了"理财"。但是,严复显然对"理财"并不满意,始终没有放弃追寻更合适的译名的努力。

② 《吴汝纶致严复书》,《严复集》第 5 册,第 1563 页。

书，非以流畅锐达之笔行之，安能使学僮受其益乎？著译之业，将以播文明思想于国民也，非为藏山不朽之名誉也。文人结习，吾不能为贤者讳矣。[①]

自以为"文字则愈益芜蔓，殆有欲罢不能"的译文竟被评者说成"太务渊雅""刻意摹仿先秦文体，非多读古书之人，一翻殆难索解。"严复真是应该受宠若惊了。对于文体过于"渊雅"的指责，严复作了长篇回应：

> 窃以谓文辞者，载理想之羽翼，而以达情感之音声也。是故理之精者不能载以粗犷之词，而情之正者不可达以鄙倍之气。中国文之美者，莫若司马迁、韩愈。而迁之言曰："其志洁者，其称物芳。"愈之言曰："文无难易，惟其是。"仆之于文，非务渊雅也，务其是耳。且执事既知文体变化与时代之文明程度为比例矣，而其论中国学术也，又谓战国隋唐为达于全盛而放大光明之世矣，则宜用之文体，舍二代其又谁属焉？且文界复何革命之与有？持欧洲挽近世之文章，以与其古者较，其所进者在理想耳，在学术耳，其情感之高妙，且不能比肩乎古人；至于律令体制，直谓之无几微之异可也。若夫翻译之文体，其在中国，则诚有异于古所云者矣，佛氏之书是已。然必先为之律令名义，而后可以喻人。设今之译人，未为律令名义，闻然循西文之法而为之，读其书者乃悉解乎？殆不然矣。若徒为近俗之辞，以取便市井乡僻之不学，此于文界，乃所谓陵迟，非革命也。且不佞之所从事者，学理邃赜之书也，非以饷学僮而望其受益也，吾译正以待多读中国古书之人。使其目未睹中国之古书，而欲稗贩吾译者，此其过在读者，而译者不任受责也。夫著译之业，何一非以播文明

---

① 梁启超：《介绍新著原富》，《新民丛报》1902 年第 1 号，第 113 ~ 115 页。

思想于国民？第其为之也，功侯有深浅，境地有等差，不可混而
一之也。慕藏山不朽之名誉，所不必也。苟然为之，言庞意纤，
使其文之行于时，若蜉蝣旦暮之已化。此报馆之文章，亦大雅之
所讳也。故曰：声之眇者不可同于众人之耳，形之美者不可混于
世俗之目，辞之衍者不可回于庸夫之听。非不欲其喻诸人人也势
不可耳。[①]

从严复的回信中不难看出吴汝纶深刻的影响，其实，这只不过是严复
孜孜以求的理想境界，而《原富》的"渊雅"或已无法与《天演
论》相提并论了。

1903 年吴汝纶去世，严复则继续刊行了《群学肄言》（1903）、
《群己权界论》（1903）、《社会通诠》（1904）、《法意》（1904 ～
1909）、《穆勒名学》（1905）、《名学浅说》（1909）。译著的专业性
越来越强，失去了良师吴汝纶的严复是如何应对译文雅驯问题的？胡
适曾写道：

　　严译的书，有几种——《天演论》、《群己权界论》、《群学
肄言》在原文本有文学的价值，他的译本在古文学史也应该占
一个很高的地位。我们且引一节做例：
　　望舒东睇，一碧无烟，独立湖塘，延赏水月，见自彼月之
下，至于目前一道光芒，混漾闪烁，谛而察之，皆细浪论端，受
月光映发而为此也。徘徊数武，是光景者乃若随人。颇有明理士
夫，谓此光景，为实有物，故能相随，且亦有时以此自诩。不悟
是光景者，从人而有，使无见者，则亦无光，更无光景，与人相

①　《与梁启超书二》，《严复集》第 3 册，第 516～517 页。几乎与此同时，严复在致
张元济的信中说："《丛报》于拙作《原富》颇有微词，然甚佩其语……其谓仆于
文字刻意求古，亦未尽当；文无难易，惟其是，此语所当共知也。"（《与张元济
书十四》，《严复集》第 3 册，第 550～551 页）

逐。盖全湖水面，受月映发，一切平等，特人目与水对待不同，明暗遂别，不得以所未见，遂指为无。是故虽所见者为一道光芒，他所不尔。又人目易位，前之暗者，乃今更明。然此种种，无非妄见，以言其实，则由人目与月作二线入水，成角等者，皆当见光，其不等者，则全成暗。惟人之察群事也亦然，往往以见所及者为有，以所不及者为无，执见否以定有无，则其思之所不骇者众矣。（《群学肄言》，第 68 页）

这种文字，以文章论，自然是古文的好作品；以内容论，又远胜那无数"言之无物"的古文；怪不得严译的书风行二十年了。①

如此，《天演论》之后的严译描绘的是一条怎样的轨迹？这一切都需要我们进行深入的探讨。

---

① 胡适：《五十年来中国之文学》，欧阳哲生编《胡适文集 3　胡适文存二》，北京大学出版社，1998，第 213 页。

第九章　严复与新国语

小　引

　　《天演论》的空前成功从某种意义上讲是译文的成功。这固然得益于严复的文笔和吴汝纶的帮助，但与原著也不无关系。赫胥黎的原文一篇是讲演稿，另一篇是通俗性的导论，都不是纯学术的论文，这种特点也给了严复纵横驰骋的空间。但如前一章所述，在尝试宏大叙事的时候，严复遇到了新的困难。新知识的全民性传播，需要新的语言形式，这种近代民族国家的通语即为"国语"。笔者认为，20 世纪初叶的语言问题可以用一句话概而括之："国语的科学，科学的国语。"就是用新的语言形式"国语"讲述新的知识内容"科学"，而国语本身也须成为科学考究的对象。这一言说包括以下两方面的内容：

　　（1）国语的科学：什么是国语？国语有哪些特质？19、20 世纪之交的汉语能否进行科学叙事？

　　（2）科学的国语：汉语科学吗？如果回答是否定的，应该如何改造汉语？作为科学的对象汉语需要用怎样的方法研究？

　　《原富》（1902）出版后，好评如潮，但也有如梁启超者从译词、译文角度给予的批评。而严复本人也意识到了当时汉语的局限性，汉

语还存在诸多需要加以根本性改造的问题。本章我们将对严复与国语
的关系进行讨论。

一　汉语如何天演

1902 年 1 月，继《天演论》之后，严复在商务印书馆推出了
《原富》。这是一本关于古典经济学的鸿篇巨制。如第四章所述，出
版后关于译词及文体的争论在《新民丛报》上持续了数月。在几乎
与此同时的 3 月 4 日，《外交报》第 3 期"译报栏"上刊登了一篇文
章《论中国语言变易之究竟》，作者是来自英国的传教士"利"氏。
这是利氏在上海教会做的一次演讲的记录，原载"英国《天朝报》"，
"大报译而著之"，① 并加了"案语"。对于利氏文章及按语的观点，
严复甚为不满，投书加以批驳。严复的长文分两次连载于《外交报》
第 9 期（1902 年 5 月 2 日）、第 10 期（1902 年 5 月 12 日）上，刊载
时文章题目为《论教育书》，署"瘝瘝堂来稿"，后收入王栻主编
《严复集》（第 3 册，第 557～565 页）时改题为《与外交报主人书》。

让我们先来看一下利氏讲演《论中国语言变易之究竟》的主要
内容。

题目中的"变易"，即"改革""改良""变革"之意，这三个
词在 1902 年初使用得还不普遍。讲演主要讨论了中国语言的近代发
展问题。利氏认为"中国方言将来必归一致"，因为"操官话者有四
分之三"。除此以外，还有三个促使汉语趋向统一的因素，即全国性
的贸易商业往来、三年一届的科举考试、汉字的使用。利氏下结论说
"有此数端，中国将来铁路大通，彼此交涉更繁，焉有不尽人而操官
话者乎"。

---

① 《严复集》第 3 册，第 558 页。《外交报》作"译英国西赖苏恩派尔报"，即 *The
Celestial Empire*，但此报不是英国的报纸，而是在上海发行的英文报纸。

利氏指出，以上是语言变化的内部因素；而语言的急剧变化还有外部的原因，其因有二，一是异域文明的传入，二是外族的入侵。关于前者，"如欧洲与亚洲西部、非洲北部，语言变异最甚，皆以希腊教化为缘。希腊民数非众，幅员亦狭。然各国之人，读其书，慕其文明，语言即随之而改，几无主客之别。当耶稣降生之初，欧洲学人，几悉操希腊语。故所传新约，亦复遵用。……其时距今已二千年，而欧洲各国大学，仍不废希腊文字"。然而，除了希腊本国以外，并没有哪一个国家舍弃了自己的语言，"而专用希腊语者"。利氏指出希腊文明对其他语言的影响主要是词语层面的。接着，利氏对日本近代以后接受域外文明改变语言的事例做了介绍：

> 今各国因受他国教化而变易其语言者，莫如日本。三十年前，日本知己国文明，不及泰西，乃谋维新，以求并立。故广设学校，聘英人为师，教授英国语言文字。并遣聪颖子弟，游学英美各国，研习艺术，归主讲席。当时日本人习英文者极为踊跃，外人观之，鲜不谓日本必将改用英语矣。而孰知不然。日本既受他国教化，乃大增新字，改易文体，而其用本国语言文字仍自若也。其在各学校任大教习者，多通各国语言，藉以研究各国新学新艺。一有所得，即译以教其国人。而己国文字，今通行于各学校之内。

日本在建构近代教育体系的过程中，曾大量招聘外国教授在高等教育机关任教，即所谓的"御雇外国人"。1880年代中期以后，日本留欧学生陆续回国，"归主讲席"逐渐取代了外国教授。"大增新字"即大量创制新的学术用语，自18世纪中叶以后日本的兰学家们就已经开始尝试新词的创造，并在医学、化学、军事等领域取得了初步的成功，确立了译词创制的方针、原则，同时积累了丰富的译词。但是人文科学术语的创制，还须等到进入明治时期（1868）以后。日本近代的学术用语以汉字词的形式为主，这又促进了新文体"和汉混淆文体"，即现代日语的文体的诞生。[①] 进入明治 20 年代（1887）以后，日本包括大学在内的高等教育机关已经是日本本土教授的天下了，授课语言也主要是日语。

　　关于外族入侵引起的语言改变，利氏列举了罗马帝国拉丁语对欧洲的影响；日耳曼语对英国的影响，以及英语对印度的影响。接着利氏转而讨论汉语的问题：

> 　　中国语言将来如何变易，不难预断。泰西文明，沾溉东土，华人性虽嗜旧，不喜求新，亦不能独违世运，保其数千年之旧学。今者文化东渐，日趋于盛，将来必将中国教育之法，尽行改革。然所谓改革者，不过增新字、变文体，以开学子之心胸，以速成学之功效而已。今中国人多习西文，大抵因各国艺学之书，迻译甚寡，非通其文字，不易得其途径。他日者新籍流行，有可循习，必仍用其旧有之语言。盖中国之所乏者，不在语言而在文化也。惟教授可用方言，而为之师者，则必须兼通异国文字，庶可偕各国进步，不至望尘不及耳。

利氏说在西方文明大量涌入的形势下，虽然中国人生性保守，但为了跟上世界的发展潮流，教育也必须加以彻底的改革。在语言上具体表现的就是"增新字、变文体"。只有这样才能更好、更快地接受西学。利氏认为现在中国很多人学习外文是因为外国科学书的翻译太少，不学外文就无法获取外部的新知识。今后一旦翻译书流行就可以使用自己的语言学习了。中国所缺的不是语言，而是语言所承载的文化，即西方的新知识。课堂讲授可以使用本国的语言，但是教师必须兼通外语，这样才能与世界各国的知识进步同步。利氏又进一步指出：

[①] 参见沈国威《近代中日词汇交流研究：汉字新词的创制、容受与共享》"新词创造篇"，第 1 章 "日本的近代汉字新词创制"。

> 或谓中国素无格致等学，华文不足阐明此理。故欲习格致，
> 必先从事西文。然西人有通华文者，谓华文意义，不独可应格致
> 之用，无论何种专门，亦可藉以传达。此语必非虚造。然则华文
> 之所欠阙者，不在不足，而在难通。

关于利氏的生平事迹，笔者所知甚少。这一段所阐述的观点似乎不是
源自其亲身的体验，而是"西人有通华文者"，即来自同为英国人的
傅兰雅的间接知识。① 至 1880 年代为止，在上海江南制造局翻译馆
翻译西书 70 种以上的傅兰雅曾在 *North China Herald*（《北华捷报》
1880 年 1 月 29 日）上撰文向西方读者介绍江南制造局翻译馆及其译
书的情况，同时根据自己的翻译实践就西文中译及译词创制等问题进
行了讨论。文章刊出后，傅兰雅又感到"书为西文，华友不便披览，
若仅裨益西人而不公诸华友，殊属憾事，故不惮劳悴，灯下译成汉
语"，连载在《格致汇编》1880 年春季至秋季的 4 期上。② 傅兰雅首
先指出，当时西方有人认为"中国语言文字最难为西人所通，即通
之，亦难将西书之精奥译至中国"，这是因为"中国文字最古最生而
最硬"。"中国自古以来最讲求教门与国政，若译泰西教门或泰西国
政则不甚难"，但是如果翻译西方的科学技术，则"几成笑谈"。尤
其是西方最近科学技术发展迅速，"门类甚多，名目尤繁，而中国并
无其学与其名，焉能译妥？诚属不能越之难也"。③ 针对这种观点，
傅兰雅反驳说："实有不然。盖明时利玛窦诸人及今各译书之人，并

---

① 参见沈国威《近代中日词汇交流研究：汉字新词的创制、容受与共享》"新词创
造篇"，第 2 章"来华传教士的译词创造——西方新概念的移入"。

② 傅兰雅：《江南制造总局翻译西书事略》，以下引文均据《格致汇编》第 2 册，第
349~354、381~386 页；第 3 册，第 19~24、51~54 页。亦可参照张静庐辑注
《中国近代出版史料初编》，第 9~28 页。

③ 江南制造局翻译馆几乎没有西方人文科学内容的翻译，对这方面的翻译，傅兰雅
似乎存在着误解。后来的翻译实践证明，在人文社科领域中西之间的差异更大。
同时还需要注意的是，傅兰雅在这里讨论的是西人译西书，当时中国还没有外语
人才，翻译工作只能以西人主导的方式进行。

未遇有甚大之难以致中止。"傅兰雅同意"无其学与其名"是中国当时翻译的最大障碍，指出"译西书第一要事为名目"。但是傅兰雅同时认为"中国语言文字与他国略同"，也是在不断地发展变化的，具有接受外来新事物的潜在可能性。"近来中西交涉事年多一年，则新名目亦必每年增广"，对于"贸易或交涉事内有新意新物，必设华字新名"始能表达，若拘泥于语词的旧义，"所用名目必为华字典内之字义，不可另有解释，则译书事永不能成"。所以在译名创制上翻译者的任务是艰巨的。

利氏赞同傅兰雅的观点，尤为难能可贵的是，利氏指出汉语"不在不足，而在难通"。所谓"难通"有两个方面：一是文章古僻，非经长时间的学习、训练无法读懂；二是文白之间差距太大，无法听懂。二者都是文体上的问题。言文一致，即课堂上的口头交流是西方近代知识传播问题的关键。利氏认为汉语难学，需"多费岁月，始能谙悉"，如果把学习汉语的时间用于学习科学知识，可以"化无用为有用"。为此需要对汉语的文字进行改革，使学习者二三年就能掌握汉字，在这一问题上日本的假名是一个极好的榜样。利氏最后得出的结论是："或问中国南方，土音约数百种，将来如何统一。则应之曰，中国苟能永远自主，则各地土音，必尽易为官话。"前提是国土的完整，然后就是假以时日了。在利氏文章之后，《外交报》的编者加了一段按语，主要内容如下：

> 按语言文字，为国民精神之所寄。未有语言亡而其国存者。泰西列邦，大都自尊其国语……中国数十年来，每设学堂，咸课洋文。今奉旨推广，颇闻有以聘洋文教习为先务者。不知教育之要，在普通学而不在语学，即尽中国人而能外国语，吾亦未见其益也。非不知既通洋文，亦可徐习普通，然终不如用汉文之亲切而广大。日本、埃及同一兴学，而一效一不效者，重方言与重外国语之别耳。事方谋始，不可不慎。利君此论，颇足鉴警。愿吾

国谈教育者一省览之也。

利氏的讲演纯粹是基于语言变化的讨论，而按语的作者揣摩当时社会上人们普遍的心态，加上了语言"为国民精神之所寄""未有语言亡而其国存者"等意识形态上的评论。尽管如此，从今天的语言政策等观点去看利氏的讲演和编者按语，非但没有什么不妥之处，甚至还应该赞扬利氏在语言问题上所持的开明态度。但是严复把语言问题与当时中国社会的盲目排外风潮连在了一起（或许因为刚刚平息的义和团运动）。在文章一开头，严复就讥讽《外交报》的文章多合于"文明排外"之旨。严复告诫"意主排外，求文明之术，傅以行之，将排外不能，而终为文明之梗"。严复说：

> 英国《天朝报》所论中国语言变易之究竟，大报译而著之，且缀案语于其末。意谓此后推广学堂，宜用汉文以课西学，不宜更用西文，以自蔑其国语……此其用意，悉本爱国之诚，殆无疑议。顾走独窃窃以为未安者，则谓事当别白言之。①

对利氏的主张和报纸的按语，严复"窃窃以为未安"。对于用汉语进行近代教育的主张，严复说：

> 至欲以汉语课西学者，意乃谓其学虽出于西，然必以汉语课之，而后有以成吾学。此其说美矣，惜不察当前之事情，而发之过蚤。②

用汉语授课为何为时过早？严复指出，第一是没有师资。"滨海互市

---

① 《严复集》第 3 册，第 558 页。
② 《严复集》第 3 册，第 561 页。除了"过蚤"，严复还认为"且既治西学，自必用西文西语，而后得其真"（《严复集》第 3 册，第 562 页）。这种态度中亦有培根从第一手资料中获得真理的影子。参见沈国威《严复与科学》第 1 章。

之区，传教讲业之地，其间操西语、能西文者，非不数数觏也，顾求其可为科学师资者，几于无有，是师难求也。"第二，译著等可资参考的资料太少。严复指出在西方用母语教学也是其富强以后的事。"盖爱国之情，根于种性，其浅深别有所系，言语文字，非其因也。彼列邦为学，必用国语，亦近世既文明而富于学术乃如是耳。"对于《外交报》按语中"尊其国语"的主张，严复说：

> 观此可悟国之所患，在于无学，而不患国语之不尊。使其无学而愚，因愚而得贫弱，虽甚尊其国语，直虚侨耳，又何补乎？[①]

严复批评这是本末倒置："国语者，精神之所寄也；智慧者，国民之所以为精神也。颇怪执事不务尊其精神，而徒尊其精神之所寄也。"严复甚至认为鼓吹用国语讲新学的人别有用心：

> 且今世之士大夫，其所以顽铟者，由于识量之庳狭。庳狭之至，则成于孔子之（所谓）鄙夫。经甲庚中间之世变，惴惴然虑其学之无所可用，而其身之濒于贫贱也，则倡为体用本末之说，以争天下教育之权。不能得，则言宜以汉文课西学矣。又不能，则谓东文功倍而事半矣。何则？即用东文，彼犹可以攘臂鼓唇于其间；独至西文，用则此曹皆反舌耳。

严复指出语言归根结底是形式，是外壳。对当时以汉语讲授科学的可能性，严复颇为悲观，说：

> 迨夫廿年以往，所学稍富，译才渐多，而后可议以中文授诸科学，而分置各国之言语为专科，盖其事诚至难，非宽为程期，

---

① 本段及以下两段引文分别出自《严复集》第 3 册，第 562、561、562 页。

不能致也。

用汉语讲授科学的事需要等 20 年，然后才有议论的价值。两年后，在《英文汉诂·卮言》中，严复则说：

> 虽然，吾之为此言也，非谓教育之目，必取西文而加诸国文之上也，亦非谓西学之事，终不可以中文治也；特谓欲以中文治西学读西史者，此去今三十年以后之事。[①]

所需时间改为 30 年。当然，事实上并没有花费那么多的时间，1912 年 5 月，京师大学堂改称北京大学校，严复为首任校长；1916 年，蔡元培出任校长后，以汉语授课成为北大教学的常态，五四新文化运动以后，汉语的地位得到了根本性的改变。

二　改造汉语

世纪之交的汉语为什么不能讲授科学？严复大致遇到了这样几个问题：

第一，学术术语尚未整备；

第二，科学叙事的文体还没有建立；

第三，学术术语的定义问题有待解决；

第四，汉语本身的一些问题，例如二字词的准备、体词和谓词之间的词性转换等。

在上面的章节中，我们已经对前两个问题做了讨论，在这一章里主要考察一下后两个问题。[②]

---

① 《严复集》第 1 册，第 156 页。此文作于"光绪甲辰四月"，即 1904 年初夏。
② 参见沈国威《严复与科学》第 5、6 章。

　　严复在《穆勒名学》的引论中写道"科学理莹语确"，提出了科学名词（术语）须遵循科学标准的问题。早在翻译《天演论》时，严复就已经使用"界说"来讨论术语和术语定义的问题了。① 随着原著专业性的提高，在翻译《原富》时，术语的问题更加突出。作于1898 年的《界说五例》集中反映了这一时期严复对界说问题的思索。② 而在翻译处理《穆勒名学》中的术语时，严复必须面对以下问题：

　　第一，词语的意义，特别是科学术语（science terms）在意义上有何特点？

　　第二，什么是界说，汉语如何界说？

　　第三，中国人的语言行为及当时的汉语对界说有何种影响？

　　名词所表示的概念是逻辑学研究的主要对象。穆勒原著第一卷第 2 章为"名词"，在这一章里穆勒根据其意义类型，将名词分为：普通名词（"公名"，严复的译名，下同）、专有名词（专名）；具体名词（察名）、抽象名词（玄名）；内涵名词（有涵）、非内涵名词（无涵）；肯定名词（正名）、否定名词（负名）；相对名词（对待）、绝对名词（独立）；单义名词（一义）、复义名词（歧义）等。严复

---

① 如《天演论》自序："（斯宾塞）为天演界说曰：翕以合质，辟以出力，始简易而终杂糅。"（第 ix 页）按语中可见："复案：斯宾塞尔之天演界说曰：'天演者，翕以聚质，辟以散力。方其用事也，物由纯而之杂，由流而之凝，由浑而之画，质力杂糅，相剂为变者也。'"（第 6 页）

② 《界说五例》内容如下："一、界说必尽其物之德，违此者其失混；二、界说不得用所界之字，违此者其失环；三、界说必括取名之物，违此者其失漏；四、界说不得用诂训不明之字，犯此者其失荧；五、界说不用'非'、'无'、'不'等字，犯此者其失负。"据《严复集》的注释："这段文字见章士钊《孤桐杂记》，载《青鹤》第四卷第十二期（一九三六年）。章士钊说：'顷见某报载先生为王书衡所书《界说五例》'，可见本文前此已经在某报发表。《界说五例》文后题：'戊戌八月四日为书衡学兄作此，严复时在通艺学堂。'王式通字书衡。严复是年（戊戌，一八九八年）八月初三日曾到通艺学堂演说（见《西学门径功用》题解），四日似乎仍在该学堂。"（《严复集》第 1 册，第 95 页）即严复八月初三、初四两天都在通艺学堂讲授关于科学的问题。《西学门径功用》中有《穆勒名学》的内容，严复关于"界说"的议论也来自《穆勒名学》。

不但大致把握了原著的内容，而且比原著更加强调了科学术语在意义
上的特点。例如，穆勒指出：人们不愿意增加新的名称，而使用旧词
表达新的对象和类别时，势必造成新旧意义界限模糊，意义含混。这
种倾向 scientific writers 也在所难免。[①] 对此，严复译述道：事物的名
称在长期使用的过程中，名实相差越来越远，以至于"名"无法表
示"实"，不能用于科学。不光是那些没有知识的一般民众对名词的
使用不加思考，即使那些应该比较谨慎的"科学之家"有时也和一
般民众一样在"破坏文字"。如此"夫语言之纷至于如此，则欲用之
以为致知穷理之事，毫厘不可苟之功，邃至难矣"。[②] 一般的词语无
法作为意义严谨的科学术语使用。穆勒对词义变化一般倾向的言说，
被严复紧紧地与科学的叙述联系在一起了。关于语言意义对科学论述
的影响，培根在《新工具》中有过如下阐述：

　　（十五）我们的许多概念，无论是逻辑的或是物理的，都并
不健全。"本体"、"属性"、"能动"、"受动"及"本质"自身，
都不是健全的概念；其他如"轻"、"重"、"浓"、"稀"、"湿"、
"燥"、"生成"、"坏灭"、"吸引"、"排拒"、"元素"、"物质"
"法式"以及诸如此类的概念，就更加不健全了。它们都是凭空
构想的，都是界说得不当的。

　　（十六）我们的另一些属于较狭一种的概念，如"人"、
"狗"、"鸽"等等，以及另一些属于感官直接知觉的概念，如
"冷"、"热"、"黑"、"白"等等，其实质性不致把我们引入迷误；
但即便是这些概念有时仍不免因物质的流动变易和事物彼此掺合
之故而发生混乱。至于迄今为人们所采用的一切其他概念，那就

---

①　J. S. Mill, *A System of Logic*, New York: Harper & Brothers, Publishers, Franklin
　　Sguare, 1882, 8th edition, p. 40.
②　严复：《穆勒名学》，第 35 页。

仅是些漫想，不是用适当的方法从事物抽出而形成起来的。①

培根的时代自然科学还不发达，所以"术语"的问题似乎也并不算
突出，尽管如此，培根还是敏锐地指出了问题的严重性：没有严格的
术语，就没有准确的科学论述。严复借用培因（A. Bain）的言说指
出：意义的界定，是用与之相同的性质加以解释。而现在的事物名称
相同，性质不同；性质相同而名称不同，这样就无法界定意义了。②
严复指出本来"所谓一物之名，赅称日远，至无可举之定义"。③ 而
科学始于界说，没有严格的界说，就没有科学的叙述。所以从事科学
的人，往往弃置常用的名称，另立新的术语，这是不得已的。④ 联想
到严复在翻译中大量使用古僻词语，这就容易理解了。

穆勒原著第 8 章题目为"定义"，在这里原著者集中讨论了词语
的定义问题。首先对于什么是"定义"，穆勒说，定义是表达词语意
义的命题。而如何定义，穆勒说，列出所有的属性是最精确、最少歧
义的定义方式。但这种方式不够简洁，专业术语过多，日常的语境较
不方便。⑤ 更常见的方法是用另外的一个或多个词语来解释一个需要
定义的词。但一般认为这根本不能算是定义（即严复所说的"互
训"，详后）。穆勒说名词的定义就是属性之和，也就是说一个定义

---

① 培根：《新工具》，许宝骙译，商务印书馆，1984，第 11 页。
② "盖界说之事，在举所命之物之同德以释其名也；今物之同名者不必有同德，而同
德者又不必有同名，界说之事乌由起乎？"（严复：《穆勒名学》，第 35 页）
③ "是以治科学者，往往弃置利俗之名，别立新称，以求言思本离于轨辙，盖其事诚
有所不得已也。"（严复：《穆勒名学》，第 35 页）
④ "一义之名，其用只一，最为贞信；然此求之言语文字之中，不独难得，盖几绝
无。夫字义本一，自不知者取而用之，不幸通传，异义遂众，而不足以为致知
穷理之资。故居今而求一义之名，转在后起之科学也。"即搜求单义名词，用于
科学。"大抵科学所列之界说，于本科所用之专名，或常名常语而于本科有专用
之义，皆依前术为之；曰示区分，无相夺伦而已。"（严复：《穆勒名学》，第
129 页）
⑤ 约翰·斯图亚特·穆勒：《逻辑体系》（一），郭武军、杨航译，上海交通大学出
版社，2014，第 131 页。

可以分解成一组属性。穆勒还讨论了完全定义和不完全定义、完全定义和描写的区别等问题。

"定义"是来自日语的新语，严复使用的是"界说"。"界说"最早出现于科学的语境是在利玛窦、徐光启译述的《几何原本》中。《几何原本》第一卷首附有"界说三十六则"，对书中使用的术语进行定义。利玛窦说："凡造论先当分别解说论中所用名目，故曰界说。凡历法、地理、乐律、算章、技艺、工巧诸事，有度、有数者，皆依赖十府中几何府属。凡论几何，先从一点始。自点引之为线，线展为面，面积为体，是为三度。"① 界说的第一条词是"点"："点者无分"。其后每卷卷首，都有术语"界说"。《几何原本》前六卷一共界定了80条术语。

"界说"作为一种语言行为，在中国并没有传统。严复在按语中说，西方自希腊亚里士多德以来，常常教导学人，做任何事都要先进行界说。所以只要一个人不是特别不学无术，就不会破坏这样的传统。唯独中国没有对名词进行定义的语言习惯。严复特别指出"向使释名训诂之词，不外以释二名之互训"。② 两个词意义相同或相近，就构成了"互训"，中国古代的字书如《尔雅》《释名》都是这个套路。如"巨者，大也"这种形式并不涉及属性的描写和界定。故严复说"训诂"不是界说，只是同名互训，用来解释古今词语的意义变化而已。所以严复加译道："此自科学家言之，只为训诂，不为界说。界说者，多取数有涵之名总之，其义与所欲界之名义相等，如云'人者具体、备官、含生、秉灵之物，而有如是之外形'是已。"③ 即"人"的定义是：有形体，有器官，有生命，有思想的动物。定义"必尽德"，即穷尽其属性。但是穆勒也说日常语境中互训式的定义是不可避免的，如"人为人类之一分子"式的定义。这是因为人对事物的认知是渐进的，"由是最浅而易明者，则有互训之术；二名义

---

① 利玛窦口译，徐光启笔受《几何原本》卷首。
② 严复：《穆勒名学》，第103页。
③ 严复：《穆勒名学》，第124页。

均，而后者已喻。此如云'雉为野鸡'，'洑回流也'之类"。①

严复似乎未能摆脱唯名论的影响，信奉孔子的"名正言顺"，批评中国的科学落后，不能了解事物的本质，名称用错了，也不知道。例如"五纬"不是星辰，却名之为星；鲸、鲲、鲟、鳇等不是鱼，却用了"鱼"字旁；"石炭"不可以称呼"煤"，"汞"也不可以称为"砂"，这样的例子数不胜数。尤其是中西通商之后，西方的商品大量舶来，但译出的名称都不正确。例如"火轮船""自鸣钟""自来水""自来火""电气""象皮""洋枪"等。② 而要做好这一点需要有科学知识，所以严复又指出了中国第二个弱点：因为"科学弗治"，不懂事物的原理，只能即物命名，于是就有了"火轮车""自鸣钟"之类的错误名称。③ 名实脱节"此弊诸国之语言皆然，而中国尤甚"。④

关于科学的术语问题，严复在《政治讲义》（1906）中多次强调：

> 我辈所言政治，乃是科学。既云科学，则其中所用字义，必须界线分明，不准丝毫含混。
>
> 夫科学之一名词，只涵一义，若其二义，则当问此二者果相

---

① 严复：《穆勒名学》，第 124 页。
② "西学自希腊亚理斯大德勒以来，常教学人先为界说，故其人非甚不学，尚不至俪规畔矩而为破坏文字之事也。独中国不然。其训诂非界说也，同名互训，以见古今之异言而已。且科学弗治，则不能尽物之性，用名虽误，无由自知。故五纬非星也，而名星矣；鲸、鲲、鲟、鳇非鱼也，而从鱼矣；石炭不可以名煤，汞养不可以名砂；诸如此者不胜偻指。然此犹为中国所前有者耳。海通以来，遐方之物，诡用异体，充牣于市；斯其立名尤不可通。此如'火轮船'、'自鸣钟'、'自来水'、'自来火'、'电气'、'象皮'（其物名茵陈勒勒，树胶所制）、'洋枪'之属几无名而不谬。"（严复：《穆勒名学》，第 35～36 页）
③ 即物命名又称"现场命名"，是一种抓住事物表面的、可以进行通俗词源解释的命名方式。至 19 世纪中叶为止，在广州活动的传教士的译名，如"轻气""养气""礼拜一""保险""陪审"等都具有这种特点。上海的译名"化学"也是现场命名的结果。参见沈国威《近代中日词汇交流研究：汉字新词的创制、容受与共享》"新词创造篇"。
④ "是以治科学者，往往弃置利俗之名，别立新称，以求言思本离于轨辙，盖其事诚有所不得已也。"（严复：《穆勒名学》，第 35 页）

合否。合固甚善，假使冲突不合，则取其一者，必弃其一，而后
其名词可行，不至犯文义违反之条禁。

然此正是科学要紧事业，不如此者，无科学也。孔子曰：
"必也正名乎。"未有名义含糊，而所讲事理得明白者。诸公但
守此戒，于科学所得，已不少矣。

科学名词，函义不容两歧，更不容矛盾。①

关于术语的定义问题，严复在《政治讲义》中以"自由"为例，
进行了详细的说明：一般语言社会使用"自由"大致有三个含义：

一、以国之独立自主不受强大者牵掣干涉为自由。此义传之
最古，于史传诗歌中最多见。

二、以政府之对国民有责任者为自由。在古有是，方今亦然。
欧洲君民之争，无非为此。故曰自由如树，必流血灌溉而后长成。

三、以限制政府之治权为自由。此则散见于一切事之中，如
云宗教自由，贸易自由，报章自由，婚姻自由，结会自由，皆此
类矣。而此类自由，与第二类之自由，往往并见。②

以上是"自由"在日常生活中的使用情况，但"科学不能从之。因
科学名词，函义不容两歧，更不容矛盾"。严复声明在自己的文章中
"从第三类义，以政令简省，为政界自由"。然而在 1906 年时，中国
的科技术语制定还未完成，人文社科领域的术语体系刚刚开始建构。
严复感叹道："政界自由，其义如此。假此名词，依科学律令，不作
他用，则吾辈今欲用之，但举界说足矣。不幸字经俗用，最易流变，
如前所举似者，且若前之外，尚有取达他意。"③

---

① 以上四段引文分别出自《严复集》第 5 册，第 1280、1285、1285、1290 页。
② 《严复集》第 5 册，第 1289～1290 页。
③ 《严复集》第 5 册，第 1284 页。

除了科学知识的原因外，19 世纪末 20 世纪初的汉语本身也存在一些独特的问题，影响到了定义行为乃至科学叙事。其中对严复困扰最大的是当时汉语的动词、形容词等谓词还无法或不具备转变成体词的手段，而这一点与世纪之交的汉语还缺乏大量与一字词意义相同的二字词这一词汇体系的状况密切相关。例如，在谈到抽象名词和具体名词（其实是英语的形容词）时，严复指出：

　　案幺、察之名，于中文最难辨，而在西文固无难，其形音皆变故也。如察名之"白"，英语"淮脱"也；幺名之"白"，英语"淮脱业斯"也。独中文幺、察用虽不同，而字则无异，读者必合其位与义而审之，而后可得。西文有一察名，大抵皆有一幺名为配……
　　以幺、察中文之无所分别，译事至此几穷，故精变本文为之，期于共喻其理已耳。①

即：在英语里，white 和 whiteness 一个是形容词，一个是名词，概念义相同，语法义不同，但同属于一个词族（word family）。而汉语因为没有形态变化，"白"不能直接作名词使用。在《穆勒名学》第 8 章"论界说"中，严复的一段译文就遭遇了"幺、察中文之无所分别"的窘境："此如物之白德，其界说可曰'物使我觉白之能也'（界中'白'字与本名'白'字异义，致不嫌触）；又如白物，其界说可曰'以白感人者也'。"② 汉语的单音节形式无法做这种区分，而二字的名词"白色"使用还不普及。

---

① 严复：《穆勒名学》，第 27 页。
② 严复：《穆勒名学》，第 126 页。穆勒的原文是：Whiteness may be defined, the property or power of exciting the sensation of white. A white object may be defined, an object which excites the sensation of white.（A System of Logic, p. 107）忠实的对译是：我们可以将白色属性定义为，激起我们产生白色感觉的属性或能力。我们也可以将白色对象定义为，能够激起我们产生白色感觉的对象。约翰·斯图亚特·穆勒：《逻辑体系》（一），第 133 页。

　　而另外一些双音节的复合词在词性上无法作出体词与非体词的区别。如严复在《群己权界论》使用了"自繇"这一词形，他对此解释道：

　　　　由、繇二字，古相通假。今此译遇自繇字，皆作自繇，不作自由者，非以为古也。视其字依西文规例，本一玄名，非虚乃实，写为自繇，欲略示区别而已。①

即由、繇这两个字，在古代是通假字。在译著中，严复把 liberty, freedom 都译作"自繇"，而不译作"自由"。严复说这并不是因为译者厚古薄今，而是按照英语的语法规则，liberty, freedom 这两个词是抽象名词，是实词而不是虚词（根据中国语言研究的传统"自由"是虚词，即副词）。严复不过是想从形态上把名词和副词区分开来，但是显然他的努力并没有成功。

　　如第四章所述，1905 年夏严复在中华基督教青年会做连续讲演，记录稿以《政治讲义》的题目公开发表。由于具有更多的口语成分，单双音节的问题更令严复感到棘手。例如，西莱原著中的关键词 state, nation, organization，甚至连 family 在当时的汉语里都没有固定的双音节译词。以 state 为例，严复先从概念上说中国"只有天下，并无国家。而所谓天下者，十八省至正大中，虽有旁国，皆在要荒诸服之列，以其无由立别，故无国家可言"。在这里严复是用"国家"译 state 的。但原文 family 和 state 对举，如西莱所说是既互相区别又互相关联的对峙概念。所以 state 译"国家"，其中的"家"似乎令严复深觉不安。严复在紧接着的译文中试图改用"邦国"对译 state，但显然"国家"是更一般的词语。因此严复不得不先交代："双称'国家'，单举曰'国'。"然后再解释说"国之为言，与土地殊，与

_____

　　① 《严复集》第 1 册，第 133 页。

种族殊，又与国民国群等名，皆不可混"。严复说"诸公应知科学入手，第一层工夫便是正名"。但当时汉语的情况显然无法让严复满意，他借题发挥了如下一通感慨：

> 所恨中国文字，经词章家遣用败坏，多含混闪烁之词，此乃学问发达之大阻力。诸公久后将自知之。今者不佞与诸公谈说科学，而用本国文言，正似制钟表人，而用中国旧之刀锯锤凿，制者之苦，惟个中人方能了然。然只能对付用之，一面修整改良，一面敬谨使用，无他术也。

尽管严复对当时的汉语极为不满，但也"只能对付用之"，没有别的办法。

三　新国语的呼唤

严复接受名词馆总纂的任命后，四方网罗审定学术用语的人才。他在给学生伍光建的信中说："方今欧说东渐，上自政法，下逮虫鱼，言教育者皆以必用国文为不刊之宗旨。"[①] 这距离他说普及以国文教授西学需要二十年，刚刚过了七年；距离他提出三十年之说，更是刚刚过去五年，严复似乎已经改变了先前国语不足用的主张。例如他对新国语有以下具体要求：

> 能听懂（演说、课堂讲授，即言文一致）；
> 能讨论科学问题（人文科学、自然科学）；
> 不受经济条件限制的机会均等（民主性）；

---

① 《严复集》第 3 册，第 585～586 页。此信写于宣统元年腊月十四日，即 1910 年 1 月 24 日。

　　　能译成外语，或被外语翻译（国际性）；

　　　能应对社会的进一步发展。

　　新国语所要求的这些特征，在严复停止著述的 1910 年代初期，还正在创建中。笔者认为自然科学的术语在 1908 年已经大致获得解决。如以日本辞典为译词主要来源的《英华大辞典》（1908）、《科学辞典》（1908）、《东中大辞典》（1908）都反映了这种现实。而人文科学的术语尚有一段路要走。严复 1909 年开始审定学术用语，如第六章所述，人文科学只有"辨学中英对照表""心理伦理中英对照表"等数种，而且数量较少。

　　1911 年 10 月，武昌起义，清王朝被推翻，民国宣告成立，清政府设立的学部及编订名词馆等也无疾而终。[1] 新国语的建构迎来了全新的局面。

---

[1]　《申报》1912 年 5 月 1 日刊登北京消息：蔡元培派人接收学部……高步瀛接收图书局事务，常福元接收名词馆事务。

第十章　严复与“国民必读书”*

小　引

自 1909 年末至 1910 年 2 月，严复在日记中曾十余次提及一本叫《国民必读》的书，[1] 所记如下：

> 十月三十日（12 月 12 日）（伍连德来，系与林文庆同门，皆黄乃裳婿。王书衡来）评《国民必读》。白振民，武崇学，胡玉缙。[2]

> 十一月初五日（12 月 17 日）到馆。到部，见严、宝两侍郎，言《国民必读》事。

---

* 本章是 2009 年与复旦大学孙青教授共同研究的成果。相关内容首先在国际学术研讨会『東アジアにおける文化情報の発信と受容』（2009 年 6 月 28 日于关西大学）发表，蒙与会学者惠赐宝贵意见，修改成文后，以「厳復と清末学部編『国民必読課本初稿』（1910）」为题发表于『東アジアにおける文化情報の発信と受容』（雄松堂、2010、31～54 頁），中文成稿之际，深圳大学历史系孙晓莹教授多有贡献，谨致谢忱。

[1] 《严复集》第 5 册，第 1500～1505 页。
[2] 白振民，江苏南通人，京师译学馆提调。武崇学，字仲文，江苏江宁人。留学日本，时任学部司员。胡玉缙，字绥之，号绥庵，江苏吴县人。举经济特科，时任学部员外郎。

十一月初七日（12 月 19 日）五钟请客。看陈曾寿、潘清荫所编《国民必读》。①

十一月初九日（12 月 21 日）严、宝两侍郎以《国民必读》相托。②

十一月十二日（12 月 24 日）会议《国民必读》事。

十一月十五日（12 月 27 日）到馆，理《国民必读》。请丞、参。

十一月十九日（12 月 31 日）本日大风。未到馆……在家改《国民必读》，闷损已极。

十一月廿四日（1 月 5 日）到馆。《国民必读》第二集上卷完。

十一月廿七日（1 月 8 日）到馆。交《国民必读》七本。

十二月初一日（1 月 11 日）到馆。到部。③ 本日京师得雪甚好。

十二月初三日（1 月 13 日）雪愈大。到馆，改《国民必读》第四卷。

十二月初四日（1 月 14 日）到馆。到部，晤严侍郎，乔丞等。④

十二月十四日（1 月 24 日）到馆。到部。交《国民必读》与朗溪。⑤

---

① 陈曾寿，字仁先，湖北人。1902 年张之洞任四川学政时中举，翌年进士及第。按照中国的习惯，为张之洞门生。潘清荫，字季约，四川人。1873 年科举及第，亦出张之洞门下。历任山东大学堂监督，学部郎中等职。《严修日记》十一月初八日条下可见：到署阅折，理文牍，严几道、白振民谈《国民必读》事。梧生、小庄谈图书馆事。晚早睡。（第 3 册，第 1553 页，南开大学出版社 2001 年影印本）

② 同日《严修日记》可见：十一月初九日直日五钟起，入直，与荣、宝二公谈公，荣相盼国民读本成书至急，属余催督，至于长揖。访梧生……到署，理文牍，检查国民读本已成之稿本，与朗溪、幼陵熟商，暮归，倦极早睡。（第 3 册，第 1553 ~ 1554 页）

③ 同日《严修日记》可见：到署，午饭之后荣相宝侍郎偕至，催办国民必读，严几道来谈国民读本事。（第 3 册，第 1557 页）

④ 即乔树枏，字孟仙，又字茂萱，四川华阳人，时任学部左丞。

⑤ 即林灏深。福建闽侯人，林则徐之曾孙，曾留学日本，时任学部左参事。

　　十二月十六日（1月26日）拜严、容、端、在彼午饭。绍、
梁、宝、于。①

　　十二月廿四日（2月3日）了《物理》五篇。

　　十二月廿六日（2月5日）缴《国民必读》卷，② 到部。

由上述日记可知，严复于 1909 年 12 月 12 日第一次与学部官员讨论
《国民必读》，5 天后，学部侍郎严修、宝熙再次就《国民必读》与
严复商议；12 月 19 日，严复开始校阅陈曾寿、潘清荫所编的《国民
必读》，12 月 21 日，严修、宝熙正式委托严复修订《国民必读》。其
后的一个半月时间里，严复竭尽全力修订《国民必读》。③ 1910 年 1
月 5 日，《国民必读》第二集上卷修订完毕，3 天之后的 1 月 8 日，
其余 7 册也告竣，1 月 24 日严复将至此修订完毕的《国民必读》书
稿上交学部左参事林灏深。书稿上交两天后，即 1 月 26 日，严复拜
会学部高层，商谈内容应集中在《国民必读》的书稿修改上。

　　数日之后，即 1910 年 2 月 2 日严复写信给学部侍郎严修，信中
写道：

　　　　复于十九日始病胻风，颇重，于《国民必读》一事极著急。昨
　　日晤朗溪，始悉公有复坟之请。病中默念，《大易》明夷于飞垂其翼
　　之言，为抚枕叹息久之。极欲造宅一拜为别，顾贱恙医言最易感寒，
　　今日幸托荫少愈，特起作数行呈公，以寄无穷之感想，公（当）深
　　察此诚也。复即病愈，年内当不能南。至《国民必读》后卷，幸已
　　了六七，极愿力疾起草，但为医所切戒，只得属馆中能者分了此稿。

---

①　指严修、荣庆、端方、绍昌、梁敦彦、宝熙、于式枚。同日《严修日记》上
　　有请假回家修坟的内容。（第 3 册，第 1559 页）

②　"卷"字之前疑脱一"数"字。另孙应祥《严复年谱》（福建人民出版社，2003，
　　第 352 页）有"国民必读各卷修改完，呈学部"。

③　严复对这本书做了什么？他自己说"看"，又说"改"。改写、修订恐更符合实
　　际。

复所草者，除《电学》一篇，［因物理已成五篇，若此篇不勉完，
则不配色］恐万不能别有附益矣。病来无时，非敢诿也……①

　　严复在信中对辞职归去的严修表示慰问，并谈及《国民必读》。从这
封信中我们可以了解到：严复忍着病痛校阅完《国民必读》下卷的
六七成，但被医生劝阻，剩下的部分只得委托名词馆的同僚完成。同
时，严复还为《国民必读》新写了《电学》一章。笔者推测在此之
前《物理》五编虽已完成，但《电学》部分尚未完备，严复抱病补
齐了相关内容。严复为不能再为《国民必读》做出更多贡献而向严
修道歉。第二天，即 2 月 3 日，严复完成了《物理》的修订。2 月 5
日《国民必读》的修订工作全部完成，严复于年内（宣统元年）上
交了书稿。这些均有日记可查。在此之后，日记中再未出现严复与这
部书相关的记录。
　　那么，《国民必读》是一本什么样的书？严复对其做了怎样的修
订？严复修订的书稿最终去向如何？当时严复刚刚就任学部审定名词
馆的总纂，致力于学术用语的制定和审查。② 修订《国民必读》的书
稿并不是名词审定范围内的工作，③ 但名词馆总纂一职是严复多方拜

①　《严复集》第 3 册，第 591 页，［　］内为夹注。另外这封书信的日期在《严复集》中
　　被误记为宣统元年四月廿三日（1909 年 6 月 10 日），参见孙青《严复与严修书日期
　　考订辨讹》，『或问』16 号、2009、55～66 页。此信写日，严复另有一函给外甥女
　　何纫兰可以佐证："信到。舅原拟本廿二日由京汉铁路回申，乃因事为学部挽留，
　　嗣又病颈风，痛楚异常，夜不合眼，经请英使馆医生诊治，但至今尚未大愈……
　　部事极琐碎，但既来开局，成效未见，故不愿告退；至于升官，吾视若浮云久矣。
　　严范孙侍郎与舅甚要好，近请修墓假，恐未必再来。京中事阴阳怪气，中国人办
　　事，随汝如何，不过如是，似是而非，外方人那里知道。宣统元年己酉十二月廿
　　四日（1910 年 2 月 3 日）作于北京。"《严复集》第 3 册，第 841～842 页。《严修
　　日记》十二月二十五日条下可见：收信……家几道京堂。（第 3 册，第 1561 页）
　　十二月二十九日条下可见：写信……几道。（第 3 册，第 1562 页）
②　沈国威：《官话（1916）及其译词——以"新词""部定词"为中心》，『アジア
　　文化交流研究』23 号、2008、113～129 页。
③　严复在给外甥女何纫兰的信中说："但部中公事极忙，不仅编订名词一宗而已。"
　　《严复集》第 3 册，第 841 页。

托大臣们为其斡旋的结果，学部高层交办下来的事情自然要全力以赴。① 暂且不论上述现实问题，早在 1906 年向报纸投稿《论小学教科书亟宜审定》一文时，严复在初等教育的普及和教科书的编纂、刊行上已经持有一家之言。② 谁都不会怀疑严复对这种普及国民教育事业有着强烈的责任感。但是令人意外的是，严复在修订《国民必读》时感到了极大的痛苦，甚至在 1909 年 12 月 31 日的日记中感叹"闷损已极"，这又是为什么？

严复修订《国民必读》一事的廓清对理解作为启蒙家、翻译家的严复是极其重要的。然而在迄今为止的严复研究中，对严复与《国民必读》的关系，以及《国民必读》本身的情况一直语焉不详。有些研究文章偶有涉及，也仅仅局限于对日记记述内容的转述和猜测，距离廓清事实真相尚有一段距离。③ 造成这种现状的主要原因是资料的缺乏。像《国民必读》一类用于民众教育的启蒙书籍虽然在当时大量印刷，但是却很难成为图书馆的藏品（当然，《国民必读》印量极少，详后）。既然很难亲眼见到实物，以"国民必读书"为对象的研究也就无从谈起了。"国民必读书"，不仅仅是研究新知识普及、近代学校制度创立、学校用教科书的编纂和刊行以及学术用语制定等近代教育史各问题的重要资料，而且如其名所示，也是通过启蒙教育的具体教材了解"陶铸国民"及预备立宪——在中国近代史上这无疑是一个重大事件——等相关众多事实的不可或缺的资料。早在 1935 年，郑鹤声在对中央政府教科书审定进行考察的论文中就曾言及作为

---

① 《严复集》第 3 册，第 596～598 页。

② 严复：《论小学教科书亟宜审定》，《中外日报》1906 年 4 月 7 日。其后《东方杂志》第 3 卷第 6 期转载。《严复集》第 1 册，第 199～202 页。

③ 如皮后锋《严复大传》（福建人民出版社，2003，第 364 页）中有"1909 年 9 月，严复被派在学部丞参上行走，负责审定部分教科书。严修、宝熙二人随即拜托严复审改陈曾寿、潘清荫所编《国民必读》。从此，这套多卷本教科书占用了严复很多时间，无论在寓所还是在名词馆，严复常常手拿一本《国民必读》，边看边改。1910 年 1 月 8 日，严复改完《国民必读》第七卷，至 2 月 5 日将书剩余各卷修改完毕，呈交学部"。皮后锋《严复评传》（南京大学出版社，2006，第 203 页）内容相同。

预备立宪一环的学部主导的《国民必读课本》和《简易识字课本》的编纂问题，但因未能见到实物而称其"未成书"。①迄今为止对清末国民必读书加以详细论述的是美国学者季家珍（Joan Judge）。②她在论文《改造国家——晚清的教科书与国民读本》中，从新式教科书与新民族主义意识形态发生的角度对"国民必读书"的出版进行了分析。但该论文所使用的材料仅有直隶学务处出版的高步瀛、陈宝泉所编的《国民必读》一种，至于1907年预备立宪公会出版的《公民必读》初编、二编，因上海图书馆没有收藏而被当作佚书处理，学部编《国民必读课本》也因未见而付之阙如。另一方面，在清学部史、近代出版史、教科书编纂史以及相关领域的研究中，引用学部进呈的两篇奏折，③论及学部编《国民必读课本》的论文时有所见，但同样因为没有见到实物，大多数的论文只是推测性的论述该书的编纂过程，对严复修订一事的具体情况鲜有实质性的讨论。在这种情况下，对《国民必读课本》内容的分析及其与同类书籍之间的互相关系的考察就更无从谈起了。总之，迄今为止在有关这一问题的论述中，将"国民必读书"作为第一手史料，以此探求其在近代史上意义的研究并不多见。④笔者在师友的帮助下有幸收集到了十余种清末"国民必读书"的实物，⑤弄清各种

① 郑鹤声《三十年来中央政府对于编审教科书之探讨》（《教育杂志》第25卷第7号，1935年，第31页）有"有陈宝泉等编国民必读课本两种，高步瀛等编简易识字课本三种，平远编国民必读经证释义，景山编识字教授书等，但未成书"。
② 季家珍（Joan Judge）：《改造国家——晚清的教科书与国民读本》，孙慧敏译，《新史学》第12卷第2期，2001，第1~40页。
③ 《学部奏编国民必读课本简易识字课本大概情形折》，《教育杂志》第1年第2期，1909年，下文简称"《情形折》"；《学部试行国民必读办法折》，《教育杂志》第2年第3期，1910年。
④ 该方面的研究成果如下：王建军《中国教科书发展研究》，广东教育出版社，1996；关晓红《晚清学部研究》；李孝悌《清末的下层社会启蒙运动》，河北教育出版社，2001；沈松侨《国权与民权：晚清的国民论述1895~1911》，《中央研究院历史语言研究所集刊》第73本第4分册，2002。
⑤ 在资料收集上笔者得到了中国自然科学史研究所王扬宗教授、北京师范大学方维规教授、东北财经大学鲜明教授的帮助，特此致谢。

读本编纂的宗旨、内容已成可能。但限于篇幅，本章仅以下述五种资料为素材，在整理清末国民必读书谱系的基础上，以学部编纂的《国民必读课本》初稿为中心，展开讨论。

朱树人编撰《国民读本》（1903）

高步瀛、陈宝泉编《国民必读》（1906）

孟昭常编《公民必读初编》《二编》（1907）

清学部编《国民必读课本》初稿甲编上下，乙编上下（1910）

清学部编《简易国民必读课本》上（1910）

本章分为两节，第一节先对《国民必读课本》初稿之前的几种主要"国民必读书"，以国民性的塑造为切入点进行若干粗浅的分析，第二节以编纂过程为焦点，集中讨论严复与清学部编《国民必读课本》初稿的关系以及相关的语言问题。至于包括《国民必读课本》初稿在内的一系列"国民必读书"在国民启蒙史中的定位以及同类书之间的影响关系等问题，都是今后的研究课题。[1]

一 清末"国民必读书"的谱系

甲午之后，中国开始了自上而下的改革。然而百日维新以失败告终，康有为、梁启超相继亡命日本。面对日本民众较高的知识、道德水准，顿悟"欲维新吾国，当先维新吾民"的梁启超 1902 年在东京创刊《新民丛报》，并从创刊号开始连载《新民说》。在"变法图强"中加入了"启迪民智"的内容。与此同时，廉泉等人在国内成

---

① 沈国威「清末の国民必読書について——形式と内容の間」沈国威・内田慶市編著『近代東アジアにおける文体の変遷——形式と内容の相克を超えて』白帝社、2010、233～272頁。

立文明书局（1902），短时期内出版了大量的"蒙学科学书"。[1] 朱树人的《国民读本》（1903）即其中的一种。此后，冠以"国民""公民"的类书大量出版。对这类国民教育的启蒙书，本章暂且统称为"国民必读书"。"国民必读书"所预设的读者不是近代学校教育体制中的生徒，而是中国社会的底层民众。编写者的初衷是：这一类书一方面要承担识字教育的任务，另一方面又要在教育国民、提高国民素质的运动中发挥作用。特别是 1906 年清政府宣布预备立宪以后，"国民必读书"又被赋予了"陶铸国民"的新任务。然而，这种来自意识形态的要求对于"国民必读书"来说显然过于沉重。除了书中所涉及的内容方面的问题外，仅就使用的语言而言，世纪初的汉语尚不具备向广大底层民众讲授新知识的功能，无论是在语词，尤其是人文科学、自然科学所需的大量术语的层面，还是在表达形式（即文体）的层面，汉语都面临着众多的必须克服的困难。在这种情况下诞生的"国民必读书"一方面与清末"启迪民智"的启蒙运动、近代教育体系的建构，乃至制宪等有着密切的关系，另一方面又直接反映了如言文一致、共同语的形成、新知识所必需的学术用语的审定等汉语的新变化，集中体现了近代以后汉语形式与内容互相矛盾冲突的各个方面。其中，清学部编《国民必读课本》（1910）直接秉承、体现清政府的政治意图，在近代史、近代思想史等研究中尤为重要。通过对"国民必读书"的分析，我们可以了解社会转型与语言演进，以及中国社会的语言意识变化之间的互动关系。

（一）关于朱树人的《国民读本》

朱树人编撰的《国民读本》是最早冠以"国民"的出版物之一，

---

[1]　该书局出版的《国民读本》（朱树人编，1903）的封二有"文明书局出售教科书目录"和"蒙学科学全书先出十七种"两个广告，前者收书 20 种。

也是"国民必读书"的嚆矢。① 本书光绪二十九年（1903）三月由上
海文明书局刊行，铅字线装本，2 册，正文 85 页，共 101 课。参见
图 10 – 1。

图 10 – 1　朱树人编著《国民读本》书影

朱树人在卷首的"编辑大意"中说：

> 国民教育者，所以培养忠义果敢之国民也。中土教育最重道

---

① 朱树人，字櫆之，别号友之，上海人。光绪二十三年三月至二十八年十月就读于南
　洋公学，是第一批师范班学员。可能还是班长，故题为"学长"。参见交通大学校
　史撰写组编《交通大学校史资料选编》第 1 册，西安交通大学出版社，1986，第
　78 ~ 81 页。1902 年时他可能就读于梅溪学堂（上海）。《上海县续志》卷 16《选举
　表》上称其"光绪二十三年丁酉（1897）举人。在《农学报》和《实学报》上有
　不少译作，可能是在梅溪学堂学习过法语，《稼者传》是一部表现 19 世纪中后期法
　国北部农家生活，讲述农人图赖伯尔的故事，体裁接近现在的纪实文学"。朱树人
　在南洋公学出版了数种图书。如 1901 年的《新蒙学课本》，1903 年的《普通新智识
　读本》《蒙学文法教科书》《稼者传》等。朱的著作在当时均产生了较大的影响，如
　《普通新智识读本》和《稼者传》被学部指定为宣讲所使用图书。

德，智能次之，国民教育则莫之及焉。难者曰，尊君亲上，守法急公，奉租税，敬官长之义，吾齐民稍有知识者，类能言之。而才俊之士，颇能究心于古今中外政治得失。子谓其无国民教育者何也？曰历代文献，本朝掌故，惟有志于公卿大夫者，则习之，非国民教育普及齐民之旨。若夫定上下之分，严礼法之防，此教人民之道也。教国民者不然，必发明国与民相关之理，使知吾身于社会国家之中，其位置若何，职分若何，起爱国爱群之念，养自治自立之才……凡无国民教育之国，百姓于国家之谓何，政事之谓何，茫然不识也……百姓如傀儡然……其国虽苟安而不能大治。……西国学校皆以国民教育为急务，其初等小学校虽无专门教科书，然已散见于读本之小文，耳熟于教师之口授。至高等学校，则有专书以课之矣。是编窃取其义，斟酌损益，以合我国民之用。学识浅薄，无当万一，备学堂暂时之用而已。不足云教科书也。

国政之败坏，夫人而知其当变矣。然国民之公德未立，学识未充，变之自下，必至如法国革命之骚乱；变之自上，则大彼得之手段不能进俄民文明之程度。盖无一而可者也。故培养公德，变化气质，精炼学识，实为今日教育之急务。国民教育主使君民一德，通国一心，政令之行如水之易，其效之极处，则能使百姓自出才力，以辅国家之不逮，若过张民权，攻击政府，失国民教育之本旨矣。本书立言务求矜慎，论列大政，必于我民有切实关系者则及之，凡政治专家之言，概不阑入。

西国所称国民，指有政权之民言之，故惟行共和政体与立宪政体之国乃有国民。专制之国但有人民而无国民。窃谓专制之国，百姓不知国家为何物，清歌漏舟之中，酣饮焚薪之上，危孰甚焉。尤当大昌国民之旨，以救麻木不仁之病。本书所称国民，即指忠义之民言之，与西国自别。

政治之理尚无公式，一国有一国特别之国体，有国民特别之性情。风俗变化推移，虽智者莫能究也。国民教育宜以本国文明之程度，性情风俗之偏胜以为立言之方准，义取因时，无求高论。新旧交讧，国是未定，本国政事尚无成式，本书以改良进取为主义，凡所论列都推究将来，不拘泥于过去现在之迹也。间取泰东西成规比较异同得失，欲于无公式中求公式耳。

中国多佳子弟，鲜良国民。凡国民不可少两种性质，一独立性质，一合群性质。五千年来国民之心思才力束缚于专制政策之中，鲜能自振，此不能独立之原因也。史家喜高蹈之风，国法严党会之禁，父师传授养成洁身自好，及自私自利两种人才，此不能合群之原因也。国民无独立合群之性质，社会必不振，国家必不强。有志于教育者宜先焉。

朱树人还在"编辑大意"中就该书的内容和预设读者层做了如下的说明：

是书仿泰西国民教育书体例，专为教育少年而设。凡社会国家之名义，国民之公德，政体、官制、学校、军政、赋税、法律、交通、警察、民政、户律、宗教之名义制度，以及计学之要义皆具焉。文理浅白，语气和平，意在开通民智，以立变政之基础，无攻击政府之意。凡十二三岁以上已习历史地理者，① 均可购读。即年岁已迈无暇涉猎他书者，读此亦可略政知事之浅理矣。

该书分为三个部分：
第 1~27 课："发明社会、国家、国民之名义，以立国民之公德，变国民之气质。"②
第 28~75 课："论述政体、官制、学校、军政、赋税、法律、交

---

① 原文为"己习"，是"已习"的误植。在后印本中改正。
② 后印本第一课前的说明有稍许改动，为"发明社会、国家、国民之名义，以起合群之思想，立国民之公德"。

通、警察、民政、户律、宗教之名义制度，国民与国政之关系，国民于国政上应享之权利，应尽之职分。"

第76～101课："述计学要义之切于民用者，以祛流俗之锢惑，进社会之幸福。"

即第一部分主要讲解什么是社会、国家、国民，国家与国民的关系以及国民应有的品质；第二部分论述关于国家体制、机构构成、各种制度、国民的权利和义务等，在这一部分作者还特别对与近代国民、国家不相称的中国社会的种种弊病进行了严厉的批判；第三部分讲述经济学的基本知识，对国民自立之技能进行介绍。朱树人认为上述三部分的内容是一个国民必不可少的知识。

第一部分27课的课文题目是：社会缘起、爱群、恋家恋乡非爱群、争先、博爱、立信、存恕、原国、中国立国之古、中国开化之早、文明、文明无止境、国家与人民之关系、国民解、通商传教、国耻、国不能独立之惨、民强则国强、爱国、爱国之实、忠义、独立、勿观望政府、进取、竞争、天命正误、勇武。编著者朱树人首先指出"人相群而成社会，未有国家先有社会"，接着论述了社会成员必需的四种品质：争先、博爱、立信、存恕。对社会作了基本讲解之后，开始讲解国家的成立及中国的历史和现状并描述了世界发展的大趋势："地球各国必由野蛮而开化，而文明。"接下来论述了国家和国民。两者之关系犹如树木和森林，"文明之国之民无不视国事如己事"，然而"我国之民都不知国家为何物，闻人谈国事则掩耳而走"。编著者指出"国民非人民之谓也。有人民则有国家，国家治人民，人民受治于国家，国自国，民自民也。国民则异是。国民者，与国家有团结不解之情，视国家休戚荣辱如我身之休戚荣辱"。所以"人民者国人公共之称，国民者国人特别之称"。尽管从权利的角度看，"泰西各国人民有议政之权……中国之民无议政之权"，但是编著者仍然认为"能守本国之法律、爱本国之同类、视国事如家事者，皆可谓之国民"。在国民义务的大段论述之后，编著者详细阐述了国民所应具备的素质：爱国、忠义、独立、进取、竞争、不信天命、勇武等。

该书第二部分从课文标题就可以看出是中日国情制度的比较：中国政府、中国地方制度 vs. 日本政府及地方制度；中国官制论 vs. 日本国会及地方议会；中国学校 vs. 日本学校；中国兵制论 vs. 日本征兵法；中国司法各官 vs. 日本裁判制度；中国刑罚 vs. 日本刑罚；中国地方警察 vs. 日本地方警察。编著者详细论述了中日两国的异同，还专门在“论科举之害”“中国刑狱之惨”“中国狱讼之害”等课抨击了中国教育制度、司法制度的落后。但是编著者原来设想的“国民与国政之关系，国民于国政上应享之权利、应尽之职分”等的内容则非常贫乏，只有第53课“释权利责任”谈到了“国家有收税之权利，国民有纳税之责任；遇冤抑事，国民有申诉之权利，国家有保护之责任”。

第三部分是讲解经济学常识的内容，如编著者所说，目的是“以祛流俗之锢惑，进社会之幸福”。通观全书可知编著者的意图完全在于启迪民智，提高“民度”（即国民的文明程度，这是当时东亚极流行的一个词）。

《国民读本》采用浅显的文言，没有标点断句，但是加有圈点，提示重要内容。但无论是内容还是形式都不适于失学的民众自学。该书1903年2月初版刊行，到1905年6月已经印了9版，可见社会上需求之大。

（二）关于高步瀛、陈宝泉编的《国民必读》

《国民必读》，高步瀛、陈宝泉编，[①] 初版为1905年。笔者架藏本扉页书名为“光绪丙午（1906）季秋之月/国民必读/南洋官书局重印”（见图10－2）；封二书有“清光绪三十一年（1905）/北洋大

---

① 高步瀛（1873～1940），字阆仙，河北人，曾中举人，1902年赴日在师范学校留学，回国后任直隶视学，1906年起任学部主事，北京师范大学教授等职。陈宝泉（1874～1937），字筱庄、小庄，天津人。1903年留学日本，1904年回国后在天津从事民众教育，参与劝学所、宣讲所的设立。1905年与高步瀛一起随严修供职清学部，民国以后也长期从事教育行政。

臣学务处编译奉谕重印/国民必读/编者高步瀛·陈宝泉/南洋官书局"。石印本 1 册，全书 61 页，分第一编 13 课，第二编 14 课。课文为口语体，无标点符号，但以空格断句。目录页的书名为"通俗国民必读目录"，特殊强调了本书的通俗性质。上海图书馆藏本封面有"学部第一次审定初等小学暂用书目"的签注，卷末附有"学部第一次审定初等小学暂用教科书凡例"，可知该书通过了学部的审定，被选定为暂用小学教科书。该书虽然得到了政府的认可，但是书中的内容似乎并没有让政府完全满意。① 该书包括重印本发行达 10 万册之多，② 在国民必读一类书中是较易阅览的一种。目录如下：

图 10 – 2　高步瀛、陈宝泉编《国民必读》书影

---

① 《学部通行各省宣讲所应讲各书文》所附录的《学部采择宣讲所应用书目表》（见《学部官报》第 4 期，1906 年 9 月 17 日）有"国民必读，三册，陈宝泉，高步瀛，直隶学务处"，备注栏旁注"是书专在国民教育及道德教育，正合宣讲之用。惟一册第七课及三册第八课有误处"。笔者未见三册本，详情不得而知。如果是三等分的话，每册收 9 课，第 1 册第 7 课是"说中国古时尚武的精神"；第 3 册第 8 课是"说自治"，两课的内容都不正确。详后。

② 陈宝泉：《五十自述》，《退思斋文存》，文海出版社 1970 年影印本。

第一编目录

第二编目录

由目录可知，第一编主要就国民和国家之间的关系进行阐述，但是编者一方面对国民的义务做了详细说明，另一方面对国民的权利却语焉不详。在第二编中，编者阐述了作为一个国民应该具有的能力、品质以及国民所应负起的责任。编者指出国际大环境越来越严酷，中国正处于危难之中，但是与此相比，更严重的问题是人口虽众，可称之为"国民"的却寥寥无几。因此，该书把重点放在培养国民的问题上，特别强调做一个合格的国民必须接受教育，只有每一个人都努力提升文明程度，使自己成为合格的"国民"，中国才有希望。编者在第一编第 12 课"说外国人待我国人的情形并所以至此的缘故"中交织着个人的体验写道：

> 孟子说得好，人必自侮，而后人侮之。我们中国人，亦有一种取侮的毛病。我是中国人，如何说我们中国人的不好，说不好，正是望着我们好的意思。记得去年从日本回国，坐着日本的轮船，路经高丽的仁川海口，彼时有许多我们中国人上船，行李才放在坐舱内，忽见日本人将行李全数掷出，中国的船客也全数推出舱外，说不准你们与日本人同舱。中国人在船面上坐了十点多钟，才引到一个货舱里。那时我十分生气说，一样的船票，何故不能坐一样的舱？明明是欺负中国人。但听他们暗里说话，是嫌中国人吸烟的多、作贼的多。我更心中不服，慢慢走到货舱里一看，见十几盏烟灯已点得十分明亮，已中了日本人头一句话。到下船的时候，日本人又说失去饭碗，各处搜查，偏又从我国人行李内搜出，被日本人痛打了一顿。诸君你说那种情形岂不令人气死么？但气死亦无益，总须大家争一口气，不作外人看不起的事。若是他们不以礼相待，我们原可以理相争，自己争气，亦就是为国家争气了。

中国人之所以受到外国人的歧视和羞辱是由于自己本身不争气！教科书上出现这样的内容已经是不同寻常了，可见陈宝泉对提高民众文明程度的迫切心情。但是，为了达成这一目的，著者同时面对着形式和内容两方面的课题。从目录中可以看出，编者所展示的教育内容极为庞杂，有"体育""德育""智育"等新式的内容，也有"孝亲""兄弟友爱""夫妇和睦"等传统伦理道德框架下的东西。① 尤为有

---

① 两个编者既有传统的知识背景，又有留学日本的经历，对新思想、新知识的引介也有强烈的意愿。这在内容上也有反映，如在"兄弟、夫妇、宗族"一节，加上了题为"姊妹、戒早婚、社会道德"的附录。

趣的是讲解新知识时使用中国传统的例子，讲伦理道德时却又使用了西方等外国的例子。例如，"说体育"举了晋代陶侃锻炼身体，拯救国难的事例；"说信实"却介绍了少年华盛顿诚实的传说。又如在第一编第7课"说中国尚武的精神"中，用数百字介绍了孔子的事迹、胡服骑射、完璧归赵、击缶鼓瑟、围魏救赵等。编者一方面力图使读者理解作为国民的义务，另一方面又希望通过使用中国古代的例子，使他们能保持中国固有的价值观、道德观。《国民必读》是一本"以中国之伦常名教为本，辅以诸国富强之术"的中体西用色彩极强的书，与朱树人的《国民读本》相比内容要陈腐、保守得多。①

《国民必读》既然要提高一般民众的文明程度，就必须最大限度地让读者理解书中的内容。为此该书采用了口语体，如第1课"说国家与国民的关系"的开头："此书的宗旨，是讲国民教育，所以先从国家与国民的关系说起。如今我中国的民人，有个最不好的习俗，遇着国家有事，就说这是国家的事，不与我民人相干。此等话可算是最糊涂的了。试问民人是何国的民人，国家是何人的国家？若国家的事与民人无干，是国家自国家，民人自民人，如何能唤作国民呢？须知国民二字，原是说民人与国家，不能分成两个。国家的名誉，就是民人的名誉；国家的荣辱，就是民人的荣辱；国家的利害，就是民人的利害；国家的存亡，就是民人的存亡……"

课文中使用了语气助词"呢"，是讲述的语气，原文没有使用标点符号，但是使用空格把句子断开，并根据内容的难易加了很多说明性的夹注。该书在形式上竭力模仿《圣谕广训直解》一类的宣讲书，这也是其一大特色。

全书使用新术语不多，编者似乎在尽量避开使用术语。在术语定义方面，高步瀛、陈宝泉等也采用了和朱树人不同的方法，朱树人的

---

① 两者在概念理解上也有不同之处。例如高、陈的《国民必读》下卷第13课"说自治"，其实说的是自我约束、管理的事。

典型定义为"公民者，享有公权之民也"，而高、陈的则如下：

何为军国民教育？是令一般国民，全受国家教育，全有军人资格，就是军国民教育了；

何为军国民制度？就是通国皆兵……

高、陈的《国民必读》显然更适合普通民众阅读。

（三）孟昭常编《公民必读初编》《二编》

《公民必读初编》《二编》为孟昭常①著，屠绍屏校正，光绪三十三年（1907）八月由预备立宪公会发行，② 中华书局印刷，商务印书馆发售，铅印本 2 册，正文初编 43 页，二编 45 页。③ 预备立宪公会会长郑孝胥在序言中说："天下之望立宪亟矣。自政府以至官吏，皆曰吾民之程度不及也。然则中国果已具有立宪之政府官吏，独无立宪之国民乎？吾欲为国民辩而顾不能为之辩。何也？彼诚狃于倚赖之习俗，闻地方自治之语，则色然而骇，瞿然而却走。"编者期待着以该书使读者的觉悟有所提高，认识到自己的义务。该书目录如下：

---

① 孟昭常（1871~1918），字庸生，常州人。1892 年乡试及第成为举人，1903 年作为官费生赴日本法政大学留学，1905 年回国，与郑孝胥等创立预备立宪公会，后任副会长。
② "预备立宪公会"是清末立宪派的政治团体。1906 年 12 月 16 日成立于上海，会长郑孝胥，副会长张謇、汤寿潜。会员主要为江苏、浙江、福建的官绅和上层资产阶级分子，约 270 人，主要人物有朱福诜、孟昭常、赵凤昌、温宗尧、张元济、刘厚生等。以"奉戴上谕立宪，开发地方绅民政治知识"为宗旨，进行改良主义的政治活动。预备立宪公会以筹备立宪事宜，推动清政府立宪，提高人民对宪政的认识为中心，同时还出版了大量宣传普及宪政知识的书刊，开办了法政讲习所，以推动地方自治的进行。
③ 《公民必读》销售火爆，据说河南巡抚购入初编 1 万册，广西巡抚 1908 年 11 月一次购买初编、二编 10 万册。笔者架藏初编为宣统二年三月第 27 版，二编为第 16 版。热衷于自治运动的地方官绅多一次性大量购买，唯不知一般读者的购买、阅读情况。

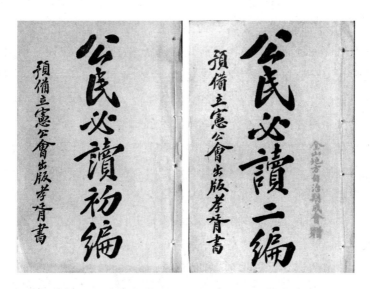

图 10 - 3　孟昭常编《公民必读初编》《二编》书影

　　关于该书的目的和内容，孟昭常在初编"例言"中说，该书是为培训村镇议员而编写的，最后几章包括了厅州县一级议会的内容。省议会、国会的知识、法律、官制等内容对于国民也是必需的，但不在初编里涉及。在二编的绪言里，孟昭常说，各省议会及国会的议员都是由城乡的公民所选，为使全体国民负起立宪国民的责任，必须要有省议会和国会的知识。所以二编着重讲解省议会的内容。人民必须持有高度的国家观念，这些都与自治能力有关。所以该书重点介绍立宪国家国民的地位。但是，从目录就可以看出，实际上以地方议会的组织形式、选举、财政、教育、税收等地方自治体所必需的信息占据了大部分篇幅。与其说这是一本造就国民的启蒙书，毋宁说是一本关于地方自治体设立、运作的说明书。例如，在"公民"一节，公民的资格、应有的素质、知识等并没有涉及，而是对公民如何获得选举权做了不厌其烦的说明。编者把光绪关于立宪的上谕放在卷首，可见是要推进由上而下的改革。孟昭常的《公民必读》中把对自治理念的介绍放在第二位，重点是具体的实施方法。这本书完全以日本的自治为模板，很多内容就是日本相关法律、条例的翻译。孟昭常在日本法政大学留学两年，郑孝胥也长期在中国驻东京使馆工作，充分利用日本资源是顺理成章的事情。

　　下面让我们来看一下《公民必读》的文体和词汇。第一节地方自治的理由是这样开始的：

　　　　朝廷宣布上谕预备立宪，我百姓便当知立宪是何等意义，立宪意义，讲解明白，然后可勉为立宪国民。今欲为我父老子弟讲明立宪之意义，盖非一言所能尽。其最切于我百姓者，莫如官民共负责任一语。盖几千年来，我百姓皆不负责任，故一代之盛衰强弱，我百姓皆委之气数。不能为国家分一分心、尽一分力，以至于倾颓而不能救，此皆我百姓之罪也，抑岂惟一国之大事为然。即地方上之利害，我百姓所身受者，亦皆仰望官府而不能自谋。譬如一乡之中,生计缺乏,我乡人实受其弊,而我父老子弟漠然不觉也。即有一二人知之,亦只咨嗟太息,而无可如何也。今朝廷预备立宪,盖深知我百姓无责任之害,故欲改无责任制度为有责任制度。责任何在?关于全国者为议院,关于一方者为地方自治。议院未有明文,故先与父老子弟言地方自治。

从句型和词汇上,我们能感觉出这是刻意在营造一种演说的文体。原文章施有标点符号(仅句号),方便阅读。但是这些都是开头的一小部分,一进入实质性的议论,文章就逐渐变得生涩坚硬起来。

第一章第三节自治权之行使:我百姓既有此自治权,则必有行使此权之方法。盖一方之公事,必有一代表之主体焉。以中国旧制度例之,即城厢乡图董事是也。夫自治系地方共有之权,则其代表之董事,必由地方上公举之。

第二章第二节公民之意义:公民者,享有公权之民也。何以能享有公权而别为公民,曰论公权之实义,凡为我中国之民皆有之。特行使此权当具一定之资格公民云者,明其有资格以示表异也。

大量使用的文言虚词,如"此""则""之""盖""焉""也""夫""系""其""何以""曰""皆""云"等就是文体发生变化的因素。同时,"自治权""行使""代表""主体""公民""公权""资格"等术语在不加任何说明的情况下出现,无疑也将严重妨碍一般民众的理解。

孟昭常在例言中说,"本书遵循日本的公民读本,但并不是单纯的沿用日书的术语和文体"。但实际上,如"盖住民者,国民之本位也;公民者,立宪之体质也"。"日本法,在市町村内有住所。引续二年以上者为住民"等定义中的"住民""本位""引续"都是日语词,对中国的读者来说,并不熟悉。

那么,以立宪和地方自治为主,以介绍公民及地方自治的理念、制度、组织形式等为主要内容的书，为什么不能一直使用口语文体呢？笔者认为其中有编者语言能力的局限和读者更易理解文言两个原因。蒋林在分析梁启超为何用浅文理（浅显的文言）翻译日本政治小说时，列举了三个理由，一是文学修辞上的需要，二是译者的价值判断，三是读者的喜好。① 作为那个时代的政治小说等文学作品，也会有一定数量的学术用语，但总体上不会太多。但是，人文社科类的书籍，既不是文学作品，也不是工艺制造的技术书，有着自己的特殊性，存在表达内容所需的术语上的束缚。人文社会科学不一定像文学作品那样需要修辞和表达感情等特别的句型，但是要求正确的和有区别性的叙述，此外洗练和简洁也很重要。《公民必读》的文体坚涩的理由就在这里。同时，关于教科书使用白话，杜亚泉指出：

> 惟初等一种，参用白话，鄙意未敢以为是。盖以白话入书，不如用浅近文辞之易解。且孰为白话，孰为文辞，小学生胸中，未必即能辨别。若惯用白话书，则将来作文时，必至夹入白话，转多障碍矣。例如使钱若干，不如用钱若干之易明。打了三只碗，不如打破三只碗之易解。若书中习用使字、了字，则学生作文时，必将此等字夹入文中，触处皆是，不能自别，不但不成文理，反令人费解矣。言文不一致，为吾国交通统一之大碍。惟用浅近文辞，则言与文或可渐趋于一致。若参以白话，使文言杂用之，则各处有各处之白话，必至各处有各处之文辞，而文辞亦将不能一致矣。盖我国语言多异，而文辞相同。故欲统一语言，是当以言就文，不当以文就言也。②

杜亚泉反对教科书使用白话的主要理由是：（1）会损害文章的价值

---

① 蒋林：《梁启超豪杰译研究》，上海译文出版社，2009，第110～112页。
② 《杜亚泉致某君书》，《教育杂志》第1年第9期，1909年，杂纂第62页。

（不成文理）；（2）有碍准确的表达（令人费解）；（3）各地方言直接进入书面语会造成沟通上的障碍。文章价值是受众审美情趣的问题，不同的时代有不同的标准，但是讨论全国范围内的自治问题的预备立宪公会，对文言的准确性和普及性自然不能等闲视之。关于这个问题，我们在讨论《国民必读课本》时，会再次探讨。

（四）关于学部编《国民必读课本》及《简易国民必读课本》

清政府 1906 年宣布预备立宪，1908 年秋公布预备立宪事宜清单。[①]清政府认为民众的识字率和民众关于国家的知识是否充足等是左右立宪成败的关键，遂命令学部编撰《简易识字课本》和《国民必读课本》。《简易识字课本》于 1909 年末编竣，《国民必读课本》以"初稿"的形式，于 1910 年 2 月初（宣统元年内）完成。又过了半年，当初并不在预备立宪事宜清单之中的《简易国民必读课本》刊行。《国民必读课本》铜版印刷，4 册，甲编上 24 页，甲编下 47 页，乙编上 75 页，乙编下 93 页，共计 239 页，10 万字左右；没有版权页，封二上有"宣统二年正月，学部图书局印行"。宣统二年正月是在1910 年 2 月 10 日至 1910 年 3 月 10 日。扉页上有"此本专备实验之用，不许翻印"。不署执笔者。《简易国民必读课本》宣统二年（1910）秋九月刊行，学部编译图书局编纂、印刷、发行。上卷 96 页，下卷未见。《简易国民必读课本》可以说是《国民必读课本》的简略口语版。

二　预备立宪与《国民必读课本》的编纂

作为准备立宪工作的一环而编撰的《国民必读课本》，在提高民度的意义上和高步瀛、陈宝泉等的国民读本旨趣相同。但必须指出的是，

---

① 《宪政编查馆、资政院会奏进呈宪法大纲暨议院法选举法要领及逐年筹备事宜折附清单二》，故宫博物院明清档案部编《清末筹备立宪档案史料》上册，中华书局，1979，第 54～57 页。

从文明书局等民间出版社开始的民众启蒙教育的尝试，通过直隶学务处、预备立宪公会等地方政府或半官方组织的参与，和近代教育制度的建立、宪法制定等问题挂上了钩，这一切最后又被收敛到学部主导的《国民必读课本》编撰计划中。这样，原本根据各种不同的目的、理念而推进的"启迪民智"的努力，变成了清王朝为维持现有体制而推行的造就"臣民"运动，只不过换成了"陶铸国民"的招牌。或者我们应该认识到：清末"国民必读书"的刊行，其本身就是近代国民国家建构的不可缺少的一个步骤。因此这本可以称为官定"国民制造手册"的《国民必读课本》，必须放入清末社会变革和立宪自治的历史大局中来考察。

宣布预备立宪两年之后，1908 年 8 月 27 日，清政府宪政编查馆资政院王大臣奕劻、溥伦等所上奏折《宪法议院选举各纲要暨议院未开以前逐年应行筹备事宜》被批准。① 这个奏折所附的《九年预备立宪之清单》，对立宪准备期及直到宪法成立为止的九年间，每年所需实施的具体事项和进度都有记载。这份类似路线图般的计划实际是由生于湖南省，有留日经历的杨度拟定的。② 杨度将一般民众国民意识的牢固确立视为立宪的必要条件。③ 该清单列有 80 余条项目，但可

---

① 清政府于 1905 年 7 月 16 日颁《派载泽等分赴东西洋考察政治谕》，向外国派遣五名大臣，开始准备立宪。1905 年 11 月 25 日颁《设立考察政治馆参酌各国政法纂定成书呈进谕》；1906 年 9 月 1 日颁《宣示予预备立宪先行厘定官制谕》，正式宣布仿行宪改。参见《清末筹备立宪档案史料》上册，第 44 页。

② 张一尘《古红梅阁笔记》中记述如下："湘潭杨皙子度，袁（世凯）、张（之洞）二人所欲见而未得者，会自日本回籍临其伯父之丧，二公乃电令湖南巡抚咨送入都，乃以四品京堂在宪政编查馆行走，与浙江劳乃宣同时被荐。九年预备立宪之清单，即杨所草定而通过者。"刘晴波主编《杨度集》第 2 册，湖南人民出版社，2008，第 504 页。

③ "……至开议院以前应行筹备各事，头绪至为纷繁，办理宜有次第……综其大纲，预备自上者，则以清厘财政、编查户籍为最要，而融化满汉畛域、厘定官制、编纂法典、筹设各级审判厅次之。预备自下者，则以普及教育增进智能为最要，而练习自治事宜次之。……人民程度尚有未及，何以副选举被选举之资格，地方自治尚无规模，何以享受权利，担任义务。"参见《宪政编查馆、资政院会奏进呈宪法大纲暨议院法选举法要领及逐年筹备事宜折 附清单二》，《清末筹备立宪档案史料》上册，第 54～57 页。

供施行的内容可以缩略为 14 项。[1] 这 14 项中自第一年就开始施行的便是编纂《国民必读课本》。这一工作由学部负责，其计划如下：

　　　　光绪三十四年第一年……一颁布城镇乡地方自治章程……一编辑简易识字课本学部办；一编辑国民必读课本，学部办。……
　　　　光绪三十五年第二年……一颁布简易识字课本，创设厅州县简易识字学塾，学部各省督抚同办；一颁布国民必读课本，学部办。……[2]

　　即学部于第一年编纂《国民必读课本》，翌年颁布。[3] 清政府将《国民必读课本》视为"使所有人了解国民的大义，奠定立宪的基础"的重要手段。[4] 该课本的编纂工作被视为立宪的重要准备工作之一。1908 年 8 月末，政府令学部"每届六个月，将筹办成绩胪列奏开，并咨报宪政编查馆查核"。[5] 社会各界对编纂工作也多有期待。
　　依据学部的奏报与《教育杂志》的报道，《国民必读课本》的编

---

[1]　梁启超说："考筹备案，且列八十余目以塞篇幅，按其内容实只得十四项：一曰设立咨议局、资政院，二曰调查户口，三曰编纂法典，四曰司法独立，五曰办理巡警，六曰办理地方自治，七曰编订官制、官规，八曰清理财政，九曰编国民课本，十曰变通旗制，十一曰设行政审判院，十二曰设弼德院，十三曰颁布宪法，十四曰颁布议院法及选举法。"沧江（梁启超）：《论政府阻挠国会之非》，张枬、王忍之编《辛亥革命前十年间时论选集》第 3 卷，第 636 页。

[2]　《东华录·东华续录》第 17 册，第 5976 页。

[3]　在此之前有编纂、颁布《简易识字课本》的要求，关于《简易识字课本》，参见沈国威《关于清学部编简易识字课本（1909）》，『或問』17 号、2009、83～100頁。沈国威《关于清学部编简易识字课本（1909）》，《清末の中国語》韓国：学古房，2011，第 209～233 页。

[4]　《学部试行国民必读办法折》，《教育杂志》第 2 年第 3 期，1910 年。

[5]　《九年预备立宪逐年推行筹备事宜谕》（光绪三十四年八月初一日），《清末筹备立宪档案史料》上册，第 67～68 页。"一、九年筹备事宜，钦遵懿旨，责成内外臣工，每届六个月，将筹办成绩胪列奏开，并咨报宪政编查馆查核。应自光绪三十四年八月起至十二月底为止为第一届，以后每年六月底暨十二月底各为一届，限每年二月内及八月内各具奏咨报一次。"即第一次的监查在颁布谕旨四个月后的十二月，以后二月和八月必须报告。

纂工作被交给学部图书编译局负责。当时的编译局局长袁嘉谷（光绪二十九年经济特科状元）令编书课国文系的高等小学用国文必读、简易识字课本的编纂成员杨兆麟、黎湛枝、陈云诰、王用舟、陈宝泉、曹振勋等执笔。[①] 原本期待下属受命之后会尽快着手编纂，但似乎工作迟迟没有展开。1908 年 11 月 14 日光绪帝驾崩，《申报》发表论说（即社论）《新皇登极后亟应筹备立宪》批评说："查今秋七月宪政馆原奏，第一年筹备立宪事宜，除咨议局各省已办外，他若《城镇乡地方自治章程》《调查户口章程》，责成民政部筹办，而至今寂然也。《清理财政章程》责成度支部筹办，而至今寂然也。设立变通旗制处，筹办八旗生计融化满汉事宜，责成军机处筹办，而至今寂然也。编缉《简易识字课本》，编辑《国民必读课本》，此学部之责，而尚未见有端倪也。修改新刑律，编订民律、刑事民事诉讼律等法典，此修律大臣法部之责，而亦未见有端倪也。凡此种种，皆为今年第一年应办之事，又皆为备之自上不可再缓之事。虽无顾命督策于后，亦当全力进行，急起直追，蕲合于筹备之义。乃各馆臣玩愒岁月，毫不建树，时经三四月之久，而尚无一两事之颁布。"[②] 《申报》1909 年 1 月 17 日再发论说《今年要事论略》，告诫学部编辑《国民必读课本》等 "皆为筹备立宪最要之端，而又为第一年必办之事。虽各部或有不能照章办齐之处，然此乃各部之自负景皇帝"。[③] 改元一新后，《申报》在论说《论宣统元年之筹备立宪》中又一次督促学部 "群策群力，急起直追，则去年未备之事，可以补行。翌年踵至之事，可以序进。此一年者，为九年中最可宝贵之年也。不然，而得与此相反之结果，何以对景皇帝与今上耶"。[④] 其实学部已于 1909 年

---

① 参见《第二次编译图书局备览·职员表第四 任事表一》，《学部官报》第 97 期；《第二次编译图书局备览·现时编译书目表二》，《学部官报》第 100 期。

② 《申报》1908 年 12 月 3 日。

③ 《申报》1909 年 1 月 17 日。

④ 《申报》1909 年 1 月 26 日。

1月9日上《情形折》，汇报6个月的工作进展情况了。在详细介绍编纂的方针、方法的同时，也对编纂工作进展迟缓做出了解释。①

从《情形折》中可知，学部首先确定了"使人人皆知人伦道德及应用之知识为主。宗旨必须纯正，事理亦期通达，要在简而不陋、质而不俚"的宗旨，继而收集业已面世的此类书籍，在加以详细的研究讨论后，指出了以下不足之处：

第一，记述的事例多是假设，不能实证；

第二，用语、术语不统一，使读者不知所措；

---

① 本折原文如下："谨按单开第一年臣部筹办之事为编辑《国民必读课本》《简易识字课本》……窃维编定此项课本，其宗旨在使人人皆知人伦道德及应用之知识为主。宗旨必须纯正，事理亦期通达，要在简而不陋、质而不俚，始为合用。臣等受命以来，先集坊间所出各本，详加核阅，综其大端，盖有数弊：事多假设，不能征实，其弊一也。杂列名词，无复抉择，其弊二也。方言讹语，不便通行，其弊三也。文义艰深，索解不易，其弊四也。卮言异说，惑乱人心，其弊五也。今兹编定课本，必先祛此五弊。前经派令臣部图书局审定科各员，本此宗旨，酌拟办法，先编凡例，各抒所见，以备采择。旋据各员先后呈稿，臣等审筹熟计，至于再三……《国民必读课本》……顾名思义，似应敬辑列圣谕旨及圣贤经传以示标准而资遵循。拟谨编为二种课本。一种理解较浅，范围较狭，征引书史较少，其天姿较高者期以一年毕业，逊者一年半毕业。一种理解较深，范围较广，征引书史较博，其天资高者期以二年毕业，逊者三年毕业。其编辑之法，拟各分上下二卷。上卷慎采经传正文，以大义显明者为主，兼采秦汉唐宋诸儒之说以证明之。正文之下，附以按语，凡群经大义切于修身之要者，前史名论益于涉世应事之宜者，以及诸子文集、外国新书于今日国家法政世界大局有相关合者，皆为今日应用之知识，均可择要采取，推阐发挥，以渝其智虑，拓其心胸。下卷敬辑列圣谕旨。凡有关于制度典章之大者，慎为辑录。仿圣谕广训直解之例，敬附解释，俾易领会。盖有圣训及经传大义以坚定其德性，复有解释发明以开浚其知识。既合古人正德厚生之教，更符近世德育智育之法。庶几乡曲愚氓，皆明于忠君报国之义，而识字较多，智识较灵，并可藉以为谋生学艺之资矣。此编辑《国民必读》之大略也。窃维此项课本，关系极重，为人心风俗之本原，教育普及之枢纽，实不可稍缓之举。而稽之载籍，古无其书，采诸异方，未适于用。深恐稍有疏舛，贻误全国人民。惟坊间所编，既多流弊，臣衙门各员所拟亦未能遽臻精善，用是稍稽时日，未能速成，现经臣等博访通人，多考成式，手定体例，随时商榷，本月内甫经商定办法，此全国学术初基所系，臣部职任所关，不敢不再三审慎，务求妥善适用。一俟编辑成书，先在京师地方教授数月。如果易简理得，士林称便，再由臣部奏明请旨颁行，各省一体遵用。谨奏。光绪三十四年十二月二十八日。奉旨：依议。钦此。"《申报》1909年2月17日。

第三，使用方言和不规范语言，不利于普及；

第四，内容过难，一般民众不能理解；

第五，部分内容涉及言论过激的歪理邪说，有祸乱人心的危险。

总括之，学部奏称现有的同类书籍无一能使编纂者满意。编纂新的《国民必读课本》必须首先消除上述五点弊病。按照所定宗旨，制定编纂方法，统一格式。首先编纂者自由写作，提交初稿，然后由上司对草稿进行数次审查，这就是编撰的程序。学部在编纂时必须收录历代皇帝的谕旨以及古代圣贤的语录、文章，以作为行为规范。为此，应编辑初级、高级两种必读课本。初级内容简单，范围较窄，引用经典也较少。天资较好的学生一年、天资较差的学生一年半即可学完。高级内容较深，范围也较广。引用经典也较多，大致素质好的学生两年、稍差的学生三年能够毕业。两种书都计划分为上下两卷分别刊行。上卷谨慎选用经典中的文章，以晓明大义为主，并以秦、汉、唐、宋的儒家学说证明其观点。正文后附有解释。内容除经典中有助于修身或有益于人生的文章以及诸子文章外，还从外国的新书以及与国家的政治法律、世界情势等相关的于当今有用的知识中选取重要的内容一并收录，以使民众开启智慧，扩大视野。下卷慎重择取并收录历代皇帝的谕旨及制度、法令中重要的内容。仿照《圣谕广训直解》，添加注解以帮助读者理解。这样圣训以及经典大义就能使民众的道德得以巩固，进而通过解释使其知识得以深化。这样的方法不但与古代"正德厚生"的宗旨相合，也与现代德育教育的方法相一致。没有文化的民众既能在短时间内懂得忠诚大义，又能够识字，掌握生活技能。以上即学部所拟《国民必读课本》的编纂方针。《国民必读课本》是张示人心风俗的基准，关系到教育普及的根本，必须迅速完成，但当时并没有这样的书籍，在外国搜求到的范本在中国也不适用；民间编写的书籍则弊病甚多，编辑人员执笔的部分也并不完美。一旦出错就会误导全国的读者，因此无法迅速完成。但是学部已拜访了大量专家，参考了大量已有的图书，为确定体裁而随时展开讨论。于当月内应可确定编纂方法与细目。

　　奉命编纂《国民必读课本》四个月后，学部才终于确定了编纂方针，不得不说其过于缓慢。预备立宪第一年将近结束时，中央和地方政府的考核汇报和新年度筹备事宜计划也给学部造成了巨大的压力。江西、湖北、山东、江苏等处督抚所上的奏章里都有"《简易识字课本》《国民必读课本》为人民识字之要点……拟俟部定课本颁到，即当多设简易识字学塾，以期教育普及，预筹将来满足人民识字分数，无误立宪期限"的文字。各地都在等米下锅，不得不使用临时的课本，"俟学部颁布《简易识字》《国民必读》各课本，再行遵用，以归一律"。课本类的迟到必将延误立宪期限。[①]《申报》甚至发表论说《论今日新政无实行之气象》对现状表示不满。[②] 但这是为何呢？《申报》上的《京师近事》透露了此间的消息：

　　　　《国民必读》《简字课本》早经编竣，现宝侍郎提出张、荣两相皆在假内，若俟病瘥进呈，势必延误时日，不如派员回明两相，先由本部奏进。各堂皆以为然，约下期值日，即奏请鉴定矣。[③]

书已经编好，但学部大臣张之洞、荣庆都在病中，无法进呈。张之洞于 1909 年 10 月 4 日去世时，《申报》"京师近事"再发消息说：

①　参见《申报》1909 年 4 月 5 日、4 月 17 日、4 月 25 日、5 月 24 日、6 月 26 日、8 月 3 日、8 月 10 日、10 月 4 日的奏章。

②　《申报》1909 年 8 月 6 日。此前的一篇论说《论预备立宪之难易》（吴兴让稿）则说："关乎学务事项，谨按期限列表所开，为编辑简易识字课本，及创设厅州县乡镇简易识字学塾，编辑国民必读课本，仅此数事而已……至国民必读课本，则必按教忠教孝，奉公守法，勉天下为安分良民，此则君主立宪国之一定宗旨。宗旨即定，又无须乎深文奥义，则数文人足矣。"《申报》1909 年 7 月 16 日。

③　《申报》1909 年 9 月 9 日。

学部承编《国民必读》一书，早经纂妥，惟因张相断续请假之故，迟延至今，现经荣、严、宝三宪议定，于初十日奏呈钦览，请旨颁布全国，实行强迫教育，以九龄学童入识字学塾为入手，余皆分年递级进行。①

已经决定"初十日奏呈"了。迟延的原因除了学部大臣的病情以外，《申报》上还有另外一种说法：

《国民必读课本》为预备立宪第二年应办之要务，当时屡拟办法，文襄均不谓然，而亦无一定宗旨，因是迟延，迄未成书。现以期限迫促，审定科科长陈曾寿，乃从张文襄令孙处刺探意旨，始经编列条目，分派各员编纂。闻荣相曾致函各员，以广化寺为文襄灵爽式凭之地，② 仍宜轮班到彼从事编辑，期以年内成书，进呈御览，然后颁布通行。③

即学部数次提交编撰方案，但内阁大学士、学部主管大臣张之洞均置之不理，不得已负责编辑的张之洞的门生陈曾寿（员外郎）通过张之洞的孙子打探其真正的意图。根据得到的情报终于确定了方针和内

---

① 《申报》1909 年 10 月 24 日。

② 广化寺坐落在北京市西城区什刹海北边的鸦儿胡同 31 号，是著名的大型佛教寺院。全寺占地面积 20 余亩，拥有殿宇 329 间，共分中院、东院和西院三大院落。1908 年，张之洞将个人藏书存放寺中，奏请成立京师图书馆。次年获准，清政府派缪荃孙主持建馆事务。张死后停柩于此，有人揶揄荣庆迷信。"以张文襄灵爽式凭，即便于着手编纂《国民必读课本》。岂张文襄魂归天上，已备位文曲星与，否则必为奎星无疑。使或不然，而荣相何以饬各编辑员必于广福寺也。（原文如此，应为广化寺——引者注）"《中国伟人之不死》，《申报》1909 年 12 月 22 日。

③ 《申报》1909 年 12 月 21 日。《教育杂志》转载了这条消息，文字稍有改动："《国民必读课本》为预备立宪第二年应办之要务。当时屡拟办法，张文襄均不谓然，亦无一定宗旨。因是迄未成书，现由审定科员外郎陈曾寿，从张文襄令孙处刺探意志，始经编列条目，分派各员编纂。仍以广化寺为编辑所，期于年内成书，进呈御览，然后颁布通行。"《教育杂志》第 1 年第 13 期，1910 年，记事·本国之部。

容，开始分别着手编撰工作，打算年内完成交差。从这条消息看，《国民必读课本》似乎还没有最后完成。但《申报》此前曾刊登了来自北京的电报"学部奏呈《国民必读课本》奉朱批交南书房翰林院阅看"，① 四天后的"京师近事"又说：

> 学部堂官近将编译局所纂三种识字课本通名《国民必读》一书，公同鉴定，昨日随折进呈御览，当经摄政王批交南书房，着郑沅、吴士鉴、朱益藩、袁励准等详细阅看，一俟检校复命，即行请旨饬颁云。②

笔者猜测"昨日"（1909 年 11 月 29 日）进呈的《国民必读》只是初稿，郑沅等人阅后返还时，或有尖锐的批评，于是才有了严复的修订。

"国民必读书"是陶铸国民的利器，对此各派人士有着不同的主张。《情形折》，乃至后来成书的《国民必读课本》可以说是忠实地反映了张之洞的意图。③（详后）但是对张之洞的编撰方针，学部侍郎严修并不以为然。严修早在 1909 年 3 月 8 日（宣统元年二月十七日）的日记中就写道：

> 润沅来署谈小学事。闻南皮张相国之意仍欲将初等小学章程仍主张任，且不以润沅所言小学课本宜与立宪相合之说为然。朝廷日日言立宪，而政府之所见乃如此，将来之结局不堪设想。……④

即当天前来拜访严修的傅增湘向其汇报教科书的编纂情况，张之洞不

① 《申报》1909 年 11 月 26 日。
② 《申报》1909 年 11 月 30 日。
③ 参见关晓红《晚清学部研究》，第 181～187 页。
④ 《严修日记》第 3 册，第 1504 页。

同意傅提出的"小学课本宜与立宪相合"的意见。主张"中体西用"的张之洞认为立宪这样的政治思想不应与包含教科书在内的国民教育的启蒙书相关联。[①] 他大概是担心这样的新内容很有可能从根本上动摇"中体"。张之洞命令在《国民必读课本》中加入经典、圣谕等内容也是出于这种考虑。陈曾寿、潘清荫正是努力实现张之洞主张的捉刀人。面对这样的状况，严修哀叹朝廷虽日日言立宪，但政府的见解如此，将来的结果必定堪忧。严修曾在直隶推行教育普及，取得了瞩目的成绩，是在学部提倡直隶教育典型的代表人物。

1909 年 4 月 15 日《教育杂志》登载了名为《刊行国民必读之预备》的报道：

> 学部张荣两中堂，饬司编辑《国民必读》及《简易识字课本》，均已告成。具折进呈御览。奉旨依议。闻张相国已饬图书部按照原本刊印，预备开印后，即颁行各省。

这篇关于《简易识字课本》和《国民必读课本》的报道是错误的，尤其是后者按照张之洞的旨意刚刚开始撰写，并未"告成"。张之洞与学部侍郎严修、宝熙商议，为使编辑成员专心编撰，把编辑所转移到皇宫内的什刹海广化寺，张之洞在工作之余也亲自到编辑所"督饬"工作，[②] 试图把编撰工作完全置于自己的控制之下。

1909 年 9 月，预备立宪进入第二年。按照当初的计划，《国民必读课本》必须进入颁行阶段，但实际上却尚未完成。就在此时，张

---

① 实际上《国民必读课本》初稿甲编上言及"立宪"的只有一处。

② 《教育杂志》第 1 年第 5 期中"记事·本国之部"《国民必读课本之编纂处》："管理学部事宜张相国，以《国民必读课本》编纂一事，在能开发民智，关系重大。日前与该部左右侍郎严修、宝熙会商，以现在编订《国民必读课本》及《简易识字课本》，图书局因拟从速编订。遂饬令各员择地于后门外什刹海广华寺，开办编纂处，以便编制《国民必读课本》。派员编纂，以期速成。闻张中堂因与住宅不远，仍俟公暇，辄亲自督饬云。"

之洞去世。以张去世为契机，严修试图对张之洞确定的"一切学部事宜"进行大幅变更。① 甚至某受雇的日本教员在拜访学部尚书荣庆时都要向其确认"将来学务有无变更之宗旨"。②

严修等人的举动似乎激起了保守派的危机感。1909 年 10 月 11 日《大公报》上登载了一篇名为《某相请保存张相学制》的报道：

> 闻内廷人云，日前由某相国面请摄政王，以当庚子之后，新学振兴，时髦少年舍华逐洋，斯文几有将丧之虑。幸赖张故相管理学务，力挽颓风，处处以保存国粹为宗旨，国学因以复彰，应请饬下学部，凡张故相所订之学务章程，均须依旧遵守，不得轻易更改等语。闻王已有许可之意。

又一个月之后的 1909 年 11 月 14 日，刊登了《保存分科大学制度》：

> 闻昨日世相国面请摄政王，以前阁臣张之洞订拟分科大学之制度，系参酌中外情形而成，极为完善，现已陆续开办。应饬知学部，凡前拟一切章程办法不得轻易更改，以存张故相之遗志等情形，经摄政王允准闻其原因，系缘学部有拟请更易分科监督之举，已为世相所闻，故先行奏请阻止云。

摄政王载沣表明了要坚持张之洞的路线的态度，③ 学部尚书荣庆也不

---

① "张相国逝世后，一切学部事宜，严侍郎将大为更动，荣尚书则意不谓然，故日内荣尚书与严侍郎之意见不甚融洽。"参见《张相薨逝之影响于学务》，《申报》1909 年 10 月 14 日；关晓红《晚清学部研究》，第 191～194 页。
② 《张相薨逝之影响于学务》，《申报》1909 年 10 月 14 日；《张故相之影响于学务》，《大公报》1909 年 10 月 11 日："张相国逝世后，在京有日本教员某君，于学务一途极为注意。闻于日前曾至荣相宅第拜谒，询及将来学问有无更变之宗旨。"
③ "内廷人云，摄政王日前与枢臣言及数年来教育事宜多出自张相国之手，所有编订教科书籍，均与教育前途甚有裨益，应饬学部检查有无拟定未竟之书，仍按原意续为编订颁行，以终其意。"《张文襄之未竟事业》，《大公报》1909 年 11 月 1 日。

得不遵从。严修作为学部侍郎，虽然参与《国民必读课本》编撰事，但并未能将自己的意志渗透到实际的编撰工作中。在现场全权负责的是张之洞的门生陈曾寿和潘清荫。编辑成员中也有严修的部下，如曾在直隶学务处编纂过《国民必读》教科书的陈宝泉。陈宝泉在天津的时候由严修推荐，与高步瀛一同编纂了直隶学务处版的《国民必读》。该书销量达 10 万册之多，产生了非常大的影响。1906 年严修就任学部侍郎时也将高、陈二人带至学部。二人因在编写"国民必读"类教科书方面有经验，理所当然被分派编写各种《国民必读课本》和《简易识字课本》等。张之洞对陈宝泉编撰的小学用参考书审定目录"颇不慊意"，但是并没有阻挠陈参加《国民必读课本》的编纂，对此陈宝泉称其是"老成之人好恶不掩，良可钦佩"。[①] 其实，张之洞对陈宝泉等推进的直隶教育模式一直心存不满。在教育问题上，直隶、湖北两派龃龉，也表现在张之洞与严修对小学教科书的编纂方针与立宪的态度上。[②]

在这样的状况下，严修对《国民必读课本》的编撰自然并不十分热心，1908 年下半年以来的严修日记中也没有关于《国民必读课本》的记载。但随着既定刊行日期日渐迫近，学部尚书荣庆越来越焦急。严修在 1909 年 12 月 21 日的日记中如下写道：

> 十一月初九日，直日，五钟起，入直，与荣宝二公谈公。荣相盼《国民读本》成书至急，属余催督，至于长揖。访梧生……到署，理文牍，检查《国民读本》已成之稿本，与朗溪、幼陵熟商，暮归，倦极早睡。[③]

即荣庆与宝熙焦急等待着《国民必读课本》的完成，以至对严修

---

① 陈宝泉：《五十自述》，《退思斋诗文存》，第 93 ~ 100 页。
② 关晓红：《晚清学部研究》，第 175 ~ 181 页。
③ 《严修日记》第 3 册，第 1553 页。

"长揖"恳求。当日，学部两位高官严修、宝熙正式委托严复修订
《国民必读课本》（参照前文所引严复日记）。同日严修、林灏深与严
复进行了长时间的商讨，应是为了确定修改方针。这无疑是严修要抓
住最后的机会，在修正、校阅上使《国民必读课本》体现自己的主
张。① 严修以修改为借口，将《国民必读课本》的编辑权从以张之洞
的门生们为首的图书编译局收回，转移到以严复为总纂的名词馆。据
严修 1910 年 1 月 11 日的日记可知，属于图书编译局的陈宝泉 1909
年末前后已经不再做与编译相关的工作：

> 宣统元年十二月初一日，七钟半起，九钟前到署。进士馆学
> 员游英毕业，是日在部考试。吏部正堂李荫墀前辈来会考，余陪
> 之点名、散卷、发题。后李公小坐即走……到署午饭之后，荣相
> 宝侍郎偕至催办《国民必读》。严几道来谈《国民读本》事……
> 灯后归。佑宸、小庄偕来，略谈扩充私立小学及添办简易学塾事
> 宜。饭后佑宸先去，余与小庄至□□宣讲所参观。……②

即当天学部尚书荣庆和侍郎宝熙为催促编纂《国民必读课本》到学部
拜访。之后严复前来商量《国民必读课本》的相关事宜。同日严修与
陈宝泉在家中见面，两人商量扩充私立小学和添设简易识字书塾之事
后参观了宣讲所（夜校），但未曾提到《国民必读课本》这一话题。

严复接受了严修等人的请托，自 1909 年 12 月 21 日起至 1910 年
2 月 5 日的一个半月间，他一面感到厌倦，一面又颇费时间地修订了
学部陈曾寿、潘清荫所编《国民必读课本》。与此同时还让名词馆的
同僚们执笔撰写了"物理"部分。

---

① 以激烈的路线斗争和争夺主导权为背景，这也是当事者慎重对待编纂的理由。《情
　　形折》中可见对《国民必读课本》"不敢不再三审慎""此项课本，前无所因"
　　"细心编纂，公同核阅"的描述。
② 《严修日记》第 3 册，第 1554 页。小庄即陈宝泉。

三　关于《国民必读课本》初稿

严复 2 月 5 日提交了全部修订完毕的书稿。仅两日后，学部上奏《学部试行国民必读办法折》（以下简称"《试行折》"）。① 概要如下：

　　按照去年十二月上奏的《情形折》，学部主管大臣张之洞聚集

---

① 《学部试行国民必读办法折》（宣统元年十二月二十八日）：臣部上年十二月间，具奏编辑《国民必读课本》大概情形一折。奉旨允准在案。当由前管部大学士张之洞妙选通材，定明宗旨，手编体例，已具规模。迨本年八月以后，臣等以为日已迫，督饬承辑各员，妥速编辑。按照原奏，各分上下二卷。上卷以发明立教本旨为主，凡古人五教七教之制，六德六行之原，虽世变百出，而精理不刊。现在民德未纯，异说潜滋，尤应折衷名教，以防淆惑。举凡群经大义，前史名论，旁及诸子百家之粹语，东西通儒之学说，均已择要采取，曲畅旁通，揭明应知应行之宜，以为立身处世之本。下卷敬述列圣谕旨，以示标准，而资遵循。更辅以今世之制度，时局之关系，与夫国家富强之道，国民应尽之责，俾群晓然大义之所在，奉兴踔厉，与时偕行。冀收明体达用之益，虽编辑之本，各有浅深，而所以为国民完其道德，扩其智识，定其责任者，则大致相同，略无出入。考之《周礼》，以三物兴民，学校之内，所教者六德六行六艺，犹今之所谓普通学也。至于凡民之不入学者，又复因民之常，而施十有二教焉。十二教之目，前六者曰教敬、曰教让、曰教亲、曰教和、曰辩等、曰教安，皆人伦道德之事，此《国民必读》上卷之所自昉也。后六者，曰以刑教中，曰以誓教恤，曰以度教节，曰以世事教能，曰以贤制爵，曰以庸制禄，皆法律制度因时用民之事，此《国民必读》课本下卷之所自昉也。臣等原本礼经，确定宗旨，窃以此项课本，为古今教法之汇归，全国人民陶成之定矩，关系极为重大。虽经承辑各员，细心编纂，臣等公同核阅，凡有体例未合，词意未纯者，随时饬令删改。并由丞参各员，逐条覆校，兹经选定较深者一种，较浅者一种，以为课本之用。复选一种之文义广博，征引宏富者，以供参考之资。查各国编辑课本，颁行全国，必经实验其适宜与否，迭加修改，始臻完善。今臣部编纂伊始，此项课本，前无所因，惬心贵当，诚所不敢自信，拟即发交督学局，就近试行。一面发交各省提学使，悉心察验。并广征臣部咨议官各员意见，如有未当之处，仍应随时修正。至此各项课本，查照原奏，区分毕业年期，系专备各学堂暨简易识字学塾之用。惟于不能入学之人民，尚未筹及。伏惟我圣祖仁皇帝御制圣谕十六条，我世宗宪皇帝御制圣谕广训，先后颁行天下。凡士子岁科试，敬谨宣讲，以晓军民，亦复垂为故事。且有以白话演为直解等书者，取其语意浅明，妇孺共晓，与现纂《国民必读》之意隐合，臣等拟俟试行之后，熟查何种课本之尤为适用者，即据以演成通俗之文，作为定本，发交各地方劝学宣讲等所，广为教授传播，务使人人能明国民之大义，以植预备立宪之基础。十二月二十八日。奉旨：依议。钦此。

人才、制定宗旨、确定体例，编纂已有进展。本年八月以后（1909年9月）日期迫近，上司催促编辑者应迅速编辑。按照去年上奏，《国民必读课本》各分为上下两卷，上卷发明宗旨，虽然世事变迁，但古人的教义、制度、道德的基础是不变的真理。现今民众道德未确立，异说横行。故必须十分注意吸收圣人的教诲，防止邪说混入其中。必读课本，重点选择了各种经典大义，史书、诸子文章，博采中西著名学者的学说，了解生存之道，作为立身之本。下卷以敬述历代皇帝的谕旨为主，以便遵行。继而叙述现在的制度、世界的形势、富国之道、国民的责任等，使民众能知晓大义，与时俱进。这样就可以得到"明体达用"的好处。两卷的难易程度虽有差别，而在实现国民道德、扩充知识、认识国民责任方上并无不同。按《周礼》所述，三物兴民，学校中教授"六德""六行""六艺"，与今天的基础教养课程相同。对于不入学的人必须教授以下12项：前6项"曰教敬、曰教让、曰教亲、曰教和、曰辩等、曰教安"，全部都是"人伦道德之事"，是必读课本上卷的出发点。后6项"曰以刑教中，曰以誓教恤，曰以度教节，曰以世事教能，曰以贤制爵，曰以庸制禄"，全部是"法律制度因时用民之事"，是必读课本下卷的出发点。如此必读课本为古今民众教育之集大成者和国民教育的基本，是非常重要的书籍。因此编纂者倍加注意，细心编纂；学部的高层领导共同校阅，如有不合体裁的部分以及意思、用语不纯正的地方，随时令其修改。之后负责人逐一校阅，选择内容较深和内容较浅的部分，分别编纂两种教科书，另外编辑参考书一种。在全国使用之前必须预先实验，确认内容是否适当，再经过多次修订，使之完善。此次的《国民必读》是初创，既无参照，又无依据，全无自信。准备立即提交给督学局，就近试用。同时交发各省教育部门试用，认真观察效果，再进行修订。根据《情形折》的设想，这些课本专门供给各类学校及简易识字学塾，按照学生的学习年限使用。而供无法入学民众使用的课本尚未准备好。以前为了

宣传《圣谕》，有《圣谕广训》和其他口头讲解的书籍，这种做法
和《国民必读课本》有不谋而合之处。学部准备另外编纂一种白话
《国民必读》，在各地夜校、宣讲所使用。务必使民众明晓国民的责
任，以巩固立宪的基础。

如果把《情形折》视为《国民必读课本》编纂计划的话，那么
《试行折》就可以看成实际编纂结果的报告书。如表 10-1 所示，两
者之间存在着若干异同。

表 10-1　《情形折》和《试行折》内容比较

种类	《情形折》	《试行折》
第一种即甲编	一种理解较浅，范围较狭，征引书史较少，其天姿较高者期以一年毕业，逊者一年半毕业。 上卷慎采经传正文，以大义显明者为主，兼采秦汉唐宋诸儒之说以证明之。正文之下，附以按语，凡群经大义切于修身之要者，前史名论益于涉世应事之宜者，以及诸子文集、外国新书于今日国家法政世界大局有相关合者，皆为今日应用之知识，均可择要采取，推阐发挥，以渝其智虑，拓其心胸。 下卷敬辑列圣谕旨。凡有关于制度典章之大者，慎为辑录。仿圣谕广训直解之例，敬附解释，俾易领会	较浅者一种。上卷以发明立本旨为主，凡古人五教七教之制，六德六行之原，虽世变百出，而精理不刊。……举凡群经大义，前史名论，旁及诸子百家之粹语，东西通儒之学说，均已择要采取。施六教：教敬、教让、教亲、教和、辩等、教安，皆人伦道德之事，此《国民必读》上卷之所自昉也。 下卷敬述列圣谕旨，以示标准，而资遵循。更辅以今世之制度，时局之关系，与夫国家富强之道，国民应尽之责。亦施六教：以刑教中，以誓教恤，以度教节，以世事教能，以贤制禄，以庸制禄，皆法律制度因时用民之事，此《国民必读》课本下卷之所自昉也
第二种即乙编	一种理解较深，范围较广，征引书史较博，其天资高者期以二年毕业，逊者三年毕业。 上卷同第一种上卷方针 下卷同第一种下卷方针	较深者一种 上卷同第一种上卷方针 下卷同第一种下卷方针

首先，在《试行折》中，关于学习年限的文字消失了，应该是
将《情形折》的设想付诸实行了。按照《情形折》的设想，甲编上

卷首先选取四书五经上的句子，也可以采用秦汉唐宋儒家的言说。正文之下加上编撰者的按语。凡是修身养性、经邦济国、应用知识，都可以从诸子文集或者外国的新书中择要采用。甲编下卷的内容是关于国家制度的主要部分，首先采辑历代皇帝的谕旨，然后仿照圣谕广训的例子，进行讲解。至于乙编，《情形折》只规定"理解较深，范围较广，征引书史较博"，其他未加详论。可知甲编、乙编的区别只是内容的深浅和范围的广狭。

那么实际完成的《国民必读课本》情况如何？《试行折》明确指出上卷、下卷各为 6 项内容，上卷的 6 项"皆人伦道德之事"，下卷的 6 项"皆法律制度因时用民之事"。下画线部分在最初的设计上是上卷的内容。以下依次从体例、内容、词语的角度对《国民必读课本》进行分析。

体例：文言文体写成，没有句读，栏外有简单的说明。涉及上谕时上举二字，在文中，空一格。

内容：甲编、乙编相当于表 10 – 1 所记的第一种、第二种，目录如下。

甲编上 24 页　目录

　　尊孔　明伦　教忠　教孝　兄弟　夫妇　朋友　修身　立志
励学　力行　敦品　改过　守信　尚武　治家　合群　博爱
公义　公德　爱国　女学

乙编上 75 页　目录
　　修己篇三十三课
　　立志　求学　执业（总义士农工商兵）　宗圣　从师
交友　读书　濬智　慎言　谨言　制服　持敬　学礼　尚武　勤
力　崇俭　励廉　谦让　诚实　手正　知耻　改过
慎微　惜时　有恒　辨惑　卫生　致美

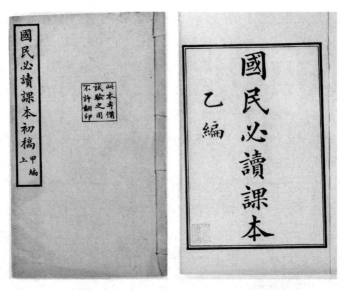

甲编封面　　　　　　　　　　　　　　乙编封二

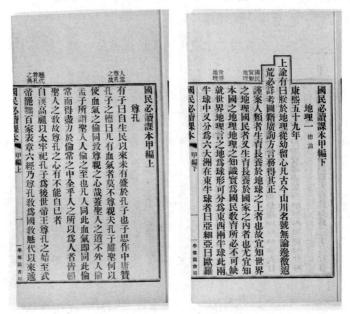

甲编上　　　　　　　　　　　　　　　甲编下

图 10 - 4　《国民必读课本》书影

治家篇十一课

孝亲（总义居致敬养致乐病致忧丧致哀祭致严处变）

兄弟　夫妇　教幼　睦族

报国篇九课

忠君　爱国　事上　奉法　急公　尽职　任重　合力　对外

处人篇十二课

存仁　行恕　践信　敬乡　敬老　恤穷　知人　公益　建学

兴业　广爱

如《试行折》所归纳，上卷"皆人伦道德之事"。内容较浅的甲编上卷，分为若干题目，首先选列圣人语录，然后加以解释。内容框架基本是旧有的体系，如"尊孔""明伦""教忠""教孝"等，但也掺杂了当时流行的内容，如"合群""博爱""公义""爱国""女学"等。只是在流行的题目下仍是陈腐的内容。如"女学"一节，第一句是"周礼九嫔掌妇学之法，以教九御，妇德、妇言、妇容、妇功……"，栏外的评语为"女学以周代为最盛"，"纠正男女平权婚姻自由之僻说"。（甲编上第23~24页）另一方面，程度较深的乙编上卷，展示的是"修己""治家""报国"三大主题。虽然增加了一些新的内容，但框架还是旧有的，叙述也全无新意。上卷"力倡国粹，尊孔读经"的内容可以说是忠实地反映了张之洞的主张。

下卷的目次如下：

甲编下47页　目录

地理　总论　中国　国土　人种　宗教　历史　圣泽　宪政

议会　官制　法律　赋税　学校　军备　农业　工艺　商业

矿产　交通　外交　总论　条约　待遇　外人　通商　权量

卫生　国民　国民教育　国民常识　立宪国民

乙编下 93 页　　目录

关于下卷的内容，《试行折》说"皆法律制度因时用民之事"，加入了"今世之制度，时局之关系，与夫国家富强之道，国民应尽之责"等《情形折》没有提到的内容，如"宪政""议会""国民""国民教育""国民常识""立宪国民"等。这是一个巨大的进步，但是在宣讲这些知识之前，往往有一段文不对题的"上谕"。在"历史"一章里还有一节被称为"圣泽"的清代历史。但是我们在下卷里找不到严复与他的同僚们所著的"物理""电学"等内容。① 从 2 月 7 日提交草稿到 3 月 10 日之前出版，如此短暂的时间几乎不可能将修改内容反映到最后的版本中去。或者把《国民必读课本》仓促付梓的学部高层，原来就没有加入严复等改编内容的打算，亦未可知。

与《试行折》的计划相比，有两点发生了变动。一是"复撰一种之文义广博，征引宏富者，以供参考之资"的参考书，即作为《国民必读》丙编的《国民必读课本经证释义》（平远编），但这本书实际并没有刊行。② 二是编辑一本口语的通俗本。《情形折》上并没有编纂白话本的计划，但是《国民必读课本》是以初稿的形式刊行的，在征集意见时，各地普遍反映"文理深奥"。《申报》刊登消息说："学部新编国民读本分甲乙二编，现因外间驳斥殊甚，乃以文理深奥，民间恐不能通晓为名，拟翻为白话，以便修改。"③ 很快宣统二年（1910）秋九月，学部编译图书局刊行了《简易国民必读课本》。该书的凡例如下：

　　一、本编谨遵本部光绪三十四年十二月奏章，编辑为简易识字学塾之用。

　　一、本编分为上下二卷，上卷章首慎采经传正文，下卷章首敬辑列圣谕旨，皆遵本部奏章。

　　一、本编上下卷每章皆分为数课，每课皆编为极浅显且极简括之语，以便学者记诵。

---

① 　按照严复《论今日教育应以物理科学为当务之急》（《严复集》第 2 册，第 278 ~ 285 页）中对"物理"的理解，《国民必读》乙编下卷中的"地理""农学""博物"等内容相当于"物理"，但仍没有"电学"的章节。

② 　郑鹤声《三十年来中央政府对于编审教科书之检讨》中可见"平远编国民必读本经证释义，张景山编识字教授书等，但未成书"，《教育杂志》第 25 卷第 7 号，1935 年，第 31 页。学部为颁发《国民必读课本》致江西提学使汤寿潜的照会也说："除丙编一种系备参考之用，俟排印成书再行咨送外，其甲乙两编业经排印完竣。"（1910 年 3 月 11 日）参见《江宁学务杂志》1910 年第 4 期，第 5 ~ 6 页。

③ 　《申报》1910 年 5 月 25 日。

　　一、本编每课后附有衍义，以发挥本课之意，教者可按照讲解（讲解时仍用俗语，无须用文言），不必强学者记诵。

　　一、本编间用附注，以便教者讲解时参考用之。

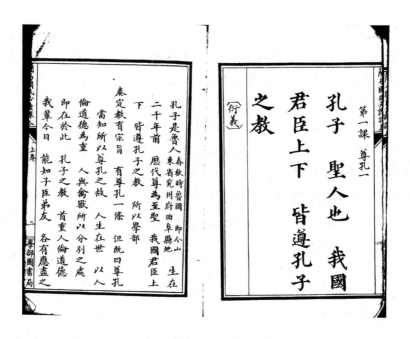

图 10 - 5　《简易国民必读课本》书影

力图用"极浅显且极简括之语"进行讲解。笔者架藏的书只有上卷，96 页，内容目录与甲编上卷相同。但两者所用的语言明显不同（见表 10 - 2）。

　　表 10 - 2 中的传统内容，之所以能以口语的形式表达，应该是得益于《圣谕广训直解》的语言积累，试比较两者如表 10 - 3。

　　表 10 - 4 是关于人类社会性的内容，《国民必读课本》的文章几乎不知所云，《简易国民必读课本》由于使用了大量二字词，要易懂得多，尤其是荀子之前的文字（见表 10 - 4）。

表 10 - 2　《国民必读课本》初稿和《简易国民必读课本》

文字表述上的比较

《国民必读课本》初稿	《简易国民必读课本》
尊孔　【人当尊孔之故】	第一章　尊孔
有子曰:自生民以来,未有盛于孔子也。子思作《中庸》赞孔子之德曰:凡有血气者,莫不尊亲。夫孔子虽圣,何以使血气之伦,同致尊亲之心哉。盖圣人之道,不外人伦。孟子所谓圣人人伦之至也。凡人同此血气,即同此伦常,而得尽力于伦常之中,全乎人之所以为人者,皆赖圣人之教。故尊孔之心,有不能自己者。自汉高祖以太牢祀孔子,为后世帝王尊孔之始,至武帝罢黜百家,表章六经,乃尊孔教为国教。历代以来,递加崇奉	有子曰:自生民以来,未有盛于孔子也 【附注】　本章所引经文,见《孟子·公孙丑》上。有子,孔子弟子,名若 第一课　尊孔一 孔子,圣人也。我国君臣上下,皆遵孔子之教 【衍义】　孔子是鲁人(春秋时鲁国即今山东省兖州府曲阜县地),生在二千年前,历代尊为至圣。我国君臣上下皆遵孔子之教,所以学部奏定教育宗旨,有尊孔一条。但既曰尊孔,当知所以尊孔之故。人生在世,以人伦道德为重,人与禽兽所以分别之处,即在于此。孔子之教,首重人伦道德。我辈今日能知子臣弟友,各有应尽之人伦;孝弟忠信,各有应全之道德。不至下同于禽兽,皆因受孔子之教方能如此。所以尊重孔子为国民第一要义。我国自汉朝以来,即尊孔教为国教,历朝尊崇之典礼,一代优过一代

表 10 - 3　《简易国民必读课本》和《圣谕广训直解》文字表述上的比较

《简易国民必读课本》	《圣谕广训直解》
上课所说自制的事,是从一身说起。此身从何而来呢?无论何人,全有父母。幼小的时候,离了父母,一刻不能生活。作父母的,宁可自己耐寒忍饿,不肯令孩子受一点屈曲。若讲到父母爱子的心肠,就是千言万语,亦说不尽。《诗经》上有云:哀哀父母,生我劬劳。又云:欲报之德,昊天罔极。真是父母的恩德,是与天一样的。要想报父母的恩德,只有尽孝一事	你们在怀抱的时候,饥了呢自己不会吃饭,冷了呢自己不会穿衣,你的爹娘看着你的脸儿,听着你的声儿,你笑呢就喜欢,你哭呢就忧愁,你走动呢就步步跟着你,你若是略略有些病儿,就愁的不得了,茶饭都吃不上口,不怨儿子难养,反怨自己失错,恨不得将身替代,只等你的身子好了,心才放下。……你从胞胎生下,赤剥剥一条身子,并不曾带一丝一线来,到如今有吃的、有穿的、爹娘的恩可报得尽么

表 10 - 4　《国民必读课本》初稿和《简易国民必读课本》
关于人类社会性内容的文字表述比较

《国民必读课本》初稿	《简易国民必读课本》
合群　孔子曰:鸟兽不可与同群。吾非斯人之徒与而谁与? 荀子曰:人力不若牛,走不若马,而牛马为用,何也? 曰:人能群,彼不能群也。可见古之圣贤,莫不教人以合群矣。削竹为矢,一童子能折之;聚竹为束,虽壮夫不能折,盖单则易败,众则难摧也。试观一家之中,同心合力以谋生计,则其家必兴;一乡之中,同心合力以谋公益,则其乡必治。古人有言曰:众志成城,众擎举鼎,群之为义大矣哉。不见夫儿童之嬉戏乎,结队而游,踶足而歌,欣然乐也。使独居一室之中,孑然无侣,则有嗷然而悲者矣。是合群之心,亦人之天性然也。 夫一家一乡者,群之小焉者耳,莫大于合一国之人而为群体,戚同之利害共之,万众一心以谋国家,如是而国不强者,未之有也。《书》曰:受有臣亿万,惟亿万心;予有臣三千,惟一心。夫亿万异心,殷用以亡;三千一心,周用以兴,亦因其能群不能群耳。以我国人民之众,甲于各国,诚能联全国为一体,合众民为一心,则国之强也,指日可待矣	第十七章　合群 孔子曰:鸟兽不可与同群。吾非斯人之徒与而谁与。 【附注】　本章见《论语·微子》　第一课 合群一　人生于世,不能离群而独立,故合群之道,不可不讲。人若离却社会,便不能生活。社会者,人群之所聚也。今就人方幼稚时言之,儿童在家庭,与兄弟姐妹游戏,在学堂,与同学幼儿游戏,便觉心思爽快,精神活泼,若令其独居一室,并无他人,必至悲啼号叫,求人作伴。可见凡人爱群之心,亦是出于天性。幼时如此,壮时可知。荀子有言(荀子,名况,赵国人),人力不若牛,走不如马,而牛马为用何也。人能群必不能群也。可见人所以贵乎万物者,亦在此合群之心,此不特人有是心,即禽兽亦有合群之心,如雁以群而成行,羊以群而聚处,皆其显而易见者。人若不能合群,则反不如禽兽矣。人能合群,则万众一心,以谋国是,其国必强

　　遗憾的是笔者始终未能得到《简易国民必读课本》的下卷,无法了解"法律制度因时用民之事"是如何用口语形式叙述的。

结　语

　　1910 年初《申报》发表论说,对《国民必读课本》寄予厚望:

　　　　《简易识字课本》《国民必读课本》今春亦将颁布。各省简
　　易识字学塾,亦必次第举办。强迫教育果能实行,简易识字学塾
　　各省果能一律遍设,则于全国之教育必能增进猛速之进步也。方

今朝廷所以不即实行宪政者，惟以民智未开为虑。民智未开，即
因教育未普及之故。尚望身负教育之责者，夙夜兢兢，并力而经
营之，否则人将斥为宪政之罪人矣。①

同日《申报》清谈栏载文《希望今年进步》祈望"简易识字学塾随
地皆是，《简易识字课本》《国民必读课本》畅销无滞"。② 一星期以
后，《申报》上的《岁首箴言》敦促学部"宜速谋普及教育之方法，
并颁布《简易识字课本》《国民必读课本》，通饬各省一律创设简易
识字学塾"。③

　3月9日《申报》刊登《试行折》。奏折中写道："查各国编辑
课本，颁行全国，必经实验其适宜与否，迭加修改，始臻完善。今臣
部编纂伊始，此项课本，前无所因，惬心贵当，诚所不敢自信，拟即
发交督学局，就近试行。一面发交各省提学使，悉心察验。并广征臣
部咨议官各员意见，如有未当之处，仍应随时修正。"④ 后续事情的
发展说明这并非虚套，《申报》不久转载来自北京的消息《汤寿潜痛
诋国民读本》，有云：

　　汤寿潜昨有长函致学部唐春卿尚书，痛诋该部新编国民读本
种种不通，逐节指驳，几于体无完肤。最末数语略谓，内容之腐
败，姑不具论，但国民读本系人人必读之书，今用洋纸装订，计
每部需纸价一元，若中国每人手置一编，则此纸价之外溢已不下
四万万，何不改用内国纸张，自保利权云云。唐尚书阅后大为叹
赏，并将原函发交各司员阅看。⑤

---

① 《申报》1910 年 2 月 14 日。
② 《申报》1910 年 2 月 14 日。
③ 《申报》1910 年 2 月 21 日。
④ 《申报》1910 年 3 月 9 日。
⑤ 《申报》1910 年 4 月 25 日。原文为"四千万万"，"千"字显系衍字。

笔者虽经多方查找，但尚未找到汤寿潜的意见书，但是看过《国民必读课本》的人对汤氏所斥的"内容之腐败"均能首肯。这一消息，各报均有转载。数日之后《申报》又传递北京的消息《汤寿潜吓退学部编辑员》，说：

> 学部新编之国民读本，系出于名词馆总办严又陵京卿之手，讵此次为汤蛰仙提学函致学部，逐条指摘，几若无一是处，唐尚书当将原函发交名词馆，并谕令修订改正。①

但是，把罪责推给严复显然有失公允，所以严复回击道：

> 严京卿以此项读本，本非名词馆分内之事，只因当日受荣相国之嘱托，故抽忙为之编定。今既不满人意，应请另派作家，重行改订，仍将原书缴还部中。人以严京卿为著作大家，尚不免为人评论，且此项读本，已届预定颁行各省之期，一时实难措手，现闻编辑部各员对于此事，均互相推诿，敬谢不敏云。②

值得注意的是，汤还提到了颁布成本的问题。江苏学务方面在回复学部的奏折上更加详细地写道：

> 本署司详复排印《国民必读课本》碍难遵辨文：为详复事。窃奉宪台札开宣统二年二月初七日，准学部咨总务司案呈，查国民必读课本，业经本部于上年编辑成书，分为甲乙丙三编，奏明发交督学局就近试行，一面发交各省提学使悉心察验。并广征咨议官各员意，如有未当之处，应随时修正，等

---

① 《申报》1910 年 4 月 30 日。
② 《申报》1910 年 4 月 30 日。

因。奉旨依议。钦此。钦遵在案。除丙编一种系备参考之用，
俟排印成书再行咨送外，其甲乙两编业经排印完竣，自应连同
原奏咨行查照，转饬提学使司遵照可也，等因。并原奏一件，
书四本到本部堂。准此。合行札发札到该司，即便移行遵照办
理。一面照式排印四十部，呈送备查，等因。并发原奏一本，
书四本仍缴。奉此。窃查《国民必读课本》本署司前奉部札
悉心察验，遵即分饬科员详细检察，自应别文详请宪台咨覆。
至排印呈送一节，遵经派员前往印刷官厂，估计印费索价至二
百余圆之多，学务公所经费月有定额，苦无余款可拨。复查原
书刊明有"专备试验之用、不许翻印"字样，似未便在外翻
印。奉饬前因，可否仰恳宪台札饬南洋印刷官厂，照式排印，
或径电部咨取多本，以备存查之处，悉候钧裁。所有奉饬排印
《国民必读课本》，碍难遵辨。各缘由理合具文，详复并将奉
发原奏原书一并呈缴，仰乞宪台鉴核批示只遵。为此备由开
册，伏乞照详施行。①

印刷 40 部的费用估计需"二百余圆之多"，而"学务公所经费月有定
额，苦无余款可拨"，直接把皮球又踢回了学部，且理由冠冕堂皇：原
书封面上有"不许翻印"。不久清帝逊位，一切都不了了之了。

本章集中讨论了《国民必读课本》从编纂直到刊行完毕的整个
过程。在编辑过程中，围绕着编辑的方针、内容，湖南、直隶两派争
执不下，几经周折。严复参与了最后阶段的修订工作，因此乙篇才多
少有了反映教育改革推进派意见的内容，严复忍着"闷损已极"的
心情修订了草稿的一部分，但没有刊行，原因至今不明，有待新的史
料发现来揭示。

1903 年出版的商务印书馆的目录中，介绍一般知识的《普通学

---

① 《江宁学务杂志》1910 年第 4 期，第 5～6 页。

问答书》有 7 种。另外在 1910 年的图书目录中，除《普通学问答书》以外，"国民必读书"也有 7 种。① 其中有张元济编的《立宪国民读本》，详细说明了国家与国民的关系、权利与义务等问题，并言及立法、司法、行政三权分立的制度。"陶铸国民"的努力在此后也一直继续着。

在迄今为止的研究中，针对清末出版的各种"国民必读书"的编辑方针、内容、文体形式、术语的使用，以及编纂时如何利用日本的资源等问题的讨论尚少。另外，与《国民必读课本》一起编写的《简易识字课本》也并不仅仅是识字的问题，不难想象它也担当着教育国民的功能，这一问题虽然与本书内容相关，但笔者并未展开讨论，希望日后有机会另写他稿进行说明。

---

① 汪家熔：《近代出版人的文化追求：张元济、陆费逵、王云五的文化贡献》，广西教育出版社，2003，第 138 页。

终章　严复的译词与现代汉语

　　严复的翻译从 1895 年的《天演论》（1898 年刊行）起，到 1909
年的《法意》和《名学浅说》止，前后持续了十余年，此后严复再
无译著，写作也于 1914 年以后进入低潮期。严复从事翻译工作的十
余年，正是汉语发生剧烈变化的十余年。汉语开始进入非纯洁时代，
并在诸种外力的作用下，完成了由前近代语言向近代语言的转变。笔
者将这一过程称之为"语言的近代化"或"国语的获得"。语言的近
代化或国语的获得同时也是东亚各国的共同课题。

　　今天我们为什么要读严复？因为严复反映了那个时代的很多重要
问题：思想的、文化的、社会的，乃至容易被忽略的语言的问题。那
么严复能读懂吗？可以说严复的译著是那个时代最难懂的文字。即使
是在当时，能从严复古奥的文章里准确地理解严复意思的人也是少数
派。严复自己也知道很多人买自己的书并不是为了阅读，而是炫耀自
己是新派人物而已。以《天演论》为例，严译难读的原因是："原书
论说，多本名数格致及一切畴人之学，倘于之数者向未问津，虽作者
同国之人，言语相通，仍多未喻，矧夫出以重译也耶！"① 如果没有
专业知识，即使是同一语言的读者也将一片茫然；何况世纪之交的中

---

　　① 严复：《天演论》，第 xii 页。

国读者，非但没有专业知识，对新词译词所表达的概念也所知甚少，自然也就读不懂。但是，百余年后今天的读者尽管有了包括进化论在内的基本科学知识，对严译仍然是一片茫然，这是为何？严复提到古书难读时说：

> 自后人读古人之书，而未尝为古人之学，则于古人所得以为理者，已有切肤精恍之异矣。又况历时久远，简牍沿讹，声音代变，则通段难明；风俗殊尚，则事意参差。夫如是，则虽有故训疏义之勤，而于古人诏示来学之旨，愈益晦矣。故曰：读古书难。①

语言的变化、世态风俗的递嬗都是古人之书难读的原因，而最重要的是"未尝为古人之学"，古人读的书后人没有读，也就不知古人文章说的是什么了。除了内容方面的因素以外，还有语言层面的原因。严复之难读，首先是所使用的词汇，即译词与今天不同。笔者曾经指出严复的语词有以下特点：

一、双重对应（译）性。严复的译词在和外语词相对应的同时，常常在背后蕴含着中国古典词的词义，这使严复的词语不可避免地具有叠层效应。如"心学"一方面指西方的形而上学，另一方面又隐含王阳明的学说；"理学"既指称宋明理学，又指称西方的哲学。这种叠层效应常使严复的表述变得模棱两可，难以捉摸。

二、特指性。严复的很多译词具有特定的含义，例如，悠久＝continuity，博大＝complexity，蕃变＝contingency。如果用现代汉语来表达，分别是连续性、复杂性、偶然性，这是进化论的三个重要概念。严复还用"玄"来表示"抽象"，用"著"表示"具体"。对这些词必须了解严复的原义，而不能按照现代汉语的词义来理解。

---

① 严复：《天演论》，第 viii 页。

　　三、时代性。严复的时代，正处于新旧知识、新旧词汇更替的时代，严复的词语也因此具有时代的特征。在一些书上可见"群学，社会学的旧称"的解释。"群学"对应 Sociology，这个英语词现在译为"社会学"，所以"旧称"云云似乎不错。但是严复的"群学"又是"修齐治平之学"，远比"社会学"的指称范围大。

　　四、制约性。如上所述，严复和他的读者都处于世纪之交的中国社会转型期，翻译本身也要受到汉语内外部环境的制约。没有适当的译词，已有的译词又难以满足读者的雅驯情趣。例如，relation 在日本被译作"关系"，而这个词不是当时汉语的书面语词汇。严复在《群学肄言》《穆勒名学》中讨论因果关系，但却没有找到一个表达"关系"的名词。

　　五、多样性。对于译词，严复本人也处于摸索之中，所以表达相同概念的译词往往并不能贯彻始终。从形式上看既有词组也有词，词还有异形词。我们需要对其作出整理。

　　六、时期性。如上所述，严复的写作时间是1895至1910年的15年间。不可谓之长。但是由于受到语言社会的左右，尤其是日语的影响，严复的词语无时不处于变动中。例如，早期的"天演"到后期的"进化"；《原富》（1902）中的"哲学"也与《穆勒名学》（1905）以后的"哲学"含义不同。不可等同视之。

　　七、独特性。严复在译作、著述中使用了具有独自意义特征的词，如"群""内籀""外籀""会通""推求""演验"等，以下是严复按照自己的定义使用的词语：

　　内导　外导　考察
　　玄　间　著
　　洁净精微　勃窣理窟　理莹语确
　　每下愈况　贯通　公例　大法　自然规则

层累阶级　　因应厘然　　因果实证　　通理公例

根荄华实　　伦脊对待　　首尾赅备　　厘然备具

娇心　　缮性　　开瀹心灵　　治练心能　　练心缮性　　练心积智

试验　　实验　　经验

印证　　推论　　察验　　考核扬榷

浅演　　深演　　成学程途　　学程

悠久　　博大　　蓄变①

这部分词当时不是，今天也没能成为现代汉语词汇体系中的成员，今天的（甚至包括当时的）读者只好"望文生义"，即按照字面义或古典义去理解，结果是"自谓已悟，而去实甚远"。②

学术的体系由概念构建，概念以语词为外壳。而对于外来的学术体系，容受语言的话语体系常常有毫厘千里的距离。词语是解读严复及其译著的关键，理解与诠释严复，需要把握严译严著中使用的一批词语。严译之难懂与严复独特的译词创制方法不无关系。严复开始翻译工作时，人文社科领域翻译的积累可以说是一片空白。严复就是在这种语言本身和读者的条件局限下进行翻译和著述的。严复认为词语可分为两大类：小词与大词。"小词"就是一般性的词语，对这一部分严复极为豁达；大词如"进化""自由""科学""社会"等，这些同时也是时代的关键词。小词不避不通之讥，大词要追根寻源。这就是严复对待译词的态度。

小词、大词之分还说明世纪之交的译词问题除了学术用语的创制之外，还必须解决一般名词及谓词的获得的问题。这是科学叙事得以成立的关键。词汇是一个系统，新的译词需要编入既有的词汇系统。这也是本书尤为强调的汉语近代演化的视角。

---

① 沈国威：《严复与科学》，第 204～206 页。

② 《政治讲义》，《严复集》第 5 册，第 1243 页。

　　日本明治期的思想家、启蒙家西周创造了 2000 多个的译词，现在仍在使用的仅有 200 多个，残存率不过 10%。① 但这 200 多个词是现代知识界乃至现代日语必不可少的基本词汇。严复的译词对新国语的建设有什么贡献，严复从另一个方面告诉了我们什么？这是一个需要继续探索的问题。

---

①　手岛邦夫：《日本明治期英语日译研究：启蒙思想家西周的汉字新造词》，刘家鑫编译，中央编译出版社，2013。

主要参考文献

一 中文

1. 专书

北京师范学院中文系汉语教研室编著《五四以来汉语书面语言的变迁和发展》，商务印书馆，1959。

本杰明·李·沃尔夫：《论语言、思维和现实——沃尔夫文集》，高一虹译，商务印书馆，2012。

本尼迪克特·安德森：《想象的共同体——民族主义的起源与散布》，吴叡人译，上海人民出版社，2005。

本书翻译组：《进化论与伦理学》，科学出版社，1971。

陈福康：《中国译学理论史稿修订本》，上海外语教育出版社，2000。

费正清主编《剑桥中国晚清史，1800~1911年》，中国社会科学院历史研究所编译室译，中国社会科学出版社，1985。

冯天瑜：《新语探源——中西日文化互动与近代汉字术语生成》，中华书局，2005。

弗里德里希·温格瑞尔：《认知语言学导论》（第二版），彭利贞等译，复旦大学出版社，2009。

戈公振：《中国报学史》，三联书店，1955。

顾长声：《传教士与近代中国》（第 2 版），上海人民出版社，1991。

顾长声：《从马礼逊到司徒雷登》，上海人民出版社，1985。

关晓红：《晚清学部研究》，广东教育出版社，2000。

郭伏良：《新中国成立以来汉语词汇发展变化研究》，河北大学出版社，2001。

韩江洪：《严复话语系统与近代中国文化转型》，上海译文出版社，2006。

胡以鲁：《国语学草创》，山西人民出版社，2014 年影印本。

黄克武：《自由的所以然：严复对约翰弥尔自由思想的认识与批判》，上海书店出版社，2000。

蒋林：《梁启超豪杰译研究》，上海译文出版社，2009。

金观涛、刘青峰：《观念史研究：中国现代重要政治术语的形成》，香港中文大学当代中国文化研究中心，2008。

李博：《汉语中的马克思主义术语的起源与作用》，赵倩等译，中国社会科学出版社，2003。

李建平主编《严复与中国近代思想》，海风出版社，2007。

李仁渊：《晚清的新式传播媒体与知识分子：以报刊出版为中心的讨论》，稻乡出版社，2005。

李孝悌：《清末的下层社会启蒙运动》，河北教育出版社，2001。

刘进才：《语言运动与中国现代文学》，中华书局，2007。

刘叶秋：《中国字典史略》，中华书局，1992。

闾小波：《中国早期现代化中的传播媒介》，上海三联书店，1995。

罗芙芸：《卫生的现代性》，江苏人民出版社，2007。

罗志田：《二十世纪的中国思想与学术掠影》，广东教育出版社，2001。

罗志田：《国家与学术：清季民初关于"国学"的思想论争》，三联书店，2003。

罗志田：《激变时代的文化与政治——从新文化运动到北伐》，北京大学出版社，2006。

马西尼：《现代汉语词汇的形成——十九世纪汉语外来词研究》，黄河清译，汉语大辞典出版社，1997。

皮后锋：《严复大传》，福建人民出版社，2003。

皮后锋：《严复评传》，南京大学出版社，2006。

戚学本：《严复政治讲义研究》，人民出版社，2014。

任达：《新政革命与日本：中国，1898～1912》，李仲贤译，江苏人民出版社，1998。

萨丕尔：《语言论》，陆卓元译，商务印书馆，1964。

沈国威：《近代中日词汇交流研究：汉字新词的创制、容受与共享》，中华书局，2010。

沈国威：《严复与科学》，凤凰出版社，2017。

沈苏儒：《论信达雅：严复翻译理论研究》，商务印书馆，1998。

盛邦和：《黄遵宪史学研究》，江苏古籍出版社，1987。

实藤惠秀：《中国人留学日本史》，谭汝谦、林启彦译，香港中文大学出版部，1982。

史有为：《汉语外来词》，商务印书馆，2000。

市川勘、小松岚：《百年华语》，上海教育出版社，2008。

苏精：《马礼逊与中文印刷出版》，台湾学生书局，2000。

苏精：《中国，开门!》，基督教中国宗教文化研究社，2005。

苏精：《铸以代刻》，台大出版中心，2014。

孙常叙：《汉语词汇》，吉林人民出版社，1956。

谭树林：《马礼逊与中西文化交流》，中国美术学院出版社，2004。

王宝平主编《中日文化交流史研究》，上海辞书出版社，2008。

王冰：《中外物理交流史》，湖南教育出版社，2001。

王宏志：《重释"信、达、雅"——20 世纪中国翻译研究》，清华大学出版社，2007。

王建军：《中国教科书发展研究》，广东教育出版社，1996。

王力：《汉语史稿》，中华书局，1958 年初版，1980 年重印版。

王栻：《论严复与严译名著》，商务印书馆，1982。

王栻：《严复传》，上海人民出版社，1957 年第 1 版、1976 年新 1 版。

王宪明：《语言、翻译与政治——严复译〈社会通诠〉研究》，北京大学出版社，2005。

王扬宗：《傅兰雅与近代中国的科学启蒙》，科学出版社，2000。

汪晖：《现代中国思想的兴起》第二部下卷《科学话语共同体》，三联书店，2004。

汪家熔：《近代出版人的文化追求：张元济、陆费逵、王云五的文化贡献》，广西教育出版社，2003。

吴义雄：《在宗教与世俗之间》，广东教育出版社，2000。

熊月之：《西学东渐与晚清社会》，上海人民出版社，1994。

叶龙：《桐城派文学史》，香港龙门书店，1975。

张灏：《时代的探索》，联经出版股份有限公司，2004。

张志建：《严复学术思想研究》，商务印书馆国际有限公司，1995。

章士钊：《逻辑指要》，1943 年初版，三联书店 1961 年修改版。

章太炎：《国学概论·国学论衡》，中华书局，2015。

郑海麟：《黄遵宪与近代中国》，三联书店，1988。

郑匡民：《梁启超启蒙思想的东学背景》，上海书店出版社，2003。

郑翔贵：《晚清传媒视野中的日本》，上海古籍出版社，2003。

中国佛教文化研究所编《俗语佛源》，上海人民出版社，1993。

周光庆、刘玮：《汉语与中国新文化启蒙》，东大图书公司，1996。

周光庆：《汉语与中国早期现代化思潮》，黑龙江教育出版社，2001。

周佳荣：《近代日人在华报业活动》，香港三联书店，2007。

周振鹤：《逸言殊语》（增订版），上海人民出版社，2008。

朱庆之：《佛典与中古汉语词汇研究》，文津出版社，1992。

邹振环：《西方传教士与晚清西史东渐：以 1815 年至 1900 年西方历史译著的传播与影响为中心》，上海古籍出版社，2007。

邹振环：《晚清西方地理学在中国》，上海古籍出版社，2000。

卓南生：《中国近代报业发展史，1815～1874》（增订版），中国社会科学出版社，2002。

2. 论文

沧江（梁启超）：《论政府阻挠国会之非》，张枬、王忍之编《辛亥革命前十年间时间论选集》第 3 卷，三联书店，1977。

陈力卫：《早期英华字典与日本的"洋学"》，《原学》第 1 辑，中国广播电视出版社，1994。

杜亚泉：《杜亚泉致某君书》，《教育杂志》第 1 年第 9 期，1909 年。

方维规：《论近现代中国"文明"、"文化"观的嬗变》，《史林》1999 年第 4 期。

傅兰雅：《江南制造总局翻译西书事略》，《格致汇编》，南京古旧书店 1991 年影印本，第 2 册，第 349～354、381～386 页；第 3 册，第 19～24、51～54 页。较易参考的文本有张静庐辑注《中国近代出版史料初编》，上杂出版社，1953，第 9～28 页。原文刊载于 1880 年 1 月 29 日的 *The North-China Herald*（《北华捷报》）。

傅兰雅：《科学术语：目前的分歧与走向统一的途径》，孙青、海晓芳译，『或问』 16 号、2009。原文见 *Records of the General Conference of the Protestant Missionaries of* 1890，Shanghai，May 15th。

傅斯年：《文言合一草议》，《新青年》第 4 卷第 2 号，1918 年。

高凤谦：《论保存国粹》，《教育杂志》第 2 年第 7 期，1910 年。

胡以鲁：《论译名》，《庸言》，1914 年第 1～2 期合刊。

黄克武：《新名词之战：清末严复译语与和制汉语的竞赛》，《中央研究院近代史研究所集刊》第 62 期，2008。

黄兴涛：《日本人与"和制"汉字新词在晚清中国的传播》，《寻根》2006 年第 4 期。

季家珍（Joan Judge）：《改造国家——晚清的教科书与国民读本》，孙慧敏译，《新史学》2001 年第 2 期。

李庆国：《清末的白话启蒙运动与〈启蒙通俗报〉》，『追手門学院大学国際教養学部紀要』6 号、2013。

刘半农：《我之文学改良观》，《新青年》第 3 卷第 3 号，1917 年。

刘学照、方大伦：《清末民初中国人对日观的演变》，《近代史研究》1989 年第 6 期。

鲁军：《清末西学输入及其历史教训》，《中国文化研究集刊》第 2 辑，复旦大学出版社，1985。

马真：《先秦复音词初探（续）》，《北京大学学报》1981 年第 1 期。

钱玄同：《文学改良与用典问题》，《新青年》第 3 卷第 1 号，1917 年。

秋桐（章士钊）：《译名》，《甲寅》创刊号，1914 年。

燃（吴稚晖）：《书〈神州日报〉〈东学西渐〉篇后》，《新世纪》第 101～103 期，1909 年。

容应萸：《戊戌维新与清末日本留学政策的成立》，王晓秋主编《戊戌维新与近代中国的改革——戊戌维新一百周年国际学术讨论会论文集》，社会科学文献出版社，2000。

沈国威：《原创性、学术规范与"躬试亲验"》，《九州学林》2005 年秋季号。

沈国威：《译词与借词——重读胡以鲁"论译名"》，『或問』9号、2005。

沈国威：《近代西方新概念的词汇化——以"陪审"为例》，『アジア文化交流研究』1号、2006。

沈国威：《黄遵宪的日语、梁启超的日语》，『或問』11号、2006。

沈国威：《〈辞源〉与现代汉语的新词》，『或問』12号、2006。

沈国威：《中国近代的科技术语辞典（1858～1949）》，『或問』13号、2007。

沈国威：《黄遵宪〈日本国志〉的编码与解码——以"刑法志"为中心》，『関西大学東西学術研究所紀要』40号、2007。

沈国威：《清末民初中国社会对"新名词"之反应》，『アジア文化交流研究』2号、2007。

沈国威：《时代的转型与日本途径》，王汎森等：《中国近代思想史的转型时代》，联经出版股份有限公司，2007。

沈国威：《关于"和文奇字解"类的资料》，『或問』14号、2008。

沈国威：《梁启超与日语——以〈和文汉读法〉为说》，《现代中国》第11辑，中国文联出版社，2008。

沈国威：《"一名之立、旬月踟蹰"之前之后——严译与新国语的呼唤》，『東アジア文化交流研究』創刊号、2008。

沈国威：《近代东亚语境中的日语》，『或問』、2009。

沈国威：《西方新概念的容受与造新字为译词：以日本兰学家与来华传教士为例》，《浙江大学学报》（人文社会科学版）2010年第1期。

沈国威：《清末民初申报载"新名词"史料（1）》，『或問』24号、2013。

沈国威：《近代译词与汉语的双音节化演进：兼论留日学生胡以

鲁的"汉语后天发展论"》，陈百海、赵志刚编《日本学研究纪念文集——纪念黑龙江大学日语专业创立 50 周年》，黑龙江大学出版社，2014。

沈国威：《近代英华辞典环流：从罗存德，井上哲次郎到商务印书馆》，《思想史》第 7 册，2017。

沈国威：《关于清学部编简易识字课本（1909）》，『或問』17号、2009。

沈国威：《关于清学部编简易识字课本（1909）》，《清末の中国語》，韩国：学古房，2011。

沈松侨：《国权与民权：晚清的国民论述 1895～1911》，《中央研究院历史语言研究所集刊》第 73 本第 4 分册，2002。

沈苏儒：《论信达雅》，罗新璋编《翻译论集》，商务印书馆，1984。

舒雅丽、阮福禄：《略论双音节汉越词与汉语双音节词的异同》，《汉语学习》2003 年第 6 期。

孙青：《严复与严修书日期考订辨讹》，『或問』16号、2009。

汤志均：《再论康有为与今文经学》，《历史研究》2000 年第 6期。

王宝平：《黄遵宪〈日本国志〉征引书目考释》，《浙江大学学报》（人文社会科学版）2003 年第 5 期。

王国维：《论新学语之输入》，《教育世界》第 96 号，1905 年。收入《国维遗书》，《静安文集》第 5 卷，上海古籍书店 1983 年影印本。

王立达：《现代汉语中从日语借来的词汇》，《中国语文》1958年第 2 期。

王栻：《严复与严译名著》，《论严复与严译名著》，商务印书馆，1982。

王树槐《清末翻译名词的统一问题》，《中央研究院近代史研究所集刊》第 1 期，1969。

王扬宗：《清末益智会统一科技术语工作述评》，《中国科技史料》1991 年第 2 期。

汪家熔：《〈商务书馆华英音韵字典集成〉——国人编纂的第一部大型英汉双解词典》，《出版科学》2010 年第 4 期。

徐海华：《近代中国日语教育之发端——同文馆东文馆》，《日语学习与研究》2008 年第 1 期。

姚小平：《早期的汉外字典——梵蒂冈馆藏西士语文手稿十四种略述》，《当代语言学》2007 年第 2 期。

余又荪：《日文之康德哲学译著》，《国闻周报》第 11 卷第 4 期，1934 年。

余又荪：《日本维新先驱者西周之生涯与思想》，《国闻周报》第 11 卷第 7 期，1934 年。

余又荪：《日译学术名词沿革》，《文化与教育旬刊》第 69~70 期，1935 年。

袁翰青：《化学教育 1》，杨根编《徐寿和中国近代化学史》，科学技术文献出版社，1986。

张大庆：《早期医学名词统一工作：博医会的努力和影响》，《中华医史杂志》1994 年第 1 期。

张大庆：《高似兰：医学名词翻译标准化的推动者》，《中国科技史料》2001 年第 4 期。

张仲民：《"文以载政"：清末民初的"新名词"论述》，《学术月刊》2018 年第 1 期。

郑奠：《谈现代汉语中的"日语词汇"》，《中国语文》1958 年第 2 期。

郑鹤声：《三十年来中央政府对于编审教科书之探讨》，《教育杂志》第 25 卷第 7 号，1935 年。

朱京伟：《严复译著中的新造词和日语借词》，《人文论丛》2008

年卷，中国社会科学出版社，2009。

朱庆之：《论佛教对古代汉语词汇发展演变的影响》（上），《普门学报》2003 年第 15 期。

朱庆之：《论佛教对古代汉语词汇发展演变的影响》（下），《普门学报》2003 年第 16 期。

朱庆之：《代前言：佛教混合汉语初论》，朱庆之编《佛教汉语研究》，商务印书馆，2009。原载《语言学论丛》第 24 辑，商务印书馆，2001，第 1～32 页。

3. 资料·辞典

编订名词馆：《辩学名词对照表附心理学及论理学名词对照表》，1909?。

柴萼：《梵天庐丛录》，中华书局 1926 年影印本。

陈宝泉：《五十自述》，《退思斋诗文存》，文海出版社 1970 年影印本。

陈鸿祥：《王国维年谱》，齐鲁书社，1991。

陈旭麓等编《中国近代史词典》，上海辞书出版社，1982。

陈学恂主编《中国近代教育史教学参考资料》，人民教育出版社，1986。

丁文江、赵丰田编《梁启超年谱长编》，上海人民出版社，1983。

樊楚才编《樊山判牍正编续编》，大达图书供应社，1933。

樊增祥：《樊山政书》，文海出版社 1971 年影印本。

方勇、李波译注《荀子》，中华书局，2011。

冯君豪注解《天演论》，中州古籍出版社，1998。

高步瀛、陈宝泉编《国民必读》，1905。

高名凯、刘正埮：《现代汉语外来词研究》，文字改革出版社，1958。

故宫博物院明清档案部编《清末筹备立宪档案史料》，中华书局，1979。

　　郭嵩焘：《伦敦与巴黎日记》，岳麓书社，1984。

　　合信：《全体新论》，墨海书馆，1851。

　　合信：《博物新编》，墨海书馆，1855。

　　合信：《西医略论》，墨海书馆，1857。

　　合信：《妇婴新说》，墨海书馆，1858。

　　合信：《内科新说》，墨海书馆，1858。

　　合信：《英华医学字释》，墨海书馆，1858。

　　黄建军译注《荀子译注》，商务印书馆，2015。

　　黄时鉴整理《东西洋考每月统记传》，中华书局1997年影印本。

　　黄遵宪：《日本国志》，上海古籍出版社2001年影印本。

　　姜义华等编校《康有为全集》，中国人民大学出版社，2007。

　　李圭：《环游地球新录》，岳麓书社，1985。

　　李国俊编《梁启超著述系年》，复旦大学出版社，1986。

　　李提摩太：《泰西新史揽要》，上海书店出版社，2002。

　　刘锦藻编撰《清朝续文献通考》，台湾商务印书馆，1987。

　　刘正埮等编《汉语外来词词典》，上海辞书出版社，1984。

　　罗明等编《清代人物传稿》，辽宁人民出版社，1994。

　　罗森：《日本日记》，岳麓书社，1985。

　　孟昭常编《公民必读初编》，预备立宪公会发行，1907。

　　闵尔昌辑《碑传集补》，文海出版社1973年影印本。

　　培根：《新工具》，许宝骙译，商务印书馆，1984。

　　彭文祖：《盲人瞎马之新名词》，东京：秀光舍，1915。

　　沈国威编著《六合丛谈（附解题·索引）》，上海辞书出版社，2006。

　　沈国威编『近代英華華英辞典解題』関西大学出版部、2011。

　　沈国威、内田庆市编《邝其照字典集成（影印与解题）》，商务印书馆，2016。

沈国威《新尔雅（附解题·索引）》辞书出版社，2011。

松浦章、内田庆市、沈国威编著《遐迩贯珍研究》，辞书出版社，2005。

孙应祥：《严复年谱》，福建人民出版社，2003。

孙应祥、皮后锋编《严复集补编》，福建人民出版社，2004。

舒新城编《中国近代教育史料》，人民教育出版社，1981。

谭汝谦主编《中国译日本书综合目录》，香港中文大学出版社，1980。

汤志钧：《戊戌变法人物传稿》（增订本），中华书局，1982。

王国维：《静安文集》，上海古籍书店1983年影印本。

王栻主编《严复集》，中华书局，1986。

王韬：《弢园文录外编》，中州古籍出版社，1998。

王先谦：《荀子集解》，中华书局，1988。

王扬宗编校《近代科学在中国的传播》，山东教育出版社，2007。

汪征鲁等主编《严复全集》，福建教育出版社，2014。

刘晴波主编《杨度集》，湖南人民出版社，2008。

香港中国语文学会编《近现代汉语新词词典》，汉语大词典出版社，2001。

熊元锷等：《江西乡试录》，奎宿堂刊。

学部审定科编《物理学语汇》，1908。

学部编《国民必读课本初稿》，学部图书局印行，1910。

亚当·斯密：《国富论》，谢祖钧译，新世界出版社，2008。

《严修日记》编辑委员会编《严修日记》，南开大学出版社，2001。

叶德辉：《长兴学记驳义》，《翼教丛编》，文海出版社1971年影印版。

约翰·斯图亚特·穆勒：《逻辑体系》，郭武军、杨航译，上海交通大学出版社，2014。

　　曾纪泽：《出使英法俄国日记》，岳麓书社，1985。

　　章伯锋等编《近代稗海》，四川人民出版社，1988。

　　政协南昌市文史资料研究委员会编《南昌文史资料选辑》第 1
辑，1983。

　　中国第一历史档案馆编《清末筹备立宪档案史料》，中华书局，
1979。

　　中国佛教文化研究所编《俗语佛源》，上海人民出版社，1993。

　　中国社会科学院近代史研究所翻译室编《近代来华外国人名辞
典》，中国社会科学出版社，1981。

　　《清季外交史料全书》，学苑出版社 1999 年影印本

　　《清光绪朝中日交涉史料》，文海出版社 1963 年影印本。

　　《江西乡试闱墨》，北京图书馆普通古籍部藏。

　　《中国现代学术经典余嘉锡，杨树达卷》，河北教育出版社，
1996。

　　《时务报》，中华书局 1991 年影印本。

　　《昌言报》，中华书局 1991 年影印本。

　　《译书公会报》，中华书局 2007 年影印本。

　　《知新报》，澳门基金会、上海社会科学院出版社 1996 年影印
本。

　　《第一次中国教育年鉴》，台湾传记文学出版社 1971 年影印本。

　　《翻译名义集》，江苏广陵古籍刻印社 1990 年影印本。

　　狄考文夫人编 New Terms and New Idea，1913。

　　W. Lobscheid, *Grammar of Chinese Language*, 1864.

　　W. Lobscheid,《英话文法小引》，1864.

　　J. R. Seeley, *Introduction to Political Science*, London：Macmillan &
Co.，1896.

　　山雅各（James Sadler）：《哲学源流考》，（Sir Oliver Lodge, *The*

Pioneers of Science, transl. by J. Sadler, Amoy: Lawkang Press, 1904. 厦门鹭江报社。

　　A. Wylie, *Memorials of Protestant Missionaries to the Chinese: Giving a List of Their Publications, and Obituary Notices of the Deceased*, Presbyterian Mission Press, 1867. （台湾成文书局 1967 年影印本）

二　日文

1. 专书

荒川清秀『近代日中学術用語の形成と伝播』白帝社、1997。

荒木伊兵衛『日本英語学書志』創元社、1931。

安田敏朗『植民地の中の「国語学」』三元社、1997。

安田敏朗『帝国日本の言語編制』世織書房、1997。

池上禎造『漢語研究の構想』岩波書店、1984。

伊原沢周『日本と中国における西洋文化摂取論』汲古書院、1999。

内田慶市『近代における東西言語文化接触の研究』関西大学出版部、2001。

内田慶市・沈国威編著『言語接触とピジン—19 世紀の東アジア（研究と復刻資料）』白帝社、2009。

内田慶市・沈国威編『19 世紀中国語の諸相』雄松堂、2007。

閻立『清末中国の対日政策と日本語認識』東方書店、2009。

大庭脩『漢籍輸入の文化史』研文出版、1997。

王宝平『清代中日学術交流の研究』汲古書院、2005。

尾形裕康『学制成立史の研究』校倉書房、1973。

小川鼎三『解体新書』中央公論社、1968。

小沢三郎『幕末明治耶穌教史研究』亜細亜書房、1943。

尾佐竹猛『維新前后に於ける立憲思想の研究』文化生活研究

会、1925。

　　尾佐竹猛『明治文化史としての日本陪審史』東京邦光堂、1926。

　　川口由彦『日本近代法制史』新世社、1998。

　　倉沢剛『幕末教育史研究』吉川弘文館、1983。

　　黒住真『近世日本社会と儒教』ぺりかん社、2003。

　　古城貞吉『古城貞吉稿　井上毅先生伝』木鐸社、1995。

　　小森陽一『日本語の近代』岩波書店、2000。

　　子安宣邦『漢字論』岩波書店、2004。

　　斎藤静『日本語に及ぼしたオランダ語の影響』篠崎書林、1967。

　　斎藤毅『明治のことば――東から西への架け橋』講談社、1977。

　　佐伯好郎『支那基督教の研究 3』春秋社、1944。

　　佐伯好郎『清朝基督教の研究』春秋社、1949。

　　坂出祥伸『改訂増補中国近代の思想と科学』朋友書店、2001。

　　笹原宏之『日本の漢字』岩波書店、2006。

　　佐藤喜代治『国語語彙の歴史的研究』明治書院、1971。

　　佐藤喜代治『日本の漢語』角川書店、1979。

　　佐藤亨『近世語彙の歴史的研究』桜楓社、1980。

　　佐藤亨『近世語彙の研究』桜楓社、1983。

　　佐藤亨『幕末、明治初期の語彙の研究』桜楓社、1986。

　　実藤恵秀『中国人日本留学史』くろしお出版、初版 1960 年，増補版 1970 年。

　　柴田省三『語彙論英語学大系 7』大修館書店、1975。

　　島尾永康『中国化学史』朝倉書店、1995。

　　沈国威『近代日中語彙交流史』笠間書院、初版 1994 年；改訂版 2008 年；改訂新版 2017 年。

沈国威『「新爾雅」とその語彙』白帝社、1995。

沈国威編著『「六合叢談」（1857～58）の学際的研究』白帝社、1999。

沈国威『「植学啓原」と「植物学」の語彙』関西大学出版部、2000。

沈国威・内田慶市編著『近代啓蒙の足迹――東西文化交流と言語接触：「智環啓蒙塾課初歩」の研究』関西大学出版部、2002。

沈国威編著『漢字文化圏諸言語の近代語彙の形成――創出と共有』関西大学出版部、2008。

沈国威・内田慶市編著『近代東アジアにおける文体の変遷――形式と内容の相克を超えて』白帝社、2010。

朱京偉『近代日中新語の創出と交流――人文科学と自然科学の専門語を中心に』白帝社、2002。

朱鳳『モリソンの華英・英華字典と東西文化交流』白帝社、2009。

杉本つとむ『近代日本語の成立』桜楓社、1960。

杉本つとむ『江戸時代蘭語学の成立とその展開』早稲田大学出版部、1977。

杉本つとむ『江戸時代翻訳日本語辞典』早稲田大学出版部、1982。

杉本つとむ・呉美慧編『英華学芸詞林の研究――本文影印、研究、索引』早稲田大学出版部、1989。

杉本つとむ『国語学と蘭語学』武蔵野書院、1991。

杉本つとむ『近代日本語の成立と発展』八坂書房、1996。

杉本つとむ『杉本つとむ著作選集』八坂書房、1998。

鈴木修次『漢語と日本人』みすず書房、1978。

鈴木修次『文明のことば』文化評論出版社、1981。

鈴木修次『日本漢語と中国』中央公論社、1981。

　　鈴木修次『日本漢語と中国　漢字文化圏の近代化』中央公論社、1981。

　　聖書図書刊行会編集部『ハドソン・テーラー（戴徳生）の伝記』聖書図書刊行会、1956。

　　浙江大学日本文化研究所編『江戸・明治期の日中文化交流』農文協、2000。

　　惣郷正明『辞書とことば』南云堂、1982。

　　陳力衛『和製漢語の形成とその展開』汲古書院、2001。

　　卓南生『中国近代新聞成立史』ぺりかん社、1990。

　　竹村覚『日本英学発達史』研究社、1933。

　　徳田武『近世日中文人交流史の研究』研文出版、2004。

　　豊田実『日本英学史の研究』岩波書店、1939。

　　長澤規矩也『昔の先生、今の先生』愛育出版、1979。

　　中下正治『新聞に見る日中関係史』研文出版、1996。

　　永嶋大典『蘭和・英和辞書発達史』講談社、1970。

　　狭間直樹『西洋近代文明と中華世界』京都大学学術出版会、2001。

　　伴忠康『適塾と長与専斎——衛生学と松香私志收影印本』創元社、1987。

　　飛田良文『明治生まれの日本語』淡交社、2002。

　　広田栄太郎『近代訳語考』東京堂出版、1969。

　　平田武彦『坦堂古城貞吉先生』西海時論社、1954年。

　　福島邦道『日本館譯語攷』笠間書院、1993年。

　　舟喜信訳『ハドソン・テーラーの生涯とその秘訣』いのちのことば社、1966。

　　増田渉『西学東漸と中国事情』岩波書店、1979。

　　松井利彦『近代漢語辞書の成立と展開』笠間書院、1990。

　　松浦章・内田慶市・沈国威共編著『「遐邇貫珍」の研究』関西大学出版部、2004。

丸山真男・加藤周一『翻訳と日本の近代』岩波書店、1998。

宮田和子『英華辞典の総合的研究—19 世紀を中心として』白帝社、2010。

森岡健二『近代語の成立・明治期語彙編』明治書院、初版 1969 年，改訂版 1991 年。

森岡健二・山口仲美『命名の言語学——ネーミングの諸相』東海大学出版会、1985。

柳父章『翻訳とはなにか——日本語と翻訳文化』法政大学出版局、1976。

柳父章『ゴッドと上帝——歴史の中の翻訳者』筑摩書房、1986。

柳父章『一語の辞典——文化』三省堂、1995。

柳父章『近代日本語の思想——翻訳文体成立事情』法政大学出版局、2004。

山田孝雄『国語の中に於ける漢語の研究』寶文館出版、1940。

山室信一『思想課題としてのアジア』岩波書店、2001。

山本貴光『百学連環を読む』三省堂、2016。

矢部一郎『植学啓原＝宇田川榕庵復刻注・訳』講談社、1980。

吉田寅『中国プロテスタント伝道史研究』汲古書院、1997。

米川明彦『新語と流行語』南云堂、1989。

李妍淑『国語という思想』岩波書店、1996。

劉建雲『中国人の日本語学習史——清末の東文学堂』学術出版会、2005。

渡部万蔵『現行法律語の史的考察』万里閣書房、1930。

2. 论文

上垣外憲一「黄遵憲記念館所蔵の日本漢籍について」『中国に伝存の日本関係典籍と文化財——国際シンポジウム』17 集、2002。

内田慶市「ヨーロッパ発～日本経由～中国行き――『西学東漸』もう一つのみちすじ」藤善真澄編著『浙江と日本』関西大学東西学術研究所、1997。

大鳥蘭三郎「我医学に使用せらるゝ解剖学語彙の変遷」『中外医事新報』1189 号、1932；1190 号、1933。

坂出祥伸「『六合叢談』に見える化学記事」『科学史研究』9巻 93 号、1970。

坂出祥伸「戊戌変法期における康有為の明治維新論」関西大学『文学論集』41 巻 4 号、1992。

陳力衛「新漢語の現代」佐藤武義編著『概説現代日本のことば』朝倉書店、2005。

島尾永康「紹介『化学』の初出についての新説」『化学史研究』4 巻 45 号。

舒志田「『全体新論』と『解体新書』の語彙について」『或問』8 号、2004。

沈国威「［V＋N］構造の二字漢語名詞について――動詞語基による装定の問題を中心に、言語交渉の観点から」『国語学』160集、1991。

沈国威「大阪外大図書館蔵英華字典」『国語学』170 集、1993。

沈国威「中国の近代学術用語の創出と導入」『文林』25 号、1995。

沈国威「漢語の育てた近代日本語――西学東漸と新漢語」『国文学』41 巻 11 号、1996。

沈国威「近代における漢字学術用語の生成と交流医学――用語編（1）」『文林』30 号、1996。

沈国威「近代における漢字学術用語の生成と交流――医学用語編（2）」『文林』31 号、1997。

沈国威「新漢語に関する思考」神戸松蔭女子学院大学『文林』32 号、1998。

沈国威「『泰西人身説概』（1623）から『全体新論』（1851）まで――西洋医学用語の成立について」『中国文学会紀要』21 号、2000。

沈国威「近代日中語彙交流――逆転への道程」『中国文学会紀要』24 号、2003。

沈国威「日本発近代知への接近――梁啓超の場合」『東アジア文化交渉研究』2 号、2009。

沈国威「厳復と清末学部編『国民必読課本初稿』（1910）」『東アジアにおける文化情報の発信と受容』雄松堂出版、2010。

沈国威「清末の国民必読書について――形式と内容の間」沈国威・内田慶市編著『近代東アジアにおける文体の変遷――形式と内容の相克を超えて』白帝社、2010。

沈国威「近代の新語訳語と中国語の二字語化――日本語の影響作用を中心として」沈国威・内田慶市共編著『環流する東アジアの近代新語訳語』ユニウス、2014、303 ~ 318 頁

沈国威「中国語語彙体系の近代化問題――二字語化現象と日本語の影響作用を中心として」内田慶市編著『周縁アプローチによる東西言語文化接触の研究とアーカイヴスの構築』関西大学東西学術研究所、2017。

鈴木修次「厳復の訳語と日本の新漢語」『国語学』132 集、1983。

蘇小楠『近代日本語の成立が近代中国語に与えた影響』『日本語論究』7 号、2003。

田中実「日中学術用語交流史の一問題」『科学史研究』9 巻 93 号、1970。

谷口知子「『望遠鏡』の語誌について」『或問』1 号、2000。

　　手島邦夫「西周の新造語について――『百学連環』から『心理説ノ一斑』まで」『国語学研究』41 集別冊、2002。

　　那須雅之「W. Lobscheid 小伝――英華字典無序本とは何か」『文学論叢』109 号、1995。

　　那須雅之「Lobscheid の英華字典について――書誌学的研究（1）」『文学論叢』114 号、1997。

　　那須雅之「Lobscheid の英華字典について――書誌学的研究（2）」『文学論叢』116 号、1998。

　　那須雅之「英華字典を編んだ宣教師ロブシャイト略伝（上中下）」『しにか』9 巻 10 ~ 12 号、1998。

　　飛田良文「外来語の取り入れ方の変化」『日本語学』6 号、1998。

　　古田東朔「『智環啓蒙』と『啓蒙智慧之環』」『近代語研究』2 輯、1968。

　　宮島達夫「現代語いの形成」『国立国語研究所論集ことばの研究』3 号、1967。

　　宮島達夫「日本語とドイツ語の語彙史の比較（続）」『京都橘女子大学研究紀要』25 号、1999。

　　宮島達夫「語彙史の比較（1）――日本語」『京都橘女子大学研究紀要』35 号、2009。

　　宮島達夫「日本語とドイツ語の語彙史の比較」『国語と国文学』76 巻 1 号、1999。

　　宮田和子「十九世紀の英華・華英辞典目録――翻訳語研究の資料として」『国語論究 6 近代語の研究』、1997。

　　村田雄二郎「康有為と『東学』」『東京大学外国語科研究紀要』、1992。

　　松井利彦「近代日本における『時』の獲得」『或問』9 号、2005。

　マシニー「早期の宣教師による言語政策：17 世紀までの外国人の漢語学習における概況——音声、語彙、文法」内田慶市・沈国威編『19 世紀中国語の諸相』雄松堂、2007。

　松本秀士「ホブソン（合信）にみる解剖学的語彙について」『或問』11 号、2006。

　松村明「翻訳、対訳、直訳、義訳——解体新書とその訳語（一）」『国語研究室』3 号、1964。

3. 文献

　石井研堂『明治事物起原』日本評論社、初版 1908 年，改訂版 1944 年。

　井上哲次郎『哲学字彙』、1881。

　江戸科学古典叢書 24『植学啓原・植物学』恒和出版、1980。

　大槻清修『磐水存響』自家版、1912。

　大友信一等編『日本一鑑本文と索引』笠間書院、1974。

　大友信一等編『遊歴日本図経本文と索引』笠間書院、1975。

　加藤知己等編『幕末の日本語研究 W. H. メドハースト英和・和英語彙複製と研究・索引』三省堂、2000。

　神田乃武等『新訳英和辞典』三省堂、1902。

　京都大学文学部編『纂輯日本訳語』京都大学国文学会、1968。

　京都市立西京商業高等学校編『京都市立西京商業高等学校図書館所蔵洋学関係資料解題Ⅱ』京都市立西京商業高等学校、1967。

　佐藤亨『幕末・明治初期漢語辞典』明治書院、2007。

　柴田昌吉・子安峻『附音挿図英和字彙』日就社、1873。

　島田豊纂訳・曲直瀬愛校訂『附音挿図和訳英字彙』大倉書店、1888。

　尺振八訳『明治英和字典』六合館、1884～1889。

　杉田玄白著・片桐一男全訳注『蘭学事始』講談社学術文庫、2000。

杉本つとむ『語源海』東京書籍、2005。

惣郷正明等編『明治のことば辞典』東京堂出版、1986。

惣郷正明編『辞書解題辞典』東京堂出版、1977。

交詢社編『宇都宮氏経歴談増補版』汲古会、1932。

棚橋一郎等『韋氏新刊大辞書和訳字彙』、1888。

東京大学史料編纂所『大日本古文書幕末外国関係文書』同史料編纂所、1972。

『通航一覧続輯』清文堂出版、1972。

『日本国語大辞典第2版』小学館、2002。

『日本立法資料全集』信山社、1999。

『荻生徂徠全集』河出書房新社、1977。

飛田良文・琴屋清香『改訂増補哲学字彙訳語総索引』港の人、2005。

『文明源流叢書』国書刊行会、1915。

平文『和英語林集成』、1867。

本木正栄等『諳厄利亜語林大成』、1814。

柳河春三『横浜繁昌記』、1861?。

三　英文

F. Masini, *The Formation of Modern Chinese Lexicon and Its Evolution toward a National Language*: *The Period from 1840 to 1898*, Berkeley: Project on Linguistic Analysis, University of California, 1993.

索　引

后 记

　　2017 年初，章清教授来信动员我将关于严复的文章结集出版。十年前写了一篇论文，题曰《"一名之立　旬月踟蹰"之前之后——严译与新国语的呼唤》，此后，严复译词成为我研究的主要内容之一。当然，与近代思想史研究不同，笔者的学术兴趣在于在近代东亚语言接触、词汇环流的背景下探讨严复译词的历史地位。这次能有机会将过去的论文汇为一册，既可以方便读者，同时对自己的研究也是一个总结，何乐而不为？然而实际着手整理旧文，马上就发现内容贫乏得很，也多有谬误。于是一边修改，一边又增写了几篇，凑成了现在这个样子。

　　笔者曾在拙著《近代中日词汇交流研究：汉字新词的创制、容受与共享》（中华书局，2010）中，集中讨论了中日如何共同创造近代新词译词，以及这些词语如何在汉字文化圈域内传播的问题。严复在译词创造上留下了巨大的足迹，尽管他的译词几乎没有汇入现代汉语的词汇系统中。在前著中，严复的努力是被当作日本译词的对立面来讨论的。蒙学界错爱，拙著出版后不久即告售罄。此次，将其中关于严复译词的内容析分出来收入本书。笔者尤其感谢复旦大学历史系孙青教授慨允将二人共同研究的成果在本书中公开。

　　基于词汇学视角的译词研究，主要的关注点是：译词形成的时间、造词者、普及定型的过程。至于个别译词的消亡或被取代，更多的是社会文化方面的因素在起作用，并不是词汇学积极探讨的内容。然而，当词汇史研究和其他有关近代的历史研究结合起来后，便产生了新的可能性。关键词的造词过程常常能折射出造词者对外域概念的理解路径。例如，以前都认为"天演"是对译 evolution 的，但实际上"天演"与 evolution 之间还经过了 cosmic process 的中介。这样我们就需要审视"cosmos＝天；process＝演"的实质。同样，原著的重要概念 ethics process，读懂严复是如何表述这一概念的，也就成了读懂《天演论》的关键。

　　诚如严复所说：名词者，译事之权舆。没有译词就没有翻译，不懂译词也就读不懂译著。严复作为近代启蒙史上的巨人，他的译词极有特色：其中有独特的理解，也有迎合当时读者的需要，同时又受到当时汉语可能性的严格限制，需要认真爬梳。从重要词语切入，进而解读严复，作为一种方法论，笔者在前著《严复与科学》（凤凰出版社，2017）中有所尝试。严复的译词还有很多问题需要解决，这将是笔者今后一段时间的主要工作。

　　本书在数篇旧文的基础上，增写了一半以上的篇幅。章节之间衔接滞涩、内容重复之处间或有之，还望读者原谅。

　　感谢章清教授的出版邀约，使笔者有机会对严复译词重加思考、整理。执笔期间，众师友多有赐教，在此一并谢过。笔者也衷心感谢宋荣欣女士、陈肖寒先生细致的编辑工作。

　　拙著杀青后数日，家父以 95 岁高龄故去。生前笔者每有小书出版，不管中文日文，必索取留存，常示来访客人，颇为自豪。谨以本书供奉灵前，养育教诲之恩未敢忘须臾。

沈国威
2018 年初秋

图书在版编目（CIP）数据

一名之立　旬月踟蹰：严复译词研究／沈国威著
. -- 北京：社会科学文献出版社，2019.1（2022.9 重印）
（学科、知识与近代中国研究书系）
ISBN 978 - 7 - 5201 - 3913 - 7

Ⅰ.①一… 　Ⅱ.①沈… 　Ⅲ.①严复（1853 - 1921）-
翻译 - 研究 　Ⅳ.①H059

中国版本图书馆 CIP 数据核字（2018）第 257139 号

· 学科、知识与近代中国研究书系 ·

一名之立　旬月踟蹰：严复译词研究

著　　者／沈国威

出 版 人／王利民
项目统筹／宋荣欣
责任编辑／宋　超　陈肖寒
责任印制／王京美

出　　　版／社会科学文献出版社 · 历史学分社（010）59367256
　　　　　　地址：北京市北三环中路甲 29 号院华龙大厦　邮编：100029
　　　　　　网址：www. ssap. com. cn
发　　　行／社会科学文献出版社（010）59367028
印　　　装／三河市东方印刷有限公司

规　　　格／开　本：787mm × 1092mm　1/16
　　　　　　印　张：23.75　字　数：328 千字
版　　　次／2019 年 1 月第 1 版　2022 年 9 月第 2 次印刷
书　　　号／ISBN 978 - 7 - 5201 - 3913 - 7
定　　　价／85.00 元

读者服务电话：4008918866